湘学研究

（第19辑）

贺培育◎主编
李斌◎执行主编

湘潭大学出版社

图书在版编目（CIP）数据

湘学研究. 第19辑 / 贺培育主编. -- 湘潭 : 湘潭大学出版社, 2022.5
ISBN 978-7-5687-0771-8

Ⅰ. ①湘… Ⅱ. ①贺… Ⅲ. ①学术思想—思想史—研究—湖南 Ⅳ. ①B2

中国版本图书馆CIP数据核字（2022）第077547号

湘学研究（第19辑）

XIANGXUE YANJIU (DI 19 JI)

贺培育 主编

责任编辑：谭 慧
封面设计：李 平
出版发行：湘潭大学出版社
社　　址：湖南省湘潭大学工程训练大楼
电　　话：0731-58298960 0731-58298966（传真）
邮　　编：411105
网　　址：http://press.xtu.edu.cn/
印　　刷：广东虎彩云印刷有限公司
经　　销：湖南省新华书店
开　　本：710 mm×1000 mm 1/16
印　　张：15.5
字　　数：250千字
版　　次：2022年5月第1版
印　　次：2022年5月第1次印刷
书　　号：ISBN 978-7-5687-0771-8
定　　价：88.00元

目　录

流域文化研究专题

长江文化的丰富内涵及其保护传承

李 斌*

摘 要：长江是中华民族的代表性符号和中华文明的标志性象征，是涵养社会主义核心价值观的重要源泉。长江优秀传统文化丰富多彩，长江红色文化更是熠熠生辉，具有深刻的内涵及重要的核心价值。长江蕴含着丰富的红色基因，滋养了伟大建党精神、红船精神、井冈山精神、苏区精神、长征精神、抗战精神、红岩精神、抗洪抢险精神、抗震救灾精神、抗疫精神等，体现了我们党百年来的伟大革命精神，是我们凝聚民族复兴伟力的重要精神源泉。

关键词：长江文化；红色基因；建党精神

2016年1月5日，习近平总书记在推动长江经济带发展座谈会上强调，长江是中华民族的母亲河，也是中华民族发展的重要支撑；长江、黄河都是中华民族的发源地，都是中华民族的摇篮。通观中华文明发展史，从巴山蜀水到江南水乡，长江流域人杰地灵，陶冶历代思想精英，涌现无数风流人物。2020年11月14日，习近平总书记在江苏省南京市主持召开全面推动长江经济带发展座谈会并发表重要讲话，指出长江是中华民族的

* 李斌，湖南省社会科学院历史文化研究所所长、研究员。

基金项目：湖南省湘学研究院重点攻关课题《习近平总书记关于流域文化保护和流域高质量发展的重要论述研究》(20ZDGG03)。

代表性符号和中华文明里标志性象征，是涵养社会主义核心价值观的重要源泉。长江优秀传统文化丰富多彩，长江红色文化更是熠熠生辉，具有深刻的内涵及重要的核心价值，蕴含着丰富的红色基因和伟大建党精神。我们要把长江文化保护好、传承好、弘扬好，延续历史文脉，坚定文化自信。

一、长江流域优秀传统文化及其特征

长江文化源远流长、多姿多彩，是中华文明里浓墨重彩的篇章。

从地域上看，长江是逶迤在祖国大地上的代表性符号。习近平总书记指出，长江与黄河同属中华民族的母亲河，长江文化与黄河文化同属中华文明两大主体文化，是中华民族的根与魂。长江，是亚洲第一长河和世界第三长河。长江，源远流长，从雪山走来，向东海奔去，惊涛骇浪、气势磅礴、多姿多彩。长江源于昆仑山至唐古拉山间的广阔地域，奔腾而下，曲折百回，气象万千。长江干流自西而东横贯中国中部，流经 11 个省、自治区、直辖市；长江数百条支流延伸至 8 个省、自治区的部分地区。长江，雄浑壮阔，湖泊众多，河川如网，通络滋润亿万家，是中华民族发展的重要支撑。长江幅员广大、历史悠久、景观纷呈、风光旖旎、气势磅礴，长江人杰地灵、富饶美丽，哺育着一代又一代中华儿女，在我国经济社会发展中具有重要地位。

从文脉上看，长江是中华文明的标志性象征。习近平总书记指出，长江造就了从巴山蜀水到江南水乡的千年文脉，是中华文明的标志性象征。长江从远古走来，长江文化内容丰富，内涵深刻，包含巴蜀文化、滇文化、两湖文化（荆楚文化、湖湘文化）、赣文化、吴越文化、江淮文化、闽文化、桂文化等。广袤的长江流域除分布着众所周知的大溪文化遗址、河姆渡文化遗址、良渚文化遗址、城头山文化遗址等，还有后来挖掘的古文化遗址，都表明长江流域是中华文明的摇篮。如湖南道县福岩洞古人类遗址，发现 47 枚具有完全现代人特征的人类牙齿化石，表明 12 万至 8 万年前，现代人在该地区已经出现，是目前已知最早的具有完全现代形态的人类；道县玉蟾岩遗址距今约 1 万年，呈现出由旧石器文化向新石器文化过渡的面貌，且发现有稻谷遗存，是目前世界上发现最早的人工栽培稻标本。这些古文化遗址进一步证明，长江也是中华文化的发祥地，是中华文明的发源地。

从时空上看，长江文化表现出兴盛更替的赓续性。如据考古发掘及历史发展显示，两湖文化在春秋战国时期为鼎盛之期，汉代“碌碌无所轻重于天下”；但到宋代则因岳麓书院和周敦颐理学而有“方今学术源流之盛，未有出湖湘之右者”的学术盛况；明清时期，特别是近现代，又因人才辈出而“功业之盛，举世无出其右”。而两湖文化衰微之际，在长江之水的哺乳下，则有其他区域文化如赣文化、吴越文化等的兴盛弥合。而正是这种延绵赓续性，使得长江文化灿烂多彩，为中华文化谱写一篇篇辉煌的乐章。

从内涵上看，长江文化是涵养社会主义核心价值观的重要源泉。长江文化具有“兼容并蓄、爱国奉献、开拓进取、求真务实”的核心价值体系。长江流域有深厚的移民文化，各民族文化包容并蓄、交融发展。自屈原爱国主义精神发端以来，特别是近现代以来，长江文化中的爱国主义精神特别突出，辛亥革命、反帝斗争、抗日战争、红军长征、抗疫阻击战，等等，无不彰显出精诚团结、爱国奉献、舍生忘死的革命精神。长江流域杰出人士都有“敢教日月换新天”的气魄，敢为人先、善于创造、勇于创新，使长江文化充满生机与活力。长江文化具有悠久的经世致用、务实求真之风。习近平总书记在湖南调研时指出，岳麓书院是我们党实事求是思想路线的策源地，就是对长江文化求真务实精神的最好诠释。

二、长江流域红色文化及其时代价值

长江流域是英雄的土地，有着光荣的革命传统。长江红色文化特征鲜明，时间跨度长、空间广，贯穿党的百年历史、跨越大江东西南北，具有丰富的内涵和时代价值。

（一）长江见证了党的百年辉煌历程

在长江流域这片山水相连、血脉相通的大地上，发生了无数惊天动地的革命故事，谱写了无数感人至深的宏伟篇章。长江是红色资源汇集地，是红色文化闪光地，是红色基因传承地。从中国共产党的诞生，到八一南昌起义创建人民军队，到开辟井冈山革命根据地，到建立瑞金中华苏维埃共和国，到红军长征、解放战争、社会主义革命和建设、改革开放，直至今天的伟大复兴，中国共产党将马克思主义基本原理与中国革命具体实际相结合，写就了马克思主义中国化的伟大篇章。

长江流域是中国共产党的发祥地。选择决定方向，方向决定道路，道路决定命运。在风雨如晦之际，中国早期马克思主义者创建了中国共产党。在 9 个海内外中国共产党早期组织中，长江流域有上海、武汉、长沙 3 个中国共产党早期组织。1920 年 8 月，陈独秀、李汉俊、李达、陈望道、俞秀松等在上海发起成立了中国共产党第一个早期组织。1920 年秋，董必武、陈潭秋、包惠僧等在武昌秘密召开会议，正式成立武汉共产党早期组织。1920 年秋冬之际，毛泽东、何叔衡等人在长沙以新民学会骨干为核心秘密组建共产党早期组织。1921 年 7 月，中国共产党第一次代表大会先后在上海石库门、浙江嘉兴南湖召开，宣告中国共产党正式成立，形成了伟大建党精神。从此，中国共产党犹如一轮红日在东方升起，照亮了中国革命的前程。

长江之滨是大革命的主战场。1924 年至 1927 年，国共第一次合作期间，广州、长沙、武汉、上海的工农运动开展得轰轰烈烈。中国共产党直接领导和掌握的叶挺独立团在湖南、湖北战场攻无不克、战无不胜，为北伐战争的胜利做出重要贡献。

长江流域是中国共产党独立领导武装斗争和创建革命军队之地。1927 年 8 月 1 日，南昌起义打响了武装反抗国民党反动派的第一枪，揭开了中国共产党独立领导武装斗争和创建革命军队的序幕。8 月 7 日，中共中央在汉口召开紧急会议，正式确定实行土地革命和武装起义的方针，号召全党和广大工农群众奋起反击国民党反动派的进攻。湘赣边界秋收起义后，初步形成了农村包围城市的战略思想，成功地走出了一条在农村建立革命根据地，以保存和发展革命力量的正确道路。

长江流域是中国革命的摇篮和圣地。以毛泽东、朱德为代表的老一辈无产阶级革命家在井冈山点燃了星星之火，回答了“红旗到底打得多久”“中国的红色政权为什么能够存在”的历史之问。江西瑞金是红色故都，是中华人民共和国的摇篮，也是共和国元勋成长的摇篮。1931 年 11 月 7 日，中华苏维埃共和国临时中央政府在瑞金成立，是我们党建立人民政权的探索和尝试，扩大了党的影响，也为抗日战争、解放战争时期的根据地建设以及后来新中国的政权建设提供了丰富的历史经验。

长江之地谱写了壮丽的长征史诗。1934 年 10 月，中央红军从江西瑞金、于都出发，开始伟大的长征。红军辗转江西、福建、广东、湖南、广西、贵州、重庆、云南、四川等省，血战湘江、四渡赤水、强渡大渡河，召开通道会议、遵义会议等重要会议，爬雪山、过草地，最终取得长征的伟大胜利，保存了中共中央和红军的有生力量。

长江各区域培育了和衷共济的爱国情怀。抗日战争时期，上海、南京、江西、武汉、长沙等地人民群众奋力抗击日本帝国主义的侵略，为保卫祖国作出巨大的牺牲。中国共产党坚持抗日民族统一战线，支撑起中华民族救亡图存的希望，成为全民族抗战的中流砥柱。在风雨如磐的革命斗争岁月中，以周恩来为首的中共中央南方局在重庆驻守 8 年，高举抗战民主旗帜，坚持和发展抗日民族统一战线，为争取政治民主和抗战胜利以及战后中国光明前途做出了卓越贡献。

长江铸就了解放战争胜利的丰碑。中国人民解放军在中国共产党的领导下，百万雄师过大江，秋风扫落叶般地摧毁了帝国主义、封建主义、官僚资本主义的反动统治，为尔后解放华东全境和向华南、西南地区进军创造了重要条件，为中华人民共和国的成立奠定了基础。

长江见证了中国共产党带领人民战胜各种艰难险阻的伟大壮举。中华人民共和国成立后，面对肆虐的洪涝灾害，面对百年难遇的汶川大地震，在中国共产党的领导下，万众一心，抗洪抢险、抗震救灾，战胜一个又一个自然灾害。2020 年，中国人民解放军、中央和国家部委、各省区市鼎力相助、火线驰援湖北、武汉，打赢了疫情防控的人民战争、总体战、阻击战，体现了中国特色社会主义制度的优越性。

从中国共产党的创建，到八一南昌起义创建人民军队、开辟井冈山革命根据地、建立中华苏维埃共和国，到进行艰苦卓绝的长征、抗日斗争、红岩斗争、渡江战役，直至当今的抗洪抢险、抗震救灾、抗疫阻击战，等等，无不赋予长江厚重的红色基因。

（二）长江红色文化具有丰富的内涵和时代价值

长江滋养的伟大建党精神、红船精神、井冈山精神、苏区精神、长征精神、抗战精神、红岩精神、抗洪抢险精神、抗震救灾精神、抗疫精神等，体现了我们党百年来的伟大革命精神，是我们凝聚民族复兴伟力的重要精神源泉。

长江红色基因是开展党史学习教育的重要资源。长江红色基因蕴含着中国共产党人坚定的理想信念和崇高的人生境界。“不忘初心、牢记使命”，就是要强化理想信念教育和党性教育。长江红色资源特别丰富，是开展党史学习教育的天然优势和内涵支撑。在井冈山、湘鄂赣、湘鄂西、湘鄂川黔等革命根据地的创建和发展中，在江西瑞金建立中华苏维埃共和国红色政权的实践中，在长征征途和抗日战争、解放战争的光辉岁月中，以坚如磐石的理想信念、和衷共济的爱国情怀、艰苦卓绝的凛然斗志、百折不挠的浩然正气谱写壮丽的史诗，表现出对革命理想和事业无比的忠诚，表现出不怕牺牲、敢于胜利的无产阶级革命乐观主义精神，表现出顾全大局、严守纪律、亲密团结的高尚品德。这些崇高的理想信念、精神品格，是我们学史明理、学史增信、学史崇德、学史力行最好的教科书。

长江红色基因是全面建设社会主义现代化强国的精神动力。长江红色基因蕴含着中国共产党人坚持真理、坚守理想，践行初心、担当使命，不怕牺牲、英勇斗争，对党忠诚、不负人民的伟大建党精神。全面建设社会主义现代化强国需要具备崇高的理想信念，要勇于探索、敢于创新、担当作为、顽强拼搏。中国革命的航船从上海石库门、嘉兴南湖扬帆起航，从此，中国共产党“开天辟地、敢为人先”的首创精神、“坚定理想、百折不挠”的奋斗精神、“立党为公、忠诚为民”的奉献精神生生不息。在井冈山、瑞金等革命根据地，中国共产党领导中国人民推进党的建设、人民军队的建设，坚持坚定执着追理想、实事求是闯新路、艰苦奋斗攻难关、依靠群众求胜利。在万众一心、众志成城的伟大抗洪抢险、抗震救灾、抗疫阻击战中，以人为本、尊重科学，体现了中国共产党和中华民族的优良传统。这些宝贵的精神财富，为我们将红色基因内化为中国精神、中国价值、中国力量提供了文化底色，为我们走好新时代长征路提供了力量源泉。

三、保护传承好长江流域文化

长江文化承载着中华文明厚重的历史，我们要把长江文化保护好、传承好、弘扬好，延续历史文脉，坚定文化自信。

要保护好长江文物和文化遗产，深入研究长江文化内涵，推动优秀传统文化创造性转化、创新性发展。长江文化资源包括物质文化和精神文化。长江文物和文化遗产，主要是指文化遗迹、遗物等综合体。长江文化内涵，则侧重于精神文化财富，包括思想、文艺、教育、科学、语言、信仰、习俗等，也就是学理和精神层面的长江文化。我们既要关注和保护历史文化遗迹、遗址等，也要保护传承学理与精神层面的文化。一些历史文化是长江流域不同区域共同创造和传承的，如从湘江流域周敦颐开创理学，到赣江流域朱熹的传承，及至后人的研究和传播，使理学1700 多年来一直延续不绝，“吾道南来，原是濂溪一脉；大江东去，无非湘水余波”，正是对长江文化中这一理学思想的写照；岳麓书院大门对联“惟楚有材 于斯为盛”，是湖南湖北共有的历史文化资源，长江流域相关区域应该共享这些精神文化，要创造性地转化、创新性地发展这些传统文化。

要秉承“共抓大保护、不搞大开发”的原则，将长江的历史文化、山水文化与城乡发展相融合。习近平总书记在 2016 年考察长江流域文化和流域治理时强调：“当前和今后相当长一个时期，要把修复长江生态环境摆在压倒性位置，共抓大保护，不搞大开发。”“共抓大保护、不搞大开发”，不仅是指导长江生态环境治理的精神，也是长江文化保护传承弘扬应遵循和秉承的原则，要将文化保护传承工作与生态治理工作相结合。同时，要突出地方特色，更多采用“微改造”的“绣花”功夫，对历史文化街区进行修复。

要加强长江流域革命文物保护利用，弘扬革命文化，传承红色基因。长江流域有着丰富的蕴含红色文化基因的革命文物，无论是记载中国共产党伟大历史事件、重要历史人物的纪念馆，还是故居、旧址、遗址、遗物等，都承载着长江红色文化，展现着长江红色文化形成、发展的光辉历程和丰富多彩的内涵。习近平同志多次在江西、湖南、湖北、四川、重庆、云南、浙江、江苏、广西、贵州等地考察，在多个场合反复讲述长江红色文化故事、阐述长江红色基因。对闽西子弟、湘江血战、陈树湘断肠明志、“半条被子”、江姐与敌人的斗争、“狱中八条”等故事，无论是故事主人公出生地，还是故事发生地，都要讲好用好这些红色故事。长江流域有着丰富的蕴含红色文化基因的革命文物，革命文物承载党和人民英勇奋斗的光荣历史，记载中国革命的伟大历程和感人事迹，是党和国家的宝贵财富，是弘扬革命传统和革命文化、加强社会主义精神文明建设、激发爱国热情、振奋民族精神的生动教材。我们要切实把红色文化重要载体革命文物保护好、管理好、运用好，发挥好革命文物在党史学习教育、革命传统教育、爱国主义教育等方面的重要作用，激发广大干部群众的精神力量，信心百倍为全面建设社会主义现代化国家、实现中华民族伟大复兴中国梦而奋斗。

历史上的湘江流域水利与社会治理

杨锡贵*

摘　要：湘江流域的治理，涉及的话题众多，本文主要梳理了三个方面的问题。一是古代为治理湘江而兴修的三大水利工程，包括广西兴安县境内灵渠的开通、省城长沙南南湖港的开浚、省城北新河的开挖；二是清末开埠后的湘江治理，包括大规模商埠基础设施建设、长沙海关设立与外人对湘江航运的把持；三是湘江流域水上救生事业和为维护水域治安而设立水上警察、清末湖南水师在民初改编为水上警察的情况。

关键词：湘江流域治理；三大水利工程；长沙商埠建设；水上救生；水上警察

湘江（亦名湘水）水系发达，江河纵横，湖塘密布，水量充沛，多丘陵、盆地与河谷平原，流域内的先人祖祖辈辈在此繁衍生息，是湖南省名副其实的母亲河。但亦如所有的江河湖海一样，这条母亲河给予人们以丰厚馈赠和万千福报的同时，也给流域内的人类生活、生产造成诸多不便，尤其是水患所释放出来的破坏力，更是严重威胁着人们的生命财产安全。人类是大自然的产物，也是大自然的一部分。一部人类发展史，就是人类

---

* 杨锡贵，湖南省长沙市开福区教育科学研究中心高级教师。

基金项目：湖南省湘学研究院重点攻关课题《习近平总书记关于流域文化保护和流域高质量发展的重要论述研究》(20ZDGG03)

与自然长期周旋的历史。只有尊重自然、顺应自然，人类才能利用自然造福自身，对湘江流域的治理亦莫能外，兹略述于下。

一、湘江干流治理

古代湘江干流的治理，主要有灵渠的开通、南湖港的开浚、新河的开挖疏浚等河道疏浚工程。

（一）修筑沟通湘、漓二水的灵渠

位于广西壮族自治区兴安县境内的灵渠（古称秦凿渠、零渠、陡河、兴安运河、湘桂运河）凿成通航，最早可追溯到秦朝。秦灭六国之后，遣蒙恬北击匈奴，“又使尉屠睢将楼船之士南攻百越，使监禄凿渠运粮，深入越，越人遁逃。”① 时为秦始皇嬴政三十三年（公元前214），主持修筑者是秦朝一位名叫“禄”的官员，为的是解决秦军南征百越的后勤补给问题。后废。东汉初年，伏波将军马援南征交趾，“开湘水，为渠六十里，穿度城中”②。渠道后又崩坏。唐宝历元年（825），“观察使李渤设斗门十八以通漕，俄又废”；唐咸通九年（868），“刺史鱼孟威以石为铧隄，亘四十里植大木，为斗门至十八重，乃通巨舟”。北宋，“国初漕臣边诩、嘉祐宪臣李师中、乾道帅臣李浩皆修是渠”；嘉祐三年（1058），“提刑李师中积薪焚其石，募工凿之，废斗门而舟以通”；南宋绍兴二十九年（1159）十二月，“臣僚言广西灵渠接全州大江，其渠仅百余里，诏漕臣修复，以通漕运”；绍熙五年（1194）十二月，帅臣朱晞颜等重修。③ 明朝较大规模的修浚有三次，“明洪武未，渠道湮坏，遣御史严震直修浚”；“永乐二年（1404），改作如旧制，水患始息；成化间复坏，郡守罗珦修复”。④ 至清代，灵渠又先后于康熙五十三年（1714）、雍正九年（1731）、乾隆十九年（1754）、嘉庆五年（1800）分别在广西巡抚陈元龙，两广总督鄂尔泰、

① 司马迁：《史记》卷112，中华书局，1959，第2958页。
② 蒋廷锡、王安国等修纂：《大清一统志》（康熙）卷292，清道光九年（1829）木活字本。
③ 王应麟：《玉海》卷22，文渊阁四库抄本，清乾隆四十七年（1782）
④ 顾祖禹：《读史方舆纪要》卷107，敷文阁藏版，清刻本。

广西巡抚金鉷，两广总督杨应琚，广西巡抚谢启昆任内续修。[①] 清光绪十一年至十二年（1885—1886），广西护理抚院李秉衡请旨奉准大修。现今所见灵渠，大致就是这次维修后的面貌。

当我们走近灵渠，最先看到的是为避免湍急的水流冲刷河床、冲毁堤岸而特意修得迂回蜿蜒的分水塘。然后是一条为减缓水势向南伸展的浅滩，形似犁铧，故名“铧嘴”，前端直指湘江上游。铧嘴后接呈倒“人”字形的分水堤，稍短的南堤称“小天平”，稍长的北堤称“大天平”，将湘江上游水流一分为二。南、北两条水渠各有分工，相辅相成，三分南流水经小天平导入南渠，向西延伸汇入漓江；七分北流水经大天平导入北渠，向北延伸重回湘江。分水堤坝矮于两侧河岸，枯水期的湘江水被全部导入渠道；洪水期的江水可越过堤坝，流入湘江故道，既可泄洪，又可避免灵渠为洪水毁坏。

兴安县位于五岭最西的越城岭以南，东边是属于珠江水系的漓水，西边为湘水，两水之间距离很近，但湘水水位低于山岭，漓水的水位更比湘水还高，船只没办法从低处向高处“爬坡”。这一难题的解决，要归功于唐朝观察使李渤设计的“斗门”。他“叠石造渠如铧觜，劈分二水，每水置石斗门一，使制之，在人开闭。开，漓水则全入桂江；拥，桂江则尽归湘水”[②]。陈元龙在《重修陡河天平石，陡门告成，阅视有作》中对此称赞不已：“兴安河渠高下数百尺，湘源一无余泽。讵唯舟楫阻商旅，直使耕耘旱阡陌。唐时李渤垂大劳，逆流横截天平石。筑为陡门三十六，导直为曲延水脉。黄河之牐体制同，灌溉有资艘舶通。”[③] 其后，斗门（后称“陡门”）修筑，“皆因渤之故迹”，其数增减不一，至清光绪十一年（1885），仍有35座。“舟入一斗则复闸，斗倈水积渐进，故龙循岩而上，建瓴而下，千斛之舟，亦可往来，治水巧妙，无如灵渠者。”[④] 斗门主要建在南、北渠河道较浅、水流较急的地方，实际上起到了类似船闸提高水

① 谢启昆、胡虔修纂《广西通志》（嘉庆）卷117，清同治四年（1865）刻本。
② 蒋廷锡、王安国等修纂《大清一统志》（康熙）卷292，清道光九年（1829）木活字本。
③ 谢启昆、胡虔修纂《广西通志》（嘉庆）卷117，清同治四年（1865）刻本。
④ 顾祖禹：《读史方舆纪要》卷107，敷文阁藏版，清刻本。

位、蓄水通航的作用。

灵渠主体工程除铧嘴、大天平、小天平、南渠、北渠、斗门外，又有泄水天平、水涵、堰坝、秦堤、桥梁等设施，尽管兴建时间先后不同，但它们互相关联，成为灵渠不可缺少的组成部分。这样一来，灵渠将左右两条南北走向的漓水、湘水打通，共同组成一个向西倾斜的“H”形水系，巧妙地解决了水往高处流，船只翻山过岭的难题，形成了古代灵渠浮舟过岭的奇观，赢得“世界古代水利建筑明珠”的美誉，2018 年入选第五批世界灌溉工程遗产名录。

灵渠虽是秦朝出于开疆拓土的需要而修建，却将湘江源头与漓江源头相连，起到了沟通长江和珠江水系、打通南北水上通道的作用，不仅让岭南文化与中原文化跨越五岭实现完美交融，也有利于巩固国家统一，加强南北政治、经济、文化交流，密切各族人民往来。时至今日，灵渠仍在航运、灌溉、旅游方面发挥着重要作用。

（二）为解决商船停泊问题开浚长沙南湖港

南湖港原是湘江干流长沙段金盆岭以北东岸的一条支流，延绵数里，与长沙城东浏阳门外的护城河相通，逶迤与老龙潭水相接。北魏郦道元所著《水经注》称之为“船官”，“湘水又北会瓦官水口，湘浦也。又迳船官西，湘州商舟之所次也”①。明崇祯《长沙府志》所载长沙府图上标有此湖，有小港通湘江。

本为“商舟之所次”的南湖港，宋以后逐渐淤塞。因长沙“郡城北岸难于泊舟，故客商不肯停聚”②，明代长沙地方官员曾多次商议开浚南湖港。明嘉靖四十三年（1564），长沙府推官翟台曾开浚南湖港，一时称便。因过于浅狭，不尽如人意。开浚过程中所起出之土多堆积港岸，被雨水冲刷之后，港岸又复倾圮，泥沙再次堆积，南湖港遂又淤塞。明万历二十八年（1600），守道金学曾、知府刘脉奉督、抚指示，又决定开通南湖港，

① 郦道元：《水经注》卷 38，上海涵芬楼影印藏武英殿聚珍本，民国八年（1919）。

② 吕肃高修，张熊图、王文清纂《长沙府志》卷 5，清乾隆十二年（1747）刻本。

以入京觐见皇帝而作罢。明万历明四十一年（1613），善化知县唐源复具详申请。在《开河通商议》中，他首先指出，“府城逼临湘江，而船只不泊者，以沿江不得小港，风起涛涌，则有漂撞之虞；若随便星栖，声援孤孑，又未免盗贼之患”，欲资民生、完国课，“莫于复水利一节”，也就是说要开浚南湖港。他详细分析了南湖港开浚后将带来的四大好处：“本港开成，可容百船。每船可余十人日用，柴米蔬菜称是，则一日有千人之费也，小民贩鬻者不日增千人之售乎？其利一。商船多往湘潭，以舍湘潭无可栖泊。计一县所需，宁敌一府？且府有藩封，有各衙宇，货物易售，不但利民且利商，其利二。今此肩脚之民，不过竹木砖瓦而已，虽有余力，无所用之。此港开而担负累累，是贫民衣食之薮也，其利三。商货聚则四方之人聚，以四方之财，供一方之利，所得倍常，兼可转瘠为饶，其利四。”这些好处归纳起来有三，一是便商，解决商船在长沙停泊的问题；二是利民，凝聚人气，增加工作岗位；三是聚财，提高地方政府和百姓收入。至于开浚南湖港所需资金，唐源建议就长沙、善化两县“代监利县起鲜之银每年六十余两，又每年登报赎银计五百五十余两，申详借支后，逐年洒补”；“若夫兼督之得人，开浚之有法，工食之依期散给，皆可以运筹而算者”。① 唐源的这一动议，直至明天启六年（1626）才被付诸实施。是年，长沙知府谢谋登报赎银，觅工开挖，委托善化县知县彭瑀督理。但因所托非人，开浚又不得法，彭瑀不久又入京觐见，开浚南湖港竟成了烂尾工程。

进入清朝时期，南湖港开浚问题又被提上了地方工作日程。清康熙十二年（1673），府司复议兴挑，旋止。清乾隆十一年（1746），湖南巡抚杨锡绂“亲临相度，助项鸠工，于上流另开港口，为新月形，停泊货船，商民称便”②。但南湖港来水逐渐局促，倒漾而入，停蓄而出，容易曼淤，每隔一两年，就得挑浚一次。清乾隆二十一年（1756），湖南巡抚陈宏谋

① 明雷起龙修、吴道行纂，梁小进点校《长沙府志》卷8，岳麓书社2021年版，第319—320页。

② 清吴兆熙、张先抡等修纂《善化县志》卷5，光绪三年丁丑（1877）刻本。

"筑分水坝，以刷沙泥，开月形渠，以畅水势，商民便之"①，南湖港再度成为船舶屯集的港区。至清嘉庆时，南湖港水尚抵白沙井附近，至清同治年间犹存。

（三）为改善水运交通缺陷开挖疏浚长沙城北新河

临近湘江的省城长沙，自秦汉以来就是湖湘地区的政治、军事、经济、文化、教育中心。至清康熙三年（1664）秋，偏沅巡抚移驻，长沙成为湖南省会，其地位更加重要，"官商往来，百倍繁庶"，"商贾贸易，百货云集，咸从此地出入"。而省垣西岸沿江地段湾少水急，滩浅岸远，不便泊舟；勉强停泊，官商船只每遇风涛暴作，常被漂溺撞碎。

一省首善之区，水运交通存有如此缺陷，任职此地之官员及其他有志之士深以为憾，遂有开河通商之议。开河通商地点，南边的南湖港惜泊舟无多，满足不了日益增长的水路运输需要；西湖桥，"前人曾经议挑，俾小船从此湾泊，以避风浪。但桥口窄狭，舟不能入，即或将桥高驾宽展，而桥内之塘已渐窄小淤塞，积水无多，不能泊舟"②。于是，地方官绅便将目光投向了城北的碧浪湖。碧浪湖，俗称黑罗塘，一称黑潦塘，在长沙城北开福寺后，广袤约二三十顷、周四五里，上有九尾冲小溪注入，并可凿通浏阳河，以杀捞刀河水势。西与湘江只一堤之隔，掘堤即可连通湘江。若将两端开挖连通，使浏阳河与湘江相接，既方便官商船只停泊出入，且泊舟数量可以万计，被认为是当年长沙省城开河通商的理想之地。

清康熙年间，"昔兴中丞抚军时，曾于开福寺前开一河套，为泊舟之所，工未就而罢。王抚军因之，大兴版筑，开渠绕开福，引湘水东北流，复注于湘，可半里许。则四方舟楫，无风涛之虞"③。当年开挖而成的新河叫月河，"计长二百七十余丈，宽三十余丈，深三丈五六尺"。④ 但河身偏窄，岁久淤废。赵申乔出任偏沅巡抚后，曾重新疏浚新河。

---

① 同德斋主人辑《广湖南考古略》卷6，清光绪十四年（1888）鸿宝斋石印本。

② 陈宏谋：《勘估长沙月河檄》，载《皇朝经世文编》卷117。

③ 刘献廷：《广阳杂记》卷3，中华书局1957年版。

④ 刘采邦、张延珂等修纂《长沙县志》卷四，清同治十年（1871）刻本。

清雍正六年（1728），湖南巡抚王国栋疏请开浚长沙北门旧河。他认为，若将长沙北门外淤塞已久的原有旧河，“开挖深阔，可以多泊船只，诚为大便于民之事。不但往来官民船可以避险，其驾小舟以谋生者可以安宿湖港，不致漂泊风波，而且商船四集，来百工则财用足，通百货则生计饶。即肩挑食力之民，有商船往来上下，可以担负累累，亦贫民衣食之薮也”；并认为此事关系为民兴利，宜早不宜迟，建议于是年冬兴工，所需“工银约费一万四千有奇”，可“先于司库正项内动用”。① 此次开挖深阔后，因岁久浊泥填壅，船只又不能进入了。

清乾隆二十七年（1762），陈宏谋再次出任湖南巡抚。时淤塞的月河，已由熊姓重新开浚，为泊舟之用。陈抚谕令长沙县沈维基前往查勘后，却发现“月河一道，上口宽二十丈，下口宽一十五丈，上首之上半截尚有河形，下半截已经淤塞”。陈宏谋认为既有河形，“自是可以开河通流之处。河如月形，则水与大江分流，与江西河闸相似。水有来去，可以长流，不致如南湖港之短促受淤。如能将下半截开挖深通，于湖江之旁，有此百丈之月河与湘江分流间隔，不致有风浪冲击之患。月湖两岸均可泊船，比南湖港气势舒展，泊船较多。”他又指出：“月河之旁有碧浪湖，四季有水，若从月湖开通相连，湖中亦可泊船”。陈抚深信，有此泊船之地，“则商贾云集，运载百货，转移谷米，实为便益”，将出现一派繁荣景象。② 李元度称：“巡抚陈公宏谋筑分水坝以刷沙泥，开月形渠以畅水势，商民便之。”③

清咸丰年间，湖南巡抚骆秉章也曾打算重修，因河中石头太多而中止。清同治四年（1865）冬，又有人动议将月河与其旁侧的碧浪湖开通相连，湖南巡抚李瀚章亦甚表赞同，因有人反对而作罢。大约在清同治七八年间，从云南按察使任上开缺回籍、赋闲长沙的李元度，目睹省城不便泊舟之状，提议掘开横隔在碧浪湖与湘江之间的那道大堤，使两者相互连通。他建议趁冬季水涸时雇工挑挖，使湖底与江底基本持平，以免湖水外

① 贺长龄编《皇朝经世文编》卷117。

② 陈宏谋：《勘估长沙月河檄》，载《皇朝经世文编》卷117。

③ 李元度：《开浚长沙城北碧浪湖议》，《天岳山馆文钞》卷35，清光绪六年（1880）爽溪精舍刻本。

泄；然后在掘堤处砌岸，“照运河式于水口立章闸，以时启闭，则湖虽略高，水亦不至倾泄矣”；采用土方之法进行挑挖，达到宽2000丈、深5丈，泊舟将不可胜计；“就中仍可略分界段，挖极深数十处，借以潴水。界段略高，使江水缩而所潴之水不随以缩，舟行则循路以进”，如此“狭其口而广其腹，所容多”①。但未被采纳，新河旋复淤塞，至清同治十年（1871）时，但存其名而已。

清光绪二十三年（1897），时任湖南巡抚陈宝箴与晚清湖南巨商、在籍绅士朱昌琳商谋疏浚新河，由官绅合力筹办，分年疏浚。朱昌琳首认巨资，力肩斯役，于是年冬间开始兴工开挖。工程正在进行的过程中，戊戌政变发生，陈宝箴被革职去任，朱昌琳也因力量绵薄，策应不灵，附近农民又以开浚之后，田高水低，倍费车力，籍端阻挠，导致工程半途而废。已经取出之土，在涨水之后，塌入湖中，旋疏旋淤。

清光绪三十一年（1905）八月，岑春蓂调任湖南巡抚后，鉴于“马路工程自小西门起，中经平浪宫码头，拟造至新河口止，北门外城河起亦至新河止……目下铁路公司亦已购地兴工，将来沿江一带地方，既为商埠马路之所经，复为铁路货栈之所集，指日北门外将蔚为繁盛市场，亟应将该河开挖深通，与江连接，俾货舶连樯湾泊，而商务亦籍以振兴”。湘江口至浏河沿湖左近之田地、湖滨房屋及附近开福寺荡地，公平议价，分别“由官给价收买”；又派熟悉工程之统带飞翰水师各营准补长安营游击杨明达、候补知县安骧，逐段测量勘估整个工程土方后，开挖疏浚新河工程遂于清光绪三十四年九月十一（1908年10月5日）重新启动。按工部尺，此项工程除需挖土309198方外，还需“车吸湖内蓄水、培筑沿湖堤，以及岸外民田宣泄积水，须建筑石闸四座，并于渡口、凤嘴等处修砌码头，建造剥岸，暨培筑河街基址土石各工料”，工程量十分庞大。为确保其顺利进行，岑春蓂特派署巡警道赖承裕、绅商朱昌琳总理开浚一切事宜。整个工程被划分为五段，由补用副将袁熙龙、参将张宝源、守备王定国、千

① 李元度：《开浚长沙城北碧浪湖议》，《天岳山馆文钞》卷35，清光绪六年（1880）爽溪精舍刻本。

总徐振岱、外委李生盛等分别负责招募民工，查照测量丈尺，按段开挖；派委游击杨明远为总稽查兼监查验收土方、支放工款及催趱工程事宜；设立收支所，分派员绅经理，按照所估土方价值，制定按日验收给钱章程，层层稽查，以杜朦领、克扣等弊。在三个半月的紧张施工过程中，克服了清理满湖没胫淤泥、开掘湖底坚土砂石等种种困难。十二月二十八（1909年1月19日），新河疏浚工程于全部告竣。疏浚后的新河，河身长663丈，河面宽二十二丈至八十一二丈不等，底宽14—63丈不等，平均计算下来，宽37.7丈，深2.17丈。此次购地疏浚新河，共费银190200余两。其中，地价银49300余两，工程项银140900余两。工程款中，政府筹措了70900余两银子；朱昌琳认捐银7万两（已缴3万两，尚有4万两及其余工费先由牙厘局筹垫，再由朱昌琳分年归还），另有其所属“滨湖田亩约计132亩，任凭开挖，仍不计值”。

整个施工的过程中，天气晴和，工地上每日民工达八九千名之多，“胼手胝足，同心协力，畚锸齐施，群情踊跃”；动用民工近万，工程又如此艰巨，竟然“安静无哗，迅速蒇事，实为始愿所不及”；勘验开坝通江后，“民船含尾湾泊，无复风浪之险，行旅甚为称便”。岑春蓂甚感欣慰的同时，对新河一带可能的发展前景信心满满，“开浚此河，他日于商埠行栈货物转运交通大有裨益，目前商务亦可期日旺”。考虑到今后可能出现“帆樯云集，商民杂处，匪类不免混迹”的情况，岑春蓂要求“照省河水警办法，设立巡船两只，归水警总局委员督率，梭巡稽查，以资保卫”。①

重新开通的新河呈东北西南走向，两侧分别筑有南堤和北堤，居民主要住在南堤一带。东北入浏阳河，形成了新的津渡，名为新码头，居民可由此过浏阳河去其北面。南侧与碧浪湖连成一片，西侧入湘江。新河疏浚后，未几又淤，“盖湘江漕泄，每岁水涨，泥沙雍淤，水口日益增高，浏河不能通过，仍为塘形。既无停泊之利，遇水涨流接，则北道多一小河，反为交通障碍”②。虽然效果不如预期，但曾在短暂的时间里，起到过避风

① 岑春蓂：《开浚省城北门外商埠相连新河折》，中国第一历史档案馆藏“朱批奏折”原件04-01-05-0204-003号。上折时间为清宣统元年六月二十日。

② 辜天佑编《长沙县乡土志》第六节，1949年稿本，存湖南省图书馆。

防险的作用，同时也利于装卸货物，方便商旅，对新河一带的发展也起过一定的作用。随着北门外一带被划为商埠区，新河火车站及后来三角洲新河机场的修建，新河一带清末及民国时期曾呈现出可观的发展前景。

在行舟必须依靠人力与风力的时代，南湖港及新河的开浚，弥补了省城沿江地段船只停泊无所的缺陷，在一定时期内起到了避风防险、货物装卸、商旅往来的积极作用。因受各种因素的影响而最终废弃不存，说明人类只有尊重自然、顺应自然，才能更好地利用自然，造福自身。近代轮船出现后，省城沿江地段不便泊舟的问题不复存在。

（四）民国时期的湘江治理方案

民国二十一年（1932），鉴于“自松滋、太平、藕池、调弦四口溃决后，洞庭湖面泥沙倒泻，逐渐淤积，容量逼隘，水无归宿，即湘、资、沅、澧四水尾闾亦因而滞阻，洲滩栉比，泛滥成潦；上年西、南两水同时暴涨，被灾区域几遍全省，而滨湖各县受害之烈尤为近代所罕见”，湖南省建设厅厅长谭常恺痛定思痛，“以筹赈救济固属一时治标办法，而治本之法，端在整理全省水道”，特组设水利委员会，对全省水道治理问题进行研究。广泛征集各方意见后，该委员会委员水利专家王恢先拟具了《整理湖南水道商榷书》并附图说。

这份商榷书认为“欲求一湘鄂兼顾、江湖并治之法”，“惟有开河引水，筑堤束流为最妥善之策”，也就是“要开一绝大之运河”。这条大运河从岳阳黄公庙起，沿华容墨山铺、马鞍山、六步庵等处，上达澧县澧安垸，接纳松滋、调弦、虎度、藕池四大口之水，引而南下，以还诸大江。

该规划对湘江治理提出了两大建议。一是展宽湘水出口。因湘水在湘阴的出口濠河口，河道甚窄，消泄不便，“拟将濠河口对岸之湾河围东北堤角向南移约二百公尺”。二是疏浚湘江尾流。“湘水尾流自长沙至靖口一段，沙洲栉比，每年冬季水落，大轮固不能行驶，即小轮航运亦被阻隔。考沙洲之成，实因江面宽窄不一。窄处水急力强，泥沙冲洗而下；宽处流缓力弱，泥沙沉淀成滩，惟所淤沙滩面积尚小，犹不致阻碍洪流。故疏治之计划，暂以在最低水位时，恢复小轮航道为原则。施工办法，拟在滩河之应行疏浚处，二面各筑矮坝束水，仅留九十公尺宽航道，使水高流急，冲洗河底沙泥，坝以乱石筑成，高出最低水位二公尺半。二面坝长共二万一千公尺。”筑坝位置，一面沿湘江东岸，一面靠近各沙洲。“自长沙至丁字湾一带，每年冬季水落，航道为沙滩所阻，交通不便，拟筑坝束水，藉水破滩，则小轮航运不致停塞。坝以木椿、树枝及土石，或仅用断石筑成，高出最低水位二公尺半，宽四公尺，专为水落时束冲沙，保存小轮航道之用。至春季水涨，坝被淹没，不碍洪流。航道宽九十公尺，另设标记表示之。”“傅家洲西南处及尾端均筑活动闸口，遇必要时可开闸口以杀水势。”①

修筑全省性大运河的蓝图没有实现，湘江治理工程也未能实施。

二、清末开埠后的湘江治理

湘江开放通商既是西力东侵的结果，也是湘人出于自保的产物。19 世纪下半叶以来，地处内陆的湖南成为列强觊觎对象。19 世纪末，西方列强即提出将长沙、湘潭、岳州（今岳阳）、常德等向外国商业开放的要求。百日维新期间，“自开商埠”作为“隐杜觊觎，保全主权”的国策定下来，由于湘省官绅的排拒，几经交涉，最终以岳州易湘潭。经过一年多的准备，清光绪二十五年十月十一（1899 年 11 月 13 日），岳州成为湖南近代首个开辟的商埠，“许以通商，可不划租界，不夺民利益”，即自开商埠。

（一）清末湘江流域自开商埠

开埠岳州以堵住列强对湖南其他更为重要城市的觊觎，只不过是湘人一厢情愿的天真。就在岳州开埠两个月后，江汉关税务司英国人马士即向清政府提出再开长沙的要求。《辛丑条约》签订后，西方列强又相继提出了将长沙开放为通商口岸的要求。面对此种情况，清政府接受了海关总税务司与其由议约而开、不如自开以留自主之权的建议，湖广总督张之洞和

① 王恢先：《整理湖南水道商榷书》，曾继辉等《答复王委员整理湖南水道意见书》，民国铅印本。

湖南巡抚俞廉三遂提出将长沙作为自开口岸。清光绪二十八年八月初四（1902年9月5日），中英正式签订《续议通商行船条约》，同意长沙为新增通商口岸，并设立租界，规定“工程、巡捕可由华官自办”，争取到了一定的自主权。继英国之后，经过长时间的断断续续的谈判，《中日通商行船续约》于清光绪二十九年八月十九（1903年10月9日）签订。该条约规定，长沙将在条约批准换文6个月以内开作通商口岸，日方不得自设工部局和巡捕。开放为商埠的长沙，工程、巡捕由中国人负责，此被称之为长沙开埠模式。

确定长沙为对外开放的通商口岸后，随即筹划商埠区域。岳州税务司美国人夏立士来长沙会同湖南洋务局官员实地查勘，认为长沙北门外“地势平衍，西枕湘河，东傍铁路，袤长六七里，宽方二三里不等”，是通商租界的适宜之地；日本驻汉口领事永泷久吉也认为舍此别无他处。但英国对此不满，认为洼下之地易遭水淹，并提出通商租界应包括城池在内，允许洋商进城开行设栈。为了与英国竞争，日本于清光绪三十年（1904）夏抢先与长沙关监督朱延熙签订了《长沙通商口岸租界章程》及《租界附属章程》，规定长沙北门外南以城墙为界、东以铁路线至新码头为界、北以浏阳河、西以湘江为界，作为商埠区域。时湖南当局认为北门外一带比较荒凉，让给外国人做生意，无关紧要；日本为防范英国干涉和竞争，只求早日达成协议，因此迁就了这一规定。考虑到开埠之初通商租界内各项设施在短时间内难以完成，故又做出“兹因长沙通商租界沿河一带，目前于轮商贸易尚未便利，特议于关章所定起下货物处之沿河地段，即自永州码头起下至西门鱼码头止，准各轮商指明租用”① 的规定。

英、美、德、法等国领事对湘省当局与日本签订的租界章程不予承认，但6个月开埠限期将到，湖南当局骑虎难下，十分尴尬。在日本方面的不断催促下，湘省当局只好如约于清光绪三十年五月十八（1904年7月1日）正式实行开埠，并举办庆典，“特假水府庙以宴各洋棚（指各洋行在长的经理处）之经理人”，因海关关署尚未竣工，税务司夏立士“乃暂

① 《长沙通商口岸租界章程》，《时报》1904年12月26、27日。

假红船一艘以为办公地”①。宣布“凡华洋人等，均准来埠，按照工、巡章程，分别租住通商，不得稍有违悖”②。

长沙开埠后，湖南巡抚端方、湖广总督张之洞认识到“居交通时代，而闭塞抵制之谋，诚非策矣”③，提出将全省商务最盛之区的常德、湘潭自开为商埠，以争取主动，在发展商业的同时，不至于丧失太多的利益，即所谓“顾主权而防流弊”。其中湘潭关务监督归长沙关兼办，准各国商民在经过勘定后的沿河两岸租设栈房、码头，开办经费则由长沙关税项下提拨。④ 清外务部经过研究后认为：“中外通商口岸已逐渐增添，内地亦终难闭拒，实属时势使然。湖南近年风气大开，正宜扩充商业。该抚以常德、湘潭为全省商务最盛之区，请于该两处自辟商场，以期保守主权，自系切要办法”，应准如所请办理。⑤ 是日奉旨“依议”。湘潭自开口岸虽遭湘潭地方官绅反对而作罢，但早在清光绪二十九年（1903）即有英、日商人援用内港章程，在城外西南一带繁盛之地租设码头、堆栈，划有河街一段为轮船停泊之所，与长沙从前情事相同，已事实上形成开埠局面。尔后不久，长沙关在此设立分卡或支关、支所。⑥

开放为通商口岸后，长沙即开始大规模商埠基础设施建设，包括购用地基，修筑剥岸、码头、街道、沟渠，并建造房屋等工程。至清光绪三十二年（1906），“两大驳岸、四大码头，俱系玉石装成，整齐坚好，共长182.88 米，此本关与太古洋行所造者。水陆洲又建成一所洋楼，为税务司公馆，美轮美奂，相映江山，将来此间必成为最妙居留地”⑦。至清宣统元

① 《长沙开埠》，《东方杂志》清光绪三十年（1904）第1卷第6期。

② 《湖南官报》第695号，光绪三十年五月十五日。

③ 端方、张之洞：《筹办常德湘潭自开口岸情形折》（光绪三十一年六月初八日），中国第一历史档案馆藏军机处录副档03－7132－013号。

④ 端方、张之洞：《筹办常德湘潭自开口岸情形折》（光绪三十一年六月初八日），中国第一历史档案馆藏军机处录副档03－7132－013号。

⑤ 《外务部议复端方奏请常德湘潭自开商埠折》，《东华录 东华续录（一七）》卷195，上海古籍出版社2008年版。

⑥ 长沙海关志编纂委员会：《长沙海关志》，五洲传播出版社2003年版，第23页。

⑦ 烈悌：《光绪三十二年长沙口华洋贸易情形论略》，《光绪三十二年通商各关华洋贸易论略》。

年（1909）底，商埠建设用地，“计购北城外、西城外并水陆洲各地基，共四十一契”；商埠建设工程，西城外剥岸和码头三座、北门外剥岸和码头一座修砌，街道修砌，沟渠疏浚，公用及租商房屋建造，关房外班住屋、税务司公廨、帮办及理船厅等公寓建造，均已完成，“共计购地及已办各工程并局用等项，共支银十六万四千八百九十六两三钱八分”。① 至于租界附近地方，系粤汉铁路公司将来修筑码头、车栈之所，为免外人觊觎，湘抚岑春蓂于宣统元年（1909）冬间，已将碧浪湖开挖宽深，“就湖之形势，将东西地面开濬成河，上达浏渭河，下通湘江，俾货船可连樯湾泊”，“续修租界码头及城外剥岸、马路工程所需经费，则在长沙关所征税款内陆续动拨，俾资兴办”。②

（二）长沙海关设立与外人对湘江航运的把持

长沙既已开埠通商，设立海关自是题中应有之义。按照各通商口岸成例，设于水陆洲的长沙海关采用外籍税务司制度，同时设立中国籍海关监督。长沙海关第一任税务司为英国人夏立士，第一任海关监督由盐法长宝道朱延熙兼任。税务司下设理船厅、裁判厅、巡江水师营、稽查课、海务课，后改名为航务课、验估课、船员管理课、关栈、巡捕房等。

长沙海关大权由外籍税务司掌握，所有应运输新关税项，查照各口岸通商一律办理，不得稍有违背；所有航商注册给照、轮驳修造检验发证、轮船船员（限于船长、大副、二副、正副轮机长、饮水）检考发证、轮船进出口签证、营业税、商税、各项规费、海损与货损事故的处理判断等，概归税务司管理。由此可知，长沙海关外籍税务司不仅掌管关税征收，湘省航运事宜也由其把持，湘江航道的航行权尽失于外人之手。“在湖南近代航运业初创阶段，外国轮运势力占据了绝对的优势，尚处于初生阶段的民族航运业只能在外国轮运势力的不断排挤之下于缝隙中艰难生存，而这

① 岑春蓂、杨文鼎：《奏请核销长沙开办商埠用过银两折》，中国第一历史档案馆藏朱批奏折04－01－37－0148－032号。标题系笔者拟定。

② 《湘抚岑春蓂奏长沙租界附近已濬河开码头以免觊觎片》，《清宣统朝外交史料》卷13，民国二十三年（1934）铅印本。

种情况至民国初年才有了逐步地改善。”①

另一方面，近代航运管理机构的建立也使湘江航运管理开启了近代化进程。长沙开关时，税务司即颁布了《长沙关理船厅章程》十七条，全文如下。

一、凡商船进长沙通商口岸，均应听新关理船厅指示停泊。查本口界限，自北门外开福寺新河起至南门外西湖桥止，所有界内上下货物之处，分作两段，以免拥挤。一自木码头下至王家巷码头，一自鱼码头上至永州上码头，其余之处，概不准随便上下货物。至于轮船到口，尚未下椗停妥时，凡舢板、拨船等，概不准争先拢傍。

二、凡在本口贸易之拨船，应先赴新关领执照，并将该船两旁用华、英文字写明号数。

三、凡装煤、油各船，应先在水陆洲下停泊。

四、凡装有煤、油之民船、拨船等，祇准白天在上下货物界内停泊、上下该货，晚间须遵理船厅所指示之处停泊。

五、无论何船，凡装有火药、炸药等危险之物，应先在水陆洲下停泊。

六、凡领照之民船，自备、雇用等船停泊之处，须俟后定。

七、验货及上下货物各章程，仿照长江各通商口，一律办理。

八、凡各类水浮水标，须禀明理船厅，方准安设。

九、停泊趸船，另有章程。

十、凡偶有瘟疫等事，应先防传染之法者，则照各通商口定章办理。

十一、各船夜间行走，应如何悬挂各灯，必须遵照万国会议防备碰撞之章程办理。

十二、各类船只在本通商口内，即当禁止放枪炮等事，并不得任意乱放汽筒。

十三、凡小轮船每年应由新关验看一次，所需验费，每次祇缴关平银二十两；如执有本年已经验看之照则免。

① 黄娟：《湖南近代航运业研究》，华中师范大学2009年博士学位论文。

十四、火油池应设在官定之处，其当遵之章程，则照江汉关所定者一律办理。

十五、凡新关应管界限内各项工程，关系水道沿河堤岸等情，必须禀由理船厅转请地方官核准，始可动工。

十六、凡煤灰渣子不准倾入大江暨各河道内，以致日久致碍船路。

十七、凡有违背本理船厅章程者，每次罚银一百元，至于办理此等罚款情事，悉照各关成案而行。①

其中第一条，明确理船厅为管理商船的专门机构，“凡商船进长沙通商口岸，均应听新关理船厅指示停泊”；第二至六条以及第九、十三条是关于船舶管理方面的规定，对船舶登记、停泊地点作出具体要求；第七条为验货及上下货物的规定；第八、十五、十六条是关于航道、河道管理的规定；第十、十一、十二条为安全方面的规定；第十四条是对设立火油池的规定；最后一条，对违章处罚做出了规定。《长沙关理船厅章程》关于船舶登记、航道管理等方面的规定虽不完善，但在一定程度上对尚不成熟的湖南近代航运业起到了规范和引导作用，促进了湘江航运管理的近代化，特别是轮船注册登记制度是对轮船运输资格、能力和航线规划的前期认证和把关，是实现航业管理的重要基础，也为航业经营管理制度化、规范化的实现提供了可靠前提。

三、湘江流域水上救生与水域治安

湘江流域，河网密布，水运交通发达，给人们带来舟楫之利；但航行中的急流险滩、洪涛巨浪往往导致覆溺之患，顷刻间夺人性命，造成家庭悲剧，在以木船为基本运输工具的时代尤其如此。天地以好生为德，圣人以思治为心，儒者以胞与为怀，地方官员希望保一方平安，一些心存恤民仁政之念的士绅则愿行善举，或在临江濒湖地区设救生船只，或江河湖泊险滩暗矶处设立救生局，有着极大需求的水上救生事业因之兴起。

① 交通铁道部交通史编纂委员会编《交通史航政编（第二册）》，上海民智书局，民国二十年（1931）7月。

（一）湘江流域的水上救生

在古代，水上救生虽被当作慈善事业的一部分，但对客商生命和财产安全的重视是毫无疑义的，因此可看作是一项重要的水域安全治理工作。就其内容而言，主要是对水上遇险舟楫进行救助，对落水者进行救援，帮遇难者捞捡财物，对无人认领的浮尸进行掩埋等。湘江流域水上救生，最初为零星救生船只的设立，后来才有一些地方建立专门从事水上救生事业的公益机构即救生局。

1. 设救生船开展水上救生

救生船可分为官设与民捐两种，多少不一，均配有水手或船工。船只维修与水手工食所需经费，前者由政府财政开支，后者通过劝捐的办法解决。笔者目前所知，湘江流域救生船只的造设最早出现在清康熙年间的临湘县（今临湘市），时有知县陈廷弼造救生船。①

清嘉庆《湘阴县志》云："雍正十二年，奉文于白花洲、沉沙港、琴棋、望垒石险要之区，各处设立救生船一只，遵照战船之例，三年小修，五年大修。十四年，折造所有木料工食等项，另文报销请领。其每船水手五名，按名月给工食银五钱，四处共水手二十名，月给工食银一十两，共给发工食库平纹银一百二十两。又县属险阻之处，设立守风渔船十只，每船给工食库平纹银二两，共给发工食库平纹银二十两。以上二共工食银一百四十两，均自行赴司请领。"② 这是比较典型的官设救生船只情况。

清道光六年（1826）十二月，时有省城绅士陈新等18人以同善事宜禀府云："拟于长、善二邑本境筹设救生船只，添设义冢山场，设局施棺，制器救火，报验无名尸骨，偏收弃置遗文，合建一堂，颜以'同善'。"得到府、宪批准后，"旋即呈请出示劝捐办理，买卖货物，每银一两捐银一厘，每钱一千捐钱一文，居民每家按日助钱一文。七年三月开局。"其《同善堂章程》规定："救生不另设救生船，遇风大船险时，饬令渔船、划

① 盛庆黻、恩荣修，熊兴杰、欧阳恩霖纂《临湘县志》卷9，清同治十一年（1872）刻本。
② 阎肇烺等修、黄朝绶等，徐鋐续纂修（嘉庆）《湘阴县志》卷8，清道光三年（1823）刻本。

船往救。救一生人给钱八百文，捞一死尸给钱四百文。”同时设义山数处，分别男女编号排葬。① 这是比较典型的民间机构参与水上救生情况。

清同治四年（1865）冬月，零陵县厘局曾向平政桥捐救生船一，又总镇鲍友智在黄叶渡设救生船一只；② 清同治十二年（1873），又有邑绅黎得盛等“倡建观音阁，设救生船，招僧雇夫，以专其事。水涨时，昼钟夜灯，使人知警，并备衣食，以赒溺者。余钱叁百仟，归永善堂经管生息，作岁修等费”③。说明零陵县救生船只，既有官设，也有个人捐设，还有民间机构参与设立。

2. 设救生局提升水域安全

水上救生既有着极大的需求，而救生船之类的措施均有很大的局限性，迫切需要组织化的水上救生机构来提升水域安全保障。晚清时期，湖南有部分地方设救生局，湘江流域如衡山、长沙、湘阴、巴陵等临江濒湖地区就设有救生局。

清咸丰初，曾国藩在湘江操练水师，一日出巡到昭山附近，见江面翻船，两人落水，大呼救命而无人前去相救，便与李次青、邹墨林等士绅募集5000金，购田40亩，设救生局于黄土潭，后迁长沙南门外下六铺街。置飞船两只，红船两只，于大风时往来昭山与靖港间的江面，巡救落水者。④

“临湘县下游段里，其地与巴陵交界，复与湖北监利县毗连。三县犬牙交错之处，有危矶一拳，独峙江中，名曰阳林。水势险恶，上下船只，每遇风浪，偶一不慎，遂至失事。”总办湖北牙厘局李竹虚观察谦，念切桑梓，禀准湖北巡抚谭继洵，咨明湖南巡抚陈宝箴，由两省在此合办救生局，“特由鄂省遴委现办金心救生局之余少田少尉永清来湘请款”，所需造船建屋资金二千串文，每年常年经费须钱一千串文，由湘、鄂两省摊筹。⑤

---

① 刘采邦等修、张延珂等纂《长沙县志》卷9，清同治十年（1871）刻本。

② 嵇有庆、徐保龄修，刘沛纂《零陵县志》卷2，清光绪二年（1876）刻本。

③ 嵇有庆、徐保龄修，刘沛纂《零陵县志》卷1，清光绪二年（1876）刻本。

④ 湖南省地方志编纂委员会编《湖南省志·政务志·民政》，中国文史出版社1994年版，第336页。

⑤ 《新闻报》，1897年4月17日。

清宣统元年（1909），衡山县在位于湘水与洣水交汇之处的雷溪市设立救生局。因距湘水上游二里处盖肋滩怪石很多，距下游七里处，东岸有罗汉矶，西岸有乌石矶，两险对峙，峭壁陡绝，来往船只“非先事预防，猝遇惊涛骇浪，往往为之束手，其势然也”①。当地士绅遂禀请“设法救生，拟置船四，小划三，并置救生亭，修纤路，用厘税带捐办法，每厘钱一缗，捐钱五枚”。救生局接管了原为引河洪、修纤路而设的雷溪市利涉堂，又“谕绅富助千余串，建造救生公船四只，分泊各险要，并于该地设筑公所”。同善堂除资助二百文外，还为救生局提供了办公地点和文职人员。②

（二）近代水上警察的设立与水师改制的完成

甲午战争后，我国开始逐步采用近代警政制度。清光绪三十一年（1905），清朝建立了巡警部。第二年，清朝廷改巡警部为民政部，警务成为内务行政的一部分。清光绪三十三年（1907），“民政部各堂宪以近日长江一带枭、票各匪乘机蠢动，轮船往来迅捷，不易稽查，非设水上警察，不足以遏乱萌而资缉捕”，通咨各省督抚，迅速筹设水路警察，“冀与水师相联络，俾得巡察周密，以期清患于未萌”。③ 由于管理江河、湖泊安全的内河水师本就担负一定警察性质的工作，各省督抚纷纷筹划将辖区内水师改为水上警察，以维护水域治安。

1. 清末湖南水上警察的设立

清光绪二十四年（1898），湖南就曾设立湖南保卫局，成为中国历史上最早的专职警察机构；戊戌政变发生后，湖南保卫裁撤。清末新政开始后，负有治安之责的湖南保甲总局先是改名为省城保甲团练总局，后又改为湖南省城巡警总局，并增设巡捕局。湘江是湖南省的水上交通要道，湘省水上警察队伍首先在湘江流域设立。

湖南省水上警察的设立，一因“湘省上接两粤、黔、滇，下通武汉，

① 林梅纂《衡山救生局志·序》，民国十年（1921）木活字本。

② 林梅纂《衡山救生局志·案牍》，民国十年（1921）木活字本。

③ 《通饬各省设立水路警察》，《广益丛报》1907年第146期。

五方良莠不齐”；二与岳州、长沙开埠后商务日趋繁盛有关，“近年开辟商埠，设立新关，轮舶往来，尤应照章保护”。①

湖南水警之所以首先在湘江流域设立，则是因会党“啸聚关津，掠财害命”，严重影响地方社会治安。平定太平天国后，晚清湘军大规模遣撤，“游勇与游士散而归者数且十万”②。这些“游勇与游士”大批投入秘密结社，势力本就较为雄厚的湖南会党声势更加浩大。在籍绅士蒋德钧《请设四县水警察说帖》云：

窃查湘潭窑湾之匪，多半湘潭、醴陵、湘乡、安化四县船户、水手，其所驾之船曰倒扒子，以湘乡河为最多；而飘会则盛于醴陵河，即哥老会匪也。始缘江西萍乡载运煤炭，非领飘布入会党之船，不能合帮。近因萍醴铁路成，煤用火车装载，民船遂多失业，会党野性难驯，散往他埠，放飘、聚赌、行劫，得赃以船为窝，飘忽无常。故每出一案，此拿彼窜，地方官虽缉捕认真，而畛域之见终不能免。官即加差协拿，而衙蠹、地棍往往包庇。上年四月间，湘乡羊古荡等处，连劫十余家，首匪盘踞窑湾，差勇、团族往缉者，每熟视之而不敢过问。顷该匪等又在湘潭湘河口设卡敛钱，凡未入会之船，每经过一次，索钱数千、十数千不等。不与则过船滋扰，或放迷药，且有杀人沉河之事，行旅视为畏途。似此啸聚关津，掠财害命，恐日久而为祸愈烈，狡焉思逞，不止于放飘、强劫已也。职道以谓欲靖此患，非潭、醴、乡、安四县合办水警不为功。

由上可知，湘江流域首先创办相对独立的水警队伍，实系特殊情形使然。蒋德钧并进一步提出了创设四县水警的具体方法、职责、意义及经费筹措等。《说帖》云：

拟请于湘潭窑湾地方，设立水警察总局，湘潭之株洲，醴陵之渌口，湘乡之文家滩、羊古荡，安化之桥头河、蓝田，各设分局，员、绅并用。所有潭、醴、乡、安四县大小船只，一律调验取具连环保状，编立字号，

---

① 《湘臬拟办水上警察》，《大同报》1907 年第 7 卷第 10 期。

② 《东方杂志》，1906 年第 2 卷第 3 期。

发给牌票。一切放飘、劫盗、赌博、奸拐之事，悉以责成该总、分各局，严密巡查，务期有犯必获，获必严惩。县界既无彼此之分，船户复有名籍可考，良莠能辨于平日，缉捕自不难于临时。正本清源，未来之匪可以禁止，已入会者亦可解散，裨益治安，必非浅鲜。应筹经费，每船一只，拟每年收钱八百文，总、分各半，一年换牌一次，总局给牌，分局加戳。查四县揽载客货之船，约一万数千号，岁收钱八百，合之足敷办公，分之为数甚少。现今未入飘会之船，受害最深，望治綦切，必能踊跃奉公，咄嗟立办。如荷允行，即恳帅宪选委明干之员，驰往湘潭、醴陵、湘乡、安化等县，会商各县令，切实妥拟章程，禀请察核，迅速施行，实为公便。①

接获朝廷通咨各省督抚筹设水路警察之命后，湖南巡抚岑春蓂于清光绪三十三年（1907），“以湘省南通滇、黔、两粤，北接鄂汉，五方杂处，时有匪徒出没，而舟楫往来尤须时防劫掠。拟先就善化以上历湘潭、醴陵、衡山四县开办水路警察”，并“拨给官款二万两，派员分赴各县，体察情形，酌核妥办”。② 但最终还是采纳了蒋氏的建议，决定由湘潭、醴陵、湘乡、安化四县合办水上警察，并委派熊从龙为总办。熊氏随即“分赴该四县，会同筹议，订拟章程及抽收船捐办法。先于湘潭县设立总局，所需开办经费，现在惟湘乡县业已筹垫，其余尚未措缴，由熊大令禀请抚院，饬由警务总局转饬该三县设法筹垫，并由善后局借拨银六百元，以资应用，并请发给警长佩刀五把，毛瑟枪二杆，及应配子药等件，业经批准照办矣”。③

清光绪三十四年（1908），熊从龙汇报办理四县水上警察情况时称，“各段所设水警察分局均经该令于月前前往巡视一切，尚称周密”，但“株洲及观湘门两岸地方日渐繁盛，居民甚多，盗贼尤夥，非各添设水警分局一所，不足以保治安而增幸福，已于日前各募警勇二十名，添造巡船数艘，轮流稽察，以靖地方”，四县水警得到扩充；至于办理水警所需常年

① 蒋德钧著，李超平、杨锡贵整理《蒋德钧辑》，民主与建设出版社2019年版，第49—50页。

② 《湘省筹办四县水路警察》，《吉林官报》1907年第33期。

③ 《湘省合办水上警察》，《北洋官报》1908年第1609期。

经费，“现在抽收船捐，已得款四千数百余串，除开办株洲、观湘门两局共用钱二千余串外，仅存钱二千余串，不敷尚钜。兹拟再行加抽湘汉小轮船暨往来商贩竹木鱼等项捐款，曾经传谕各商，均愿承缴，故特来省面请核实”①，获岑春蓂首肯。

清宣统二年（1910），新任湖南巡警道桂龄撤掉办理四县水警不善的张德瀛，重新扎调熊从龙接办。此时，“湘省水上警察仅省河及潭、醴、安、乡、龙源、武南等处，其余多未筹设，现在河江会匪充斥，到处皆是，以上数县水警实有鞭长莫及之势”，桂龄遂决定逐渐推广，“先就澧州、安乡、巴陵、华容四州县暂设水警一处，以扼西湖要道，派委县丞李祚钦前往开办。所需经费，即由该员会商地方官，就地抽收船捐，以资挹注”。②

清宣统三年（1911），民政部通饬各省督抚，最迟于清宣统三年（1912）腊月将水上警察一律设齐。次年清朝灭亡，水师改制计划由民国政府完成。

2. 民初湖南水师改编为水上警察

南京临时政府将警政建设作为进行资产阶级民主革命的一项重要内容列入日程，北洋政府袁世凯为划一警制，对全国警务进了整顿。随着长江水师改制水警的成功，民国二年（1913）2月内务部正式发布改组令，规定“长江及其他水师改为水上警察，设水上警察厅管辖之”③。随即大量水师改制为水警，湖南对此亦十分积极。

湘省洞庭湖汇湘、资、沅、澧各水，港湾歧出，盗贼据为巢穴，商旅戒心。辛亥反正以来，其风更甚。鉴于治安形势的严峻，湖南民政司及军务、参谋两部虽认为先锋、飞瀚、长胜、澄湖等清末湖南水师应予以淘汰，但“河江一带，伏莽甚多，该水师等分驻各处，于河道情形、会匪踪迹，自系熟手。现在各处水警亟待扩充，因限于经费，以致迟缓，不若将

① 《湘省推广水上警察》，《现世史》1908年第4期。

② 《湘省警务谈屑》，《江南警务杂志》1910年第9期。

③ 《长江及其他水师改组令》，《政府公报》1913年第288号。

旧有之各水师一律改编水警，即以水军拨充警兵”[①]。湖南都督谭延闿认为此乃一举两得之事，经与民政、军务各司商量，决定“洋舢板船只及飞翰水师，合潭、醴、乡诸邑水警，均改为水上警察。设总局于岳州，分局于常德、湘潭。各属旧有水师人员士卒，或分别裁撤，或重加教练，以昭划一而免参差”[②]。除将选锋、飞翰各水师营改为水警外，还在水师中挑选官佐，送入省高等巡警学校添办水警官佐专修班学习，同时开办水警教练所，挑选水师士兵入所学习。民国二年（1913）9月，汤芗铭氏督湘，将“各水师营分别改编为水警专署、分署，另设水上警察厅统之，是为湖南有水上警察厅之始”[③]。此后，水上警察厅建制又迭经变更，兹不赘述。

① 《水师改编水警之计划》，《警务丛报》1912年第1卷第3期。

② 《水上警察之计划》，《警务丛报》1912年第1卷第23期。

③ 《湖南二十年来之警政》，《湖南大公报二十周年纪念刊》1935年。

一湖四水的文化承载

张　衢*

摘　要：流域是指以某一条河流为主线由分水线包围的河流集水区所形成的独立区域。湖湘文化作为中华文化的重要组成部分，因受湖南地理环境因素影响具有鲜明的地域特色。"三湘四水"是湖南地域形态的精确概括，根据湖南山水特点，以水为纲，将湖湘文化按湘江流域、资江流域、沅江流域、澧水流域和洞庭湖区划分开来，力图以流域为单元，以全景式的新视角，通过"一湖四水"的文化承载来研究湖湘文化，以达目无全牛之新解。

关键词：流域；一湖四水；文化承载

湖南位于中国中部偏南，地处长江中游，因全省境内绝大部分地域在洞庭湖以南而得名"湖南"，其地理范围俗称之为"三湘四水"。名联"三湘四水皆春色，芙蓉国里尽朝晖"描绘的是湖南大地的气象美景，蕴含的是湖南地域的特色文化。湖南历史悠久、文脉绵长、底蕴深厚，生于斯，长于斯，那山、那水、那人家，亘古及今，生活在湖湘大地的人们生生不息地孕育产生和传承发展了博大精深的湖湘文化。诚如一代国学大师

* 张衢，湖南省社会科学院历史文化研究所助理研究员。

基金项目：湖南省湘学研究院重点攻关课题《习近平总书记关于流域文化保护和流域高质量发展的重要论述研究》(20ZDGG03)。

钱基博在其《近百年湖南学风·导言》中所言：“湖南之为省，北阻大江，南薄五岭，西接黔蜀，群苗所萃，盖四塞之国。其地水少而山多。重山叠岭，滩河峻激，而舟车不易为交通。顽石赭土，地质刚坚，而民性多流于倔强。以故风气锢塞，常不为中原人文所沾被。抑亦风气自创，能别于中原人物以独立。人杰地灵，大儒迭起，前不见古人，后不见来者，宏识孤怀，涵今茹古，罔不有独立自由之思想，有坚强不磨之志节。湛深古学而能自辟蹊径，不为古学所囿。义以淑群，行必厉己，以开一代之风气，盖地理使之然也。”① 这是钱基博以湖南地理因素对湖南人文学风的形成及其影响的独到见解。湖湘文化作为中华文化的重要组成部分，因受湖南地理环境因素的影响具有鲜明的地域特色。站在全国看，湖湘文化自为一体，独具特色，但是从湖南境内看，湖湘文化又因其境内的不同地域而形成各具特色的子系统区域文化。流域是指以某一条河流为主线由分水线包围的河流集水区所形成的独立区域。常言道：“一方山水养一方人。”水为生命之源，河流是人类文明发祥、发展的重要载体，“人”作为文化和文明的主体，我们虽然不能以绝对的环境论来阐释决定一切，但是生活在特定区域环境下的人类一定会与这一区域的地理因素产生千丝万缕的必然联系。“三湘四水”是湖南地域形态的精确概括，为此，我们根据湖南山水特点，以水为纲，将湖湘文化按湘江流域、资江流域、沅江流域、澧水流域和洞庭湖区划分开来，力图以流域为单元，通过“一湖四水”的文化承载来研究湖湘文化，以达目无全牛之新解。

一、湘水壮阔 文运天开

湘江又称湘水，为长江中游南岸洞庭湖水系一级重要支流，湖南四大河流之一。湘江源头由东西两源组成，西源发源于广西壮族自治区兴安县近峰岭，据《水经注疏》载：“湘水出零陵始安县阳海山。”清钱邦芑《湘水考》载：“湘水，源出广西桂林府兴安县海阳山，山居灵川、兴安之界上，多奇峰绝壑，泉水之始出也，其流仅可滥觞。”此为旧说。东源发

① 钱基博：《近百年湖南学风·导言》，上海古籍出版社2012年版，第5页。

源自湖南省永州市蓝山县紫良瑶族乡野狗岭，此为新说，为潇水源头，于永州市零陵区苹岛与西源汇合。传统习惯上，湘江仍以广西兴安县海洋河为源，干流全长856公里，自东安县渌埠头入湖南省境，由南向北呈“J”字状流贯湖南中东部，于岳阳市湘阴县濠河口注入洞庭湖，流域面积94660平方公里，大小支流1300多条，像一片大枫叶铺设在湖南大地上。湘江流域面积为湖南四水之最，湖南14个市州有7个在湘江流域，全省经济、政治、文化和人口重心都在湘江流域，因此湘江被誉为湖南的母亲河，“湘”成为湖南省的简称。

湘江流域地处江南丘陵，属中国地形第三级阶梯，除发源于东部幕阜山脉—罗霄山脉和南部南岭山脉的支流上游落差较大外，整个湘江水系河流落差不大，水流平缓，特别是湘江干流流程比降小，江宽水深，有航运灌溉之利。在湖南四水中，湘江的特点是“宽”，江水辽阔，两岸缓丘起伏，开阔的河谷和盆地延绵其间，优越的区位和地理因素，为流域的人类生产生活提供极大的便利，为流域的文明和文化的孕育、发展提供了天然的优良环境，可谓湘水壮阔、文运天开。

远古时期，湘江流域就有人类繁衍生息。据考古发现，从浏阳市永安镇和长沙市郊捞刀河的旧石器时代遗址到长沙县南托大塘遗址、湘乡市岱子坪遗址、长沙县腰塘遗址以及郴州市永兴、安仁、桂东境内等众多新石器时代遗址，其文化序列由旧石器时代到新石器时代，涵盖大溪文化、屈家岭文化到长江中游龙山文化的完整序列，见证了湘江流域文化的悠久与厚重。湘江流域河谷平缓开阔、降雨丰沛、光热条件好，孕育了光辉灿烂的农耕文明。1993年，湖南省文物考古研究所在永州道县寿雁镇白石寨村玉蟾岩遗址，发掘出土了距今1.4万年—1.2万年的水稻谷壳遗存和原始陶片，经鉴定，水稻谷壳遗存兼有野生稻、籼稻的综合性特征，为人工栽培稻，成为迄今世界上发现年代最早的人工栽培稻标本，被定名为“玉蟾岩古栽培稻”，这是湘江流域悠久农耕文化的历史实物佐证。

三皇五帝时期，湘江流域为古三苗之地。据《战国策·魏策》引吴起曰：“昔者三苗之居，左彭蠡之波，右洞庭之水”。《通典·州郡十三》载，“潭州古三苗之地”。人文始祖炎帝祝融氏南迁，作耒耜、播五谷、尝百草，“崩葬长沙茶乡之尾，是曰茶陵。”舜帝南巡，“箫韶九成，引凤来仪。”“崩于苍梧之野，葬于江南九疑山，是为零陵。”禹征三苗，遗迹衡湘，登南岳，“血马祭山，得金简玉字之书”，刻石立岣嵝《禹碑》。从此，北方中原文化南来，开启湘江流域中华文明曙光。

夏、商、周三代之际，湘江流域为“扬越”所居，但商周文化影响已经抵达湘江流域，呈现出商周文化与百越文化交相辉映的景象。据考古发现，在湘江流域湘乡岱子坪上层、浏阳樟树潭上层、浏阳社港、宁乡炭河里、长沙杨家山、湘潭花石洪家峭、湘乡新坳、衡阳县金山岭遗址上层、衡阳市周子头、酃县（今炎陵县）马道坡、安仁何古山上层、零陵菱角塘等众多商周遗址中都存有显著的越文化特征，许多遗址还发掘出土了商周青铜器，其中以宁乡黄材炭河里遗址出土的四羊方尊最具代表性。

春秋战国之际，楚国逐渐控据湘江流域，楚人和楚文化占据了湘江流域文化的主导地位。楚国的治理，使湘江流域的经济、政治、文化都得到了长足的发展。从考古出土相关文物看，湘江流域楚墓众多，楚墓文物中铁器出现，开启了铁器时代，长沙、衡阳两地的楚墓葬群，昭示着长沙、衡阳城市的发端。屈原流放沅湘间，湘江流域土著文化与楚文化交融激荡，湖湘文化之滥觞肇始于此。

秦汉之时，行郡县之制，秦始皇巡游遇风受阻于湘水，五十万秦军南征百越，凿通灵渠、联通漓湘，使湘江流域成为南北交通之通衢，兵家军事战略之要区。汉贾谊南谪长沙国太傅，司马迁南探禹穴，张仲景为长沙太守，由是楚汉之风盛起。

魏晋南朝，湘江流域吴蜀相争，南朝频迭，战乱四起，实为多事之秋。马王堆帛书见证秦汉之文，走马楼简牍洞悉魏晋之风，本土之士耒阳蔡伦、零陵黄盖出焉。

隋唐盛世，天下一统，韩愈、裴休、张谓、柳宗元、元结、杜甫、刘长卿、李龟年、戎昱等众多北方逐臣谪宦和文人墨客的到来，使湘江流域文风芳华，始有长沙人刘蜕，于唐宣宗大中四年（850）中进士“破天荒”之掌故；更有欧阳询“真书”、怀素“草圣”惊艳羡世。五代之世，马楚割据，设天策府十八学士，湘江流域文风犹存。

宋元时期，通过远古以降至五代时期的不断孕育、交融、涤荡、吸纳和发展，湘江流域迎来了湖湘文化创新和发展的高峰。道州（今道县）人周敦颐光大中华儒学，著《周元公集》《爱莲说》《太极图说》《通书》，阐发无极、太极、阴阳、五行、动静、主静、至诚、无欲、顺化等理学概念，创立濂溪学派，成为北宋大儒和儒家理学思想的开山鼻祖，大有“吾道南来，原是濂溪一脉；大江东去，无非湘水余波”之声势，对中华思想文化产生了极其深远的影响，真正由湖湘学人开创的湖湘文化正式确立。北宋年间，湘江流域的岳麓书院、石鼓书院与河南的应天书院、江西的白鹿洞书院并称为全国“四大书院”。理学大师胡安国提举湖南学事，迁居衡阳南岳，提倡修身为学，主张经世致用，并与其次子胡宏在湘潭隐山创办“碧泉书堂”，开创“湖湘学派”。南宋时，张栻主讲岳麓书院，乾道三年（1167），朱熹专程从福建崇安到长沙访问张栻，两人在岳麓书院就《中庸》之义进行会讲辩论，“三日夜而不能合”，远近学子千人往听，盛况空前，堪称中国学术文化及思想史上之盛举。

明清之际，经过宋元时期学术、文化和思想积淀，湘江流域产生了一位在中国学术、文化和思想史上具有崇高地位而影响深远的伟大思想家、哲学家、史论家和文学家——王夫之，因晚年隐居衡阳湘江西岸石船山下，世称船山先生，故习惯称之为“王船山”。王夫之毕其一生著书立说，研究领域涉猎广泛，在哲学、史学、道德、伦理、政治经济、文艺美学、宗教等方面都表达了前所未有的独到见解。作为宋明理学的总结者与终结者，王夫之批评程朱理学中的唯心主义，总结、吸收、阐发古代唯物主义思想，成为中国朴素唯物主义思想的集大成者和启蒙主义思想的先导者，为开启中国近代人文主义新思想奠定了基础。他不仅成为湖湘文化的灵魂级人物，而且被誉为“近现代精神领袖”，以至于晚清以来，中国学人梁启超、章炳麟及湖南精英曾国藩、左宗棠、胡林翼、郭嵩焘、谭嗣同、黄兴、杨昌济、毛泽东等都深受其思想的影响，由是，湖南近现代群英闪耀、人才辈出，而湘江流域人才之盛雄冠天下。

湘江流域位居湖南中东部，河谷开阔，江宽水缓，自古得灌溉和舟楫之利，北通中原、南达岭南的优越区位，因而使湘江流域的文化承载丰满而厚重。近现代以来，粤汉铁路、湘桂铁路都沿湘江流域的河谷布线，如今京广高铁、京珠高速也同样如此。

二、资水险急 文化出彩

资江又称资水，为长江中游南岸洞庭湖水系一级支流，湖南四大河流之一。资江西源发源于城步苗族自治县青界山主峰黄马界西麓，俗称赧水，旧志又称资水或都梁水，由西南向东北流经至邵阳县塘渡口镇双江口与东源夫夷水汇合。资江东源发源自广西壮族自治区资源县境内越城岭山最高峰猫儿山，俗称夫夷水，由向北流至新宁县窑市镇六坪村塔子寨进入湖南，在邵阳县双江口与西源赧水汇合。两源汇合后始称资江，旧志和传统习惯多以赧水为资水，但按“江河唯远”的原则，资江应以夫夷水为正源，于益阳市赫山区甘溪港注入洞庭湖，全长653公里，流域面积28142平方公里。资江流域地处中国地形二级阶梯雪峰山脉东部边缘与江南丘陵的结合部。上游河源多高山峡谷，坡陡流急，但流经新宁、武冈后，东西两源进入山间盆地，地势平坦开阔，水流平缓，河床宽阔。中游新邵小庙头至桃江马迹塘段，因受南北走向的两列雪峰山脉夹峙，资江穿越雪峰山脉，河床收窄，两岸高山对峙，海拔近1000米，河面最窄处仅30米，最大流速达3.9米每秒，河谷深切陡峭，基岩裸露，险滩急流，礁石密布，流态紊乱，有“滩河”“山河”之称，在湖南四水中，资江以“险急”著称。资江下游河面开阔，地形平坦，水流平缓，进入缓丘和平原地区。从总体上看，整个资江流域因受中游地形影响，呈现出上、下游展宽，中游收窄，形似哑铃状的铺设湖湘大地上，因此资江流域文化承载呈现出上、中、下三段式分布形态，正所谓资水险急，人文出彩。

资江流域上游地区主要为现今邵阳市域，地形以邵阳盆地为中心，西有雪峰山屏障，南有越城岭阻隔，北为高山峡谷锁闭和梅山蛮困扰，唯有东面与湘江流域以缓丘相连，特别是湘江支流涟水深入到盆地东北部边缘，分水岭相当低矮平缓，因此资江流域上游地区深受湘江流域文化的影响。从已出土的考古实物和相关文献资料看，资江上游地区秦属长沙郡，两汉始有昭陵县、昭阳县和都梁侯国、夫夷侯国建置。自隋唐开始，资水上游地区经济、社会和文化发展逐渐加快。北宋熙宁五年（1072）章惇开梅山蛮后，资江上游地区置宝庆府、武冈军，发展更为迅速，人口逐渐增多。明清时期，随着大量移民的迁入和人口繁衍，资江上游成为人口稠密的地区。晚清及近现代以来，由于陆路与湘江流域联系紧密以及湖湘文化的影响，资江上游地区涌现出以魏源、刘坤一、蔡锷、吕叔湘、贺绿汀等为代表的众多军政人才和文化名人。

资江上游地区虽然深受湘江流域文化的影响，但是其流域地形特点也孕育出本地域显著的文化特色。在语言上，资水上游地区虽然与湘江中下游同属汉语湘方言区，但湘江流域地形开阔，受其他方言影响较大形成新湘语区，而资江上游地区西、南、北三面高山阻隔，受其他外来方言影响小，较好地保留了古湘语成分，形成老湘语区。在地理因素对人类生产生活影响上，资江上游地区为典型的盆地结构，来自东南的暖湿气流在翻越南岭山脉后形成下沉气流，因而降水较湖南其他地区偏少，形成干旱走廊，如遇干旱年份，农作物歉收，加之人多地少，为了养家糊口、添补家用，当地人多养成精打细算以及出门做手艺活和贩货走鬻的习性。明清至民国时期，邵阳货郎走街串巷，邵阳手艺工匠进城入乡，宝庆会馆遍及各地，邵阳商帮用拳头开辟武汉鹦鹉洲码头，靠蛮勇立足汉正街。如今资江流域上游的邵阳人仍流淌着精明能干的工商基因，承袭着经商办厂的文化传统。

资江中游穿流雪峰山脉，山高水险，水流湍急，支流短小，流域范围涵盖今新化、安化及冷水江大部地域。远古时代，资江中游地域内就有人类在此繁衍生息，根据考古发掘，在资江中游北岸一级台地今安化县小淹镇出土许多砍砸器、刮削器、石片等打制石器，经鉴定为旧石器时代遗址。在漫长的历史发展进程中，当地先民创造了具有地域特色的土著文化。蚩尤逐鹿中原战败后，其部落南迁与当地土著融合形成苗蛮土著文化。春秋战国时期，楚人入据湖南，楚文化又与当地苗蛮土著文化融合形成楚巫文化。由于资江中游山高水险，秦汉以来，中央王朝对资江流域的管辖治理只能由资江下游平原地区进入湘江流域，然后沿湘江支流涟水河谷翻过邵阳盆地东部边缘的缓丘进入资江上游地区，因此资江中游地区长期不被中央王朝所统属而处于化外之地，直至北宋熙宁五年（1072）章惇开梅山蛮于当地置新化、安化两县，这一地区才正式被纳入中央王朝的管辖。由于特殊的地理因素和人居环境，资江中游流域内的人民因山高谷深、平地有限而开辟了高山灌溉系统，形成了梯田农耕文化，因山高林密、巡山狩猎而产生了自然崇拜山林的巫风文化，因水急浪险、搏浪涉水而养成了勇猛爽直的尚武文化。资江中游的雪峰山区，习惯上称为“梅山地区”，这里的山统称为“梅山”，新化俗称“上梅山”，安化俗称“下梅山”，这一地域所孕育、产生的地域文化，被学界称为“梅山文化”。北宋熙宁以后，梅山文化与湖湘文化相互吸收交融，逐渐发展成为湖湘文化中具有显著特色的地域文化。近现代以来，资江中游地区孕育产生了陶澍、黄自元、邓显鹤、陈天华、罗盛教等众多军政人才、文化名人和英雄人物。

资江流域下游地区属于平原和缓丘区，河床展宽、水流平缓，这一地域远古时代就有人类在此繁衍生息。根据考古发掘，在今益阳市赫山区新市渡出土了许多砍砸器、刮削器等，石质为燧石打制石器，经鉴定该遗址为旧石器时代遗址，此外还在今益阳市资阳区陆贾山和赫山区石湖、新兴等发掘发现新石器时代遗址。商周时期，资江下游流域内的商周遗址更多并开始出现聚落和城邑萌芽。春秋战国时期，资江下游地区被纳入楚国管辖范围，开启了该地域行政建制和益阳城市形成的新纪元。根据湖北出土的《包山楚简》（简 83）记载：“罗之观里人湘因，讼罗之庑域之口者邑人疋女，谓杀益阳公合，伤之妾口与。”其中“罗”下置里、域，“益阳”下有“公”，说明罗、益阳皆为楚县名。① 同样湖南出土的《里耶秦简》简文也记载：“迁陵已计：……出弩臂四，输益阳；出弩臂三，输临沅。”由此可见，春秋战国时期楚国已经在资水下游地区设置了益阳县（今益阳市）并进行有效的管理。资江流域下游地区位居洞庭湖南岸，在地形地貌上与沅江下游、湘江下游连成一片，加之秦汉以后，这一地域在行政管理上长期受湘江流域长沙郡、长沙府的统辖，因此资江下游地区的经济、政

① 钟炜：《里耶秦简所见县邑考》，《河南科技大学学报（社会科学版）》2007 年第 2 期。

治、文化等都深受湘江流域影响，该地域的语言与长沙相近，同属新湘语方言区，人文风俗也几近于长沙，即使在当今时代，这一地域也被称为长沙的“后花园”。由于深受湘江流域文化的影响，近现代以来，资江下游地区涌现出胡林翼、周谷城、周扬、周立波等众多军政人物和文化名人。

从整个资江流域看，由于中游地区山高水险，使资江流域文化呈现出三段式结构，上、中、下三大区域各具特色，各领风骚，构成了资江险急、人文出彩的独特文化风貌。

三、沅江悠长 文化多样

沅江又称沅水，为长江中游南岸洞庭湖水系一级重要支流，湖南四大河流之一。关于沅江源头，有贵州省都匀市云雾山鸡冠岭、都匀市斗篷山和贵定县岩下乡摆洗村等多种说法，第一次全国水利普查，确认贵州省黔南布依族苗族自治州贵定县昌明镇高坡村为沅江的源头。传统习惯上，沅江发源于贵州省东南部，有南北二源，南源马尾河，又称龙头江，发源于都匀县（今都匀市）云雾山鸡冠岭；北源重安江，又称诸梁江，源出麻江县平越间大山。沅江以南源为正源，两源相汇合后，称清水江，流经至湖南省会同县漠滨乡金子村入境湖南，东流至洪江市（原黔阳县）托口镇与渠水汇合，始称沅江，干流由西南向东北呈拉长的“S”形流贯湖南西部，全长 1033 公里，其中湖南境内流长 568 公里，于常德市德山注入洞庭湖，流域面积 89163 平方公里，湖南境内流域面积为 51066 平方公里。沅江水系发达，长 5 公里以上的支流达 1491 条，流域范围覆盖湖南西部、贵州东部以及重庆东南部和湖北西南部的部分地区。沅江上游流经云贵高原，山高谷深，河床下切，滩多水急，多崇山峻岭。沅江中游黔城至沅陵段流经云贵高原东缘的武陵山脉和雪峰山脉之间，河床放束相间，形成河谷平原、山间盆地与峡谷、丘陵相互交错的地形特点。沅江在沅陵段冲破武陵山脉和雪峰山脉的束缚进入下游缓丘和平原地区，河面宽阔，水流平缓。从上游云贵高原、中游湘西山区到下游洞庭湖平原，整个沅水流域在地形地貌上具有多样性，在地势上具有从中国地势二级阶梯向三级阶梯的过渡性特征，因而形成下游平原缓丘地区与中上游高原山区及河谷山间盆地的文化呈现出阶梯状和多样性的特点，在湖南四水中，沅江以流程最长和历史悠久著称，可概之为沅江悠长、文化多样。

沅江流域中上游地区是湘、黔、鄂、桂、渝四省一市边区文化相互交融、相互影响的区域，受行政统属上的影响，在贵州境内的地域文化称为黔文化区，重庆东南和湖北西南部边境的地域文化习惯上称为巴渝文化区，而在湖南省境内的地域文化为湖湘文化区。沅江流域中上游的核心区域在湖南省境内，其地域范围为怀化市、湘西土家族苗族自治州及邵阳市的城步苗族自治县和绥宁县，沅江水系的主要支流渠水、㵲水、巫水、溆水、辰水、武水、酉水都在境内汇入干流，由于《水经注》载："武陵有五溪，谓雄溪（巫水）、樠溪（渠水）、无溪（㵲水）、酉溪（酉水）、辰溪（辰水）"，因此历史上习惯将沅江流域中上游地区称为"五溪蛮地"，这里的地域文化也被称为"五溪文化"。这一地区是湖南境内迄今考古发现古人类活动遗迹最早、最多的区域，1987 年 5 月，在全省文物普查中，新晃侗族自治县境内的㵲水两岸一、二级台地上先后发现江口、曹家溪、柏树林、新村、沙湾、长乐坪、十家坪、石鸟溪等 8 处旧石器时代遗址，经著名考古学家北京大学吕遵锷教授鉴定，为晚更新世早期或稍早，即 10 万年—5 万年前的旧石器时代遗址，一举打破了湖南省境内旧石器遗址考古的空白，成为当年度全国十大考古新发现之一。① 依据现有的考古发掘和文物普查所获的相关资料，这一区域在距今约 10 万至 100 万年前的中更新世后期就有人类活动，远古人类活动遗迹数量多、分布广，今沅江流域中上游湖南各县市区境内几乎都有分布，其中尤以沅江支流㵲水流域的两岸台地分布最广、数量众多，因而被考古学界命名为"㵲水文化类群"。1986 年发现的高庙文化遗址位于洪江市（原黔阳县）岔头乡岩里村，地处沅水中游干流西岸的一级台地，是一处保存较为完好的新石器时代贝丘遗址。经湖南省考古研究所于 1991 年、2004 年、2005 年三次发掘，该遗址出土了数量众多的陶器、石器、骨器以及玉钺、玉璜、玉玦等精美玉器，其中尤以一定数量的白陶为考古界所瞩目，经碳十四测年数据和考古专家

① 湖南省文物普查办公室：《文物普查简报》第 8 期，1987 年 8 月编印。

推定，高庙文化遗存的年代在距今7800年至6800年，由于其新石器时代文化堆积下部的文化特征明显有别于其他地区同时期的考古学文化，但这类遗存在本地区的辰溪、中方和麻阳等地的多个地点均有出土并具有鲜明的区域特征，因此考古学界将这一文化遗存命名为“高庙文化”，遗址叫“高庙文化遗址”①。沅江流域中上游湖南境内的早期文明涵盖了本流域特有的㵲水文化、高庙文化和外来的大溪文化、屈家岭文化、龙山文化，文化序列完整、脉络清晰。沅江流域中上游湖南境内的河谷台地远古人类活动遗迹众多，说明在远古时代渔猎经济条件下，这一地域的生态地理环境适合早期人类的繁衍生息。

在历史的发展长河中，沅江流域的早期先民称为群蛮和百濮，他们可能是侗族的先民，沅水流域真正的土著族群；因蚩尤部落在北方中原各部落联盟之间的角逐中失败，由江淮地区经洞庭湖沿沅江河谷进入湘西和黔东南地区，从而形成苗蛮集团并发展演变成为苗族、瑶族的先民；随后沅江流域西北部巴蜀地区的先民也在北方部族的挤压下向湘西沅江流域迁徙，巴人成为土家族的先民。正是因为苗蛮集团和巴人的迁入并与当地土著族群的不断吸收融合，从而形成了沅江流域中上游地区的多民族格局。春秋战国之际，楚人开始进入沅江流域并在此设置黔中郡进行有效的管辖，楚三闾大夫屈原曾被流放至沅江流域，楚将庄乔率楚军入滇，也是沿着沅江河谷由贵州到达云南的。秦灭楚后，在原黔中郡的基础上设置洞庭郡，2002年在沅江支流酉水流域的龙山县里耶镇发掘出土了3万多片秦简，就是铁的历史佐证。两汉时期，沅江流域虽有完备的郡县之制，但中上游地区由于地形险峻和武陵蛮的抵抗，中央王朝难以实行有效地统治而成为“五溪蛮夷”之地，以至于马援征伐五溪蛮，兵困壶头而病亡。由此，沅江流域中上游地区的各少数民族在史书中通常被称为“五溪蛮”或“武陵蛮”。当然，随着时间的推移和时代的进步，经过历代中央王朝的不断征伐、开拓、移民和教化，汉族和其他民族也逐渐进入沅水中上游地区，特别是汉族，由于身份、地位和文化等多重因素，他们大多聚居在河

① 湖南省文物考古研究所：《湖南洪江市高庙新石器时代遗址》，《考古》2006年第7期。

谷平原、山间盆地、交通要道或行政治所，因此居于河谷平原、山间盆地、交通要道或行政治所附近的少数民族逐渐融合于汉民族之中，而僻居高山深谷的少数民族则仍然保留着原有民族的特性，从而形成了沅江流域中上游地区以汉、苗、侗、土家为主体，瑶、布依、白、水、壮、回等多民族聚居的地区，成为中原和东部汉区与西南少数民族地区交相融合的区域。明清时期，由于滇黔地区的开发和经济社会发展，沅江流域成为通往贵州和云南的重要水路和陆路通道，交通区位优势大为提升，没有归化的“生苗区”已推进至“苗疆边墙（南方长城）”一线，“改土归流”的推行以及移民开发和军旅驻防，使大批移民、官宦眷属和江浙闽商来到沅水流域中上游地区，楚巫文化、苗蛮文化、巴蜀文化（川渝分治后称“巴渝文化”）、侗壮文化以及中原文化、江浙文化和妈祖文化在这里交融互动，构成了沅江流域中上游地区以五溪文化为核心的多元交融图景。民俗上的多民族交融、相互吸纳，语言上以西南官话为主、各族语言并存，以至于飞山庙、盘瓠庙、天王庙、龙王庙、伏波庙、苏州会馆、“万寿宫”“天后宫”等都在沅江流域中上游地区留下众多遗迹就不足为奇了。清代湖南建省后，沅江流域中上游湖南境内的五溪地区隶属湖南巡抚管辖，厚重多样的五溪文化成为湖湘文化的重要组成部分。近现代以来，随着社会的不断进步和交通的不断完善，沅江流域中上游湖南境内的“五溪”地区受到东部湘江和资江流域的文化影响也进一步加深。

沅水流域中上游地区东有雪峰山脉纵贯南北，武陵山脉呈东北西南走向斜贯西北，西接云贵高原，南屏南岭山系，境内溪河纵横、山岭阻隔，河谷平原与大小山间盆地错列其间，因此形成了相对封闭、各自独立的地理单元。这种相对封闭、各自独立的地理环境，在客观上造成了生活在某一地理单元内部的人们容易形成高度紧密依存的关系，而与外部其他地理单元生活的人们则因山岭阻隔而相互之间缺乏必要的联系容易产生隔阂，形成了历史上地方豪强、土司政权和各族各部落首领争夺地盘、割据一方的局面，这是中华人民共和国成立前湘西曾经多地方武装和匪患的历史根源。历史名人也多为地方实力派人物，如“武陵蛮酋”田强、相单程、田头拟，“飞山蛮”杨再思、杨再兴，“叙州蛮酋”潘全盛，“辰州蛮”酋长宋邺，“溪州土司”彭瑊，地方军阀张学济、陈渠珍，土匪头目杨永清、姚大榜等都在当地称雄，而走出“五溪”地区的历史名人则多为正面人物，如军政人物田兴恕、杨岳斌、郑国鸿、罗荣光、熊希龄、向警予、粟裕、滕代远，文化名人严如煜、张一尊、沈从文、向达等，他们都是沅江流域中上游“五溪文化”孕育产生的历史文化人物。

沅江流域下游地区为今常德市域的一部分，沅江干流进入平原缓丘区，水势平缓、河面宽阔，由于位居沅江下游，因而成为滇黔和湘西的门户。远古时代，沅江下游地区与中上游地区一样都有古人类活动，楚人入湘以前也为群蛮百濮所居。楚人入湘后，因沅江下游地区距离楚国核心地区及都城郢（今湖北江陵）比较近，加之地势平坦又处于资江下游和湘江下游陆路交通的节点上，因此成为楚国治理下的重要区域，原有的蛮濮土著文化很快融入楚文化之中并被楚文化所取代。秦汉时期，沅江流域下游地区属秦黔中郡和汉武陵郡管辖。东汉初年由于“武陵蛮夷特盛”经常反叛，致使西汉时原设置在沅江流域中游义陵（今溆浦）的武陵郡治，因“与夷相接，为所攻破，光武时移东出，遂得见全，先识易号”① 迁临沅（今常德）。武陵郡治迁临沅后，奠定了常德在湘西沅江流域及湘西北地区的行政建制地位。经过秦汉时期的开发治理，在中原汉人不断南下和汉文化的深刻影响下，沅江下游地区逐渐完成了民族融合，汉族成为当地主要民族。此后，历朝的武陵郡治及唐朗州、宋鼎州、元常德路、明清常德府，其治所都在临沅（今常德），一直未再变更。明洪武五年（1372），维吾尔族将领哈勒·八十奉命率军驻守常德，其军中的回族和维吾尔族将士随后在沅江流域下游地区落籍定居与繁衍生息，他们与当地人民和谐相处，丰富了沅江流域下游地区的文化内涵。

沅江流域下游地区，由于地势平坦、无险可据，这里既是通往湘西、黔东、川东南（今重庆）地区的水陆要冲，又是北方中原地区与南方及岭南地区的陆路交通的节点，优越的自然条件和地理区位，使这一地区容易受到北方中原文化的影响而成为湖南境内开化、开发最早的地域。善卷的

① 刘昭：《后汉书·郡国志注补》，中华书局1973年版，第3484页。

“让王不受”形成了善德文化，屈原的流放南来体现的爱国情怀，陶渊明的《桃花源记》启迪了豁达乐观的胸襟，刘禹锡的“竹枝词”激发了“诗兴词韵”。特殊的地理环境，使沅江流域下游地区的土著文化与荆楚文化、中原文化在这里碰撞、交流、融合，并历经不断继承、吸收、演进和发展从而形成湖湘文化中一种具有鲜明特色的地域文化，构成了中原文化、巫楚文化、湖湘文化在这里交相辉映的图景，孕育出潘濬、江盈科、杨嗣昌、髡残、宋教仁、刘复基、赵必振、翦伯赞、帅孟奇等众多历史文化名人。

沅江流域由于中上游地区在地形上高山阻隔、地貌多样，形成了具有多民族特色和多元结构的五溪文化，在方言上与川、黔语言相近，属西南官话；而下游地区在地形上开阔平坦，形成了承南起北、相互交融地域文化，在方言上与湖北方言相近，属北方官话荆楚话，这种中上游地区与下游地区截然不同的地形差异，构成了沅江流域文化多样性，使沅江流域文化显得多元而丰满。

四、澧水靛蓝 文化深厚

澧水因《楚辞》“沅有芷兮澧有兰”之句，又名兰江，为长江中游南岸洞庭湖水系一级支流，湖南四大河流之一。关于澧水得名之来由，一说因其上游“绿水六十里，水成靛澧色”而得名；一说远古时期，当地土著先民多居丛岩邃谷，甘泉冷冽，岚瘴郁蒸，非辛辣刚烈之食不足以温胃健脾，故酿制甜酒，煮酒豪饮成习，因醴为甜酒，由是“醴”“澧”同音异写，遂得澧水之名。澧水发源于湖南西北部与湖北西南部交界处的武陵山脉东北支南麓。澧水有北、中、南三源。北源发源于桑植县五道水镇杉木界，中源发源头于龙山县大安乡翻身村，南源发源于永顺县龙家寨东北。传统习惯上，通常以北源为正源，三源于桑植县南岔汇合后，由西向东流经大庸（今张家界市永定区）、慈利、石门、临澧、澧县、津市等县市，于津市市小渡口注入洞庭湖，全长 388 公里，流域面积 18496 平方公里，其中湖南境内 15736 平方公里。澧水为湖南四水中流程最短的一条河流，但澧水流域地处武陵山脉最为高耸延绵一列山岭的南侧，打开湖南地形图，就会在湖南西北部看到它巍峨延绵的身躯，有湖南屋脊之称，受地形影响，东南暖湿气流在爬升过程中形成降水，使这里成为湖南境内暴雨最多的区域，年均降水量达1600毫米以上，由于降水丰沛，又多暴雨，因此澧水流域水系发达、支流众多，仅长5公里以上支流达325条，其中较大的支流有8条，习惯上与干流一起合称九澧。澧水流域范围涵盖湖南省桑植县、永定区、慈利县、石门县、临澧县、澧县、津市市以及湖南省龙山县、永顺县和湖北省宣恩县的部分地区。受流域内地形影响，澧水较大、较长的支流多分布在干流北岸，而南岸支流多为短小，因此澧水流域呈不对称型羽毛状铺设在湖南西北部。澧水由北源至桑植县城为上游，多崇山峻岭，山高林密、河谷深切、滩险水急，河道比降大。澧水中游由桑植县城到石门县城，多陡岭高丘，河谷放束相间，形成峡谷与盆地呈串珠状分布在干流两岸。澧水在石门县城以下进入平原缓丘区，展现开阔的平原地貌，水势平缓、河宽水深，得航运灌溉之利。澧水在湖南四水中以河水清澈、水深湛蓝和文化深厚而著名，其特点堪称澧水靛蓝、文化深厚。

澧水流域地处北纬29°30′—30°12′之间，生物的多样性为早期人类在此繁衍生息提供了优越的地理环境。根据考古发掘资料，旧石器时代和新石器时代遗址在澧水流域上中下游地区都有发现，特别是中下游地区的河谷台地和澧阳平原所发现的旧、新石器时代遗址达500多处。由于这些文化遗存具有鲜明的地域特征，因此考古学界将这类文化遗存称为“澧水文化类群”，其文化序列为彭头山文化—皂市下层文化—大溪文化—屈家岭文化—长江中游龙山文化，承袭关系连续而完整，展现了澧水流域深厚的文化脉络。其中较为著名的有：津市虎爪山遗址、石门大圣庙遗址、桑植包子台遗址、澧县鸡公垱遗址、燕尔洞“石门人”遗址、澧县彭头山文化遗址、澧县八十垱遗址、石门皂市下层文化遗址、澧县三元宫遗址、澧县城头山古城遗址等。在这些著名的早期人类遗址中，位于石门县境内澧水支流渫水北岸的燕尔洞“石门人”遗址，因发掘出土了一段人类左股骨化石和完整人牙3颗、跖骨1根、下颌骨1块，填补了湖南境内发现古人类化石的空白，被考古学界命名为“石门人”。位于澧县大坪乡孟坪村的彭头山文化遗址，经湖南省文物考古研究所发掘，并对采集出土的陶片进行碳 14 同位素测定，其年代距今 9100—8500 年，成为迄今湖南省乃至整个长江中游地区最古老的新石器时代遗址之一，因此被国内考古学界命名为“彭头山文化”。彭头山文化遗址居住区周围发现成批墓葬和部分房屋基址，出土了大量的陶片及近百件可供修复的器物，特别是出土了大颗粒植物种子，并在红烧土块及支座残断面中观察到了稻谷壳的痕迹，这说明当时在地势宽阔平坦的湖沼地带边缘，已有以稻作为主的原始农业的存在。① 彭头山文化遗址被国务院列为第五批全国重点文物保护单位。位于澧县梦溪镇五福村的八十垱遗址，经湖南省文物考古研究所先后 6 次发掘，从该遗址发现的众多墓葬和以杆栏式建筑为主的房基遗址，以及环绕聚落的外围墙和围沟遗迹，说明该遗址的经济社会发展水平达到了一定的高度，形成了初具规模的史前聚落。特别是该遗址发现了数量众多、完整形态的炭化稻谷和稻米，其中收集到保存状况良好的稻谷、稻米近 1.5 万枚，经农学家鉴定，认为这些稻谷个体变异幅度大，群体面貌十分复杂，为揭示栽培水稻起源及其演化过程提供了重要资料，故定名为“八十垱古稻”。八十垱遗址被国务院列第五批全国重点文物保护单位。位于澧县城头山镇（原车溪乡）南岳村的城头山古城遗址，为 1979 年文物调查时被发现，经湖南省文物考古研究所先后 10 余次发掘，根据考古发现，该遗址是一处新石器时代城址，距今 6500—4200 年，是迄今中国发现时代最早的古城遗址，被誉为“中国最早的城市”。② 这座史前原始社会古城遗址存在先后四次筑造的地层叠压关系，第一次筑城为大溪文化早期，距今 6000 多年，是中国目前发现的最早的古城。此外，在城头山古城遗址下，还发现距今 6500 多年的我国最早的水稻田，属于筑城之前汤家岗文化时期聚落所开垦的稻田，因叠压在大溪文化城墙下得以保护下来的。田面平整，灰白色沃土厚约 30 厘米，挖出的两条田埂非常规则、清晰，在显微镜下，泥土中的水稻稻叶和稻壳的硅质体清晰可见，其单位面积内的数量与现在的水稻田基本接近。城头山古城遗址在长江中游新石器时代文化中具有里程碑式的

① 参见裴安平：《澧县彭头山新石器时代遗址》，载《中国考古学年鉴》1989 年。

② 湖南省文物考古研究所：《澧县城头山——新石器时代遗址发掘报告（上）》，文物出版社 2007 年版，第 8—20 页。

地位，其文化的发展脉络清晰，为研究稻作农业和人类聚落从一般村落到环壕聚落再到史前古城提供了丰富的资料。① 城头山古城遗址先后两次被评为全国十大考古新发现，并被国务院列为第四批全国重点文物保护单位。仅从这四处典型的早期人类文化遗址，可以看出澧水流域人类居住从洞穴到村落，由村落到城市的发展演进过程，人类生产生活由渔猎采集到水稻种植的发展进步，也足见澧水流域的聚落文化、城市起源和稻作文化在中华文明史上具有重要的历史地位。

澧水流域与沅江流域同为群蛮百濮所居，但与沅江流域稍有不同，因澧水流域与鄂西南及巴蜀地区相连，所以在群蛮百濮的区分上，澧水流域多为巴濮、庸人，沅江流域多为苗蛮、濮僚。澧水流域的巴濮和庸人通过交相融合成为土家族的先民，这也是现今澧水流域中上游地区的少数民族多为土家族的原因。澧水流域地处湖南西北部，其下游澧阳平原与湖北江汉平原连为一体，同属长江中下游平原的一部分，而上游地区与湖北西南部相邻，距重庆东南部近在咫尺，同属武陵山区，自古以来，这里就是湖湘地区北通中原、西抵巴蜀的交通要道。夏商周之际，北方商周文化开始南浸，影响澧水中下游地区，致使众多的商周遗址在这一地区被考古发现，并出土了青铜器。如石门皂市商代遗址，出土了多件双翼形铜箭镞、铜簪、鱼钩，以及铜块、铜渣，并发现熔铜炉、坩埚底部残片和附有大块铜渣的陶容器。② 春秋战国时期，由于澧水流域下游地区北距楚都郢（今湖北江陵）仅百余公里，加之地势平坦，因此成为楚人和楚文化进入湖南最早的区域。随着楚国的经营治理，楚人和楚文化逐渐成为澧水流域下游地区民族文化的主体，澧人申鸣为楚相，澧人白善为楚将，而土著的群蛮百濮则退居中上游地区高山密林之中，湖湘文化源流中楚文化即滥觞于此。秦汉时期，澧水流域相继属秦黔中郡和汉武陵郡管辖，因地势平坦，又处于南北方交通要道的下游地区已完全被纳入中原文化圈，汉族成为澧水流域下游地区的主要民族，并逐渐进入到中上游地区的河谷平原和山间

① 郭伟民：《城头山遗址与洞庭湖区新石器时代文化》，岳麓书社2012年版，第439页。
② 参见周世荣：《湖南石门皂市发现商殷遗址》，载《考古》1962年第3期。

盆地。此后，澧水流域虽历经行政建置和政权更迭，但下游地区始终在中央王朝的掌控之中，经济社会和文化发展较快。三国时期，本土士人车浚出任东吴会稽太守。东晋时，车胤“囊萤夜读”成为一代名臣。唐朝澧州人李群玉献诗三百首于唐宣宗，授弘文馆校书郎，跻身诗坛文人群体。元代澧州人霍希贤，延祐五年（1318）中左榜状元。由此可见澧水流域下游地区人文之盛。澧水中上游地区与沅水中上游地区同属武陵山区，这里的少数民族都统称为“武陵蛮”，虽然中央王朝及中原文化逐渐进入到这一地区，但由于“蛮夷叛服无常”，加之多崇山峻岭的地形因素，澧水中上游地区形成了以土家族、汉族、白族为主体的多元文化区域，所孕育的历史文化名人多为地方豪族和各族首领、头人。如覃儿健、田山、周该、周朴、田求等。

近现代以来，随着经济社会和交通的发展，澧水流域各种文化逐渐相互交融，成为湖湘文化的重要组成部分，这一文化孕育出蒋翊武、贺龙、林伯渠、廖汉生、丁玲等众多军政人物和文化名人。

澧水流域除了人文历史文化外，还有一张闻名世界的自然文化名片——张家界。澧水流域中上游地区以张家界境内为代表的山体多由石英砂岩组成，特殊地质结构和多雨的气候条件，使石英砂岩在暴雨的冲刷下发育为成景母岩，再通过流水侵蚀、重力崩塌、风化等外营力作用下，形成以棱角平直的高大石柱林为主，以深切嶂谷、石墙、天生桥、方山、平台等为辅的地貌形态，孕育出奇峰三千、秀水八百的独特地貌景观，被誉为“天然水墨，人间仙境”。1992 年张家界武陵源风景名胜区被联合国教科文组织列入“世界自然遗产名录”，2004 年张家界地质公园成为首批世界地质公园，2010 年 11 月张家界石英砂岩地貌被国际地貌学家协会认定并命名为“张家界地貌”。

在湖南四水中澧水虽然流程最短，但由于其独特的区位和地质、地理条件，使澧水流域文化呈现出深厚与丰富多重并举、人文与自然交相辉映的绚丽图景。

五、洞庭浩渺　文化荟萃

洞庭湖位处长江中游南岸，是中国著名的五大淡水湖之一。远古时期，在今洞庭湖平原和江汉平原的长江中游地区有一片水域辽阔的汪洋大湖，古称云梦泽。由于长江在流出三峡进入平原地区后，水势陡缓、流速降低，长期的泥沙淤积，使古云梦泽逐渐缩小演变成为现今的洞庭湖。关于洞庭湖名称的由来与古云梦泽的变迁有关，《周礼》《尔雅》《史记》都有关于“云梦”的记载，楚国方言“梦”为“湖泽”之意，故称为“云梦泽”。春秋时期，云梦泽面积达4万平方公里，到战国后期，由于泥沙不断沉积，云梦泽分为南北两部分，长江以北成为沼泽地带，而宽阔的水域仅保持在长江以南地区，这片大湖中有一座著名的岛屿叫洞庭山（今君山）。据《湘妃庙记略》载：“洞庭，盖神仙洞府之一也，以其为洞府之庭，故曰‘洞庭’。后世以其汪洋一片，洪水滔天，无得而称，遂指洞庭之山以名湖曰‘洞庭湖’。”由是原云梦之名被洞庭而代之。洞庭湖西北和北面通过松滋、太平、藕池、调弦四口接纳长江来水，南面和西面有湘、资、沅、澧四水汇注，东有汨罗江、新墙河等小支流汇入，于东北在岳阳市城陵矶注入长江。洞庭湖是长江流域江湖关系最密切和蓄洪调水能力最强的调蓄性湖泊，其强大的蓄洪能力，是长江中下游地区防洪安全的重要保障。洞庭湖曾号称“八百里洞庭”，长期位居“五湖”之首，由于位于长江中游荆江南岸，又有四口与长江相通，加之湘、资、沅、澧四水注入，其接纳的入湖水量和覆盖的流域面积是整个长江流域水量最大、流域面积最宽的通江湖泊。1900年洞庭湖面积达5000平方公里，由于自然和人为因素的影响，1949年减至4350平方公里，1977年减至2740平方公里。关于洞庭湖的面积，如今还没有确切的说法，据相关专家测算，作为蓄洪和行洪型的调蓄性湖泊，如果将现有湖面加上洪道水面，洞庭湖可能仍然是中国第一大淡水湖泊。洞庭湖流域本应指整个洞庭湖水系所涵盖的整个区域，为研究湖南一湖四水流域文化之便，本文洞庭湖流域文化区域仅限于湘、资、沅、澧四水下游尾间及环洞庭湖周边地区，其地域范围为今岳阳市全境，长沙市望城区，益阳市沅江、南县、赫山、资阳，常德市鼎城、武陵、汉寿、澧县、津市、安乡等县市区。由于四水汇注、北通长江，因此洞庭湖区既是湘、资、沅、澧四水的地理门户，也是四水流域经济、政治、社会和文化相互交融的联系纽带，其区域文化呈现出大度、包容、抗争和忧乐等多重因素组成的复合型特性，可概称为洞庭浩渺、大湖文化。

洞庭湖区位于湖南北部，地处湘、资、沅、澧四水下游，地势平坦、河网密布、堤垸纵横、港汊交错，尽显平原水乡特色，优越的地形和丰富的水资源为人们的生产生活提供了必要的条件。远古时期，在环洞庭湖区的四水下游台地就有土著先民在这里繁衍生息，并留下了大量的人类活动遗迹。除了前文中四水流域下游的史前文明遗址，洞庭湖北岸的安乡县境内有汤家岗遗址、划城岗遗址等早期文化遗存，华容县境内有车轱山遗址，甚至东部的平江县也有献冲舵上坪遗址。在农耕文明时代，由于优越的自然地理条件，生活在洞庭湖区的早期先民就培植了水稻，修筑了中国较早的城池，使这里的稻作文化和城市文明闻名于世。上古尧、舜、禹三代时期，洞庭湖区为三苗所居，据《战国策·魏策》载："昔者三苗之居，左彭蠡之波，右洞庭之水"。夏、商、周之世，洞庭湖东部及湘、资下游为"扬越"之地，而西部及沅、澧下游为"群蛮"和"百濮"。由于洞庭湖位居湖南省北部，又是湘、资、沅、澧四水注入的下游地域，历史上的任何时期，不管是尧、舜、禹南巡，还是楚人南下、秦汉南征，但凡中原地区的经济、政治、军事、文化等与湖南交流交往都要首先经过洞庭湖地区。既是近现代的公路、铁路，如京广、京珠、二广、焦柳等南北交通干线，也是沿洞庭湖东西两侧进入湖南的要道，因此这一地域成为湖南文化交融最活跃的地区，四水流域文化的汇注和南北文化的交融形成了洞庭湖区文化的包容性。从古至今，迁客骚人，多会于此，屈原、李白、杜甫、刘禹锡、范仲淹等无数文人墨客都在这里留下了大量的诗文墨迹，其中尤以范仲淹的《岳阳楼记》而名贯古今、闻名遐迩。由于洞庭湖属于调蓄性通江大湖，因此生活在湖区的人们，在长期与湖水为伴、与洪灾水患搏击抗争的过程中既形成了多情柔和的性情，又养成了同舟共济、抱团共处的团队和抗争精神，这或许就是如今湖南人戏称的"常德帮、岳阳帮、益阳帮”的文化土壤。由于洞庭湖区地形平坦开阔、水天相连，生活在这里的人们没有大山阻隔，相互之间交流往来比较方便，因此形成善交往、会办事的包容、大度的文化特性。洞庭湖区属于亚热带湿润性季风气候，浩浩汤汤、横无际涯的辽阔水域，使身处此地的人们容易触景生情、浮想联翩，再加之以阴晴多变的天气影响很容易催生“不以物喜，不以己悲”的忧乐情怀。洞庭湖区所形成的这些文化特性展现出的是水天辽阔、大度坦荡及忧国忧民的大湖文化。这一文化孕育出了众多的历史文化人物，除了前文述及的四水下游地区的名人外，还有刘封、邓进忠、周式、刘大夏、王俨、左宗棠、郭嵩焘、任弼时、何长工、段德昌、雷锋等众多有影响的名人。

洞庭湖区地形平坦、土地肥沃、物产丰富，因盛产水稻和鱼虾而成为著名的“鱼米之乡”，其所孕育承载的区域文化既有南来北往、四水汇聚的融合，又有烟波浩渺的大湖激荡，其所呈现的文化特色使湖湘文化的光芒更加耀眼。

湖湘文化是湖南省境内文化的总称，通过洞庭湖和湘、资、沅、澧四水流域文化的承载而体现，无论湘、资之气，还是沅、澧之风，都是湖湘文化的重要组成部分。湖南一湖四水的文化承载为湖南流域文化的挖掘、传承、保护、开发、研究提供了有益的探索，为赓续湖湘历史文脉，讲好“湖南故事”，坚定文化自信注入了精神动力。

湘学人物

杨树达与叶德辉交谊考

张晶萍*

摘　要：杨树达早年师从湘中名儒叶德辉。由于历史原因，杨树达晚年所撰回忆录几乎没有明确提及叶德辉。通过比勘杨树达笔下的叶德辉与叶德辉笔下的杨树达，佐以其他相关史料，可以较为清晰地重构杨树达与叶德辉交往的一些史实，发现两者在学术思想上的继承与超越关系。重估叶德辉对杨树达的影响，有助于深化对近代学术转型中学术连续性一面的认识。

关键词：杨树达；叶德辉；清末民初

杨树达（1855—1956），字遇夫，号积微翁，我国著名的语言文字学家、经史学家，既有“汉圣”“海内训诂第一人”等美誉，又是汉语语法学、修辞学、语义学等近代新学科的开创者之一。1948 年，杨树达以“继承乾嘉风气，整理古书，研究古文法与古文字学”而当选为中央研究院第一届院士①。1955 年，当选为第一届中国科学院哲学社会科学学部委员。其学术造诣是不言而喻的。

在近代学术转型之际，杨树达追踪乾嘉，兼收欧西理论与方法，致力

---

* 张晶萍，湖南师范大学历史文化学院教授。

基金项目：本文为国家社科基金课题“杨树达学术思想研究”（编号 19BZS089）阶段性成果。

① 杨树达：《积微翁回忆录　积微居诗文抄》，上海古籍出版社 2006 年版，第 209 页。

于构建中国特色的学术话语体系，做出了独特的贡献。杨树达之所以形成“继承乾嘉风气”的治学倾向，与众多学界前辈的影响分不开，叶德辉的耳提面命更是不可忽视的因素之一。叶德辉（1864—1927），字焕彬，号郎园，湖南湘潭人，近代著名的藏书家、目录版本学家、经史学家，一生以赓续中国传统文化为己任，“徒人及于域外”①，在国内外均有一定的影响。其所辑、所校、所撰之书，汇集成《郎园全书》行世。杨树达在为叶德辉全集《郎园全书》作序时，曾经说过：“树达年几志学，获侍坐隅，饫习绪论，殆逾卅载。”② 并对叶德辉在经学、史学、子学、集学等领域的成就予以高度评价，誉之为“一代儒宗”，可见杨树达与叶德辉交往之久、关系之密，对叶德辉推崇之至。但叶德辉思想保守，逆时而动，最终于 1927 年遭到农民运动镇压。由于历史的原因，杨树达撰于中华人民共和国成立之初的《积微翁回忆录》对其师叶德辉之事讳莫如深，致使这段师生情湮没不彰。但隐晦曲折中，还是留下了一些蛛丝马迹。将杨树达的回忆录与叶德辉论著对读，佐以叶德辉亲笔手札和其他相关史料，可以初步还原杨树达与叶德辉交往的一些史实，发现他们在学术思想上的继承关系，借以重估近代学术转型之际学术际学术连续性的一面。

一、《积微翁回忆录》中被遮蔽的叶德辉

《积微翁回忆录》按时间顺序回忆了杨树达的生平往事，涉及人物与事件众多。此书杨树达生前未刊，直至 1986 年，《积微翁回忆录　积微居诗文抄》（简称《积微翁回忆录》）由上海古籍出版社初版，之后又于 2006 年、2013 年再版。除上海古籍出版社外，北京大学出版社也于 2007 年出版了《积微翁回忆录》，对上海古籍出版社版《积微翁回忆录》略有增补。总体上看，《积微翁回忆录》对叶德辉讳莫如深，但有五六处隐晦地提到了叶德辉，透露了杨树达与叶德辉交往的一些片段。

---

① 李肖聃：《湘学略・郎园学略》，《李肖聃集》，岳麓书社 2008 年版，第 103 页。

② 杨树达：《郎园先生全书序》，《郎园全书》第一册卷首，长沙叶氏 1935 年刊。

1. 叶德辉为杨树达著作作序（首次涉及叶德辉是在 1922 年）

《积微翁回忆录》1922 年记载：“二月，丹徒尹石公（炎武）见人为余所作《韩诗外传疏证》及《说苑》《新序疏证》序文，来访，介余与歙县朱少滨（师辙）、淳安邵次公（瑞彭）相见。”①

这里所言“人”，即叶德辉。叶德辉《郎园北游文存》中保留了三篇为杨树达所作序文，即《韩诗外传疏证序》《说苑集证序》及《新序集证序》。从中亦可见，叶德辉作序对扩大杨树达在旧式学者中的知名度具有一定的帮助。

2. 叶德辉去世后，杨树达整理叶德辉写给自己的书札，并向友人索题

1927 年，叶德辉因攻击农民协会遭到镇压。杨树达在本年回忆录中，述及与梁启超的多次交往活动，述及同僚王国维沉河之事，无一字提及叶德辉之死。但在本年 10 月 31 日，有一条记载：“检近年来郎园先生书札，得十通，附以吴子修先生一通，付装池。”②这是《积微翁回忆录》中较为直接提及叶德辉之处，间接透露了杨树达对叶德辉之死的关注。

所谓郎园先生书札，即叶德辉写给杨树达的亲笔书信，内容主要是论学，间涉时政和生活琐事，共十通，末附邵瑞彭、孙人和、高步瀛等人的题跋。其中邵瑞彭题跋曰：“郎园先生手札，吾友遇夫教授所藏。师弟契洽之诚，跃跃纸上。悲夫！先生于当世学人少所许可，独卷卷于瑞彭不亚于遇夫。乙丑八月，先生南归，月必寄书，书必三四纸，今年正月共火中尚未辍翰。”可见杨树达与叶德辉交往之密。该书札手迹原稿经装帧，现收藏于湖南师范大学。

又，吴承仕也曾发表题为《遇夫出示叶焕彬先生手札属题》的诗一首：“愚智悲同尽，人天路已殊。微闻赤眉贼，不飨大官厨。颜子真高足，（手札中以是称遇夫）王翁只俗儒。（湘绮翁号称公羊家，与叶氏异术。）何时渡湘水，一束奠生刍。”③

而徐行可也有《为杨树夫题叶奂份手贴》七言绝句四首，其一曰：

---

① 杨树达：《积微翁回忆录　积微居诗文抄》，上海古籍出版社 2006 年版，第 16 页。

② 杨树达：《积微翁回忆录　积微居诗文抄》，上海古籍出版社 2006 年版，第 33 页。

③ 吴承仕：《遇夫出示叶焕彬先生手札属题》，《国学丛编》1931 年第 1 卷第 4 期。

“大厦将倾那可支，能持正论不持危。是非莫问文今古，遗札空留绝眇词。”其二曰：“逊国艺文箧笥充，兰台战笔竟虚公。搏桑外史留篇卷，事议宁烦改异词。”其三曰：“寰宇扁殃海外收，邻苏传古意难俦。麓山旧侣滋新议，左袒劳君论未休。”其四曰：“石渠书本恣冥搜，绝业无人志未畴。零墨断笺勤护惜，遗编待续足千秋。”① 可见当时杨树达应是向不少好友索题叶德辉书札的。

3. 杨树达与日本同门共悲郎园之死，但否认自己是《郎园学行记》的作者

《积微翁回忆录》1928 年 3 月 10 日，杨树达与同人在东兴楼公宴来京访问的日本学者盐谷节山温（盐谷温，号节山）博士一行数人。其间，“博士有诗，余依韵和之，云：‘十七年前几见君，故园别后感离群。今日相逢同一哭，玄亭无处问奇文。’”②盐谷温是清末来华留学生，曾在长沙跟随叶德辉学习文字学与戏曲学，与杨树达是同门，故杨树达在清末“曾屡遇之”。杨树达和诗中的“今日相逢同一哭，玄亭无处问奇文”，很显然是同哭叶德辉，表达对叶德辉的追悼之情。

同日回忆还记载：“博士贻余郎园师追悼录多册，内有《郎园先生学行记》，乃师门弟子所撰。昔年拟以余兄弟名印行，而家大人不允，婉辞叶氏子弟者也。师门遭难后，同门松崎柔甫曾以此文油印分布，署余名。余见之，即遗书柔甫，请其勿流布，并请削去余名。盖文中多刺讥湘中前辈语句，家大人谓极不宜也。今博士所印，已削去余名，题曰：‘长沙某某记。’而文中却有某以所著《老子古义》呈阅之语，则犹未之削也。博士故留此隙欤？抑偶疏未检欤？不可知矣。”③

《郎园追悼录》是叶德辉去世之后，他的日本弟子与日本友人所编的一本纪念册，主要收录了盐谷温所作《先师叶郎园先生追悼记》和成文于 1920 年代的叶德辉传记《郎园学行记》。后者原托名杨树谷、杨树达兄弟所作，曾被叶德辉的另一日本弟子松崎鹤雄所刊刻油印。而杨树达则致信

① 徐行可：《为杨遇夫题叶奂份手帖》，《制言》半月刊 1936 年第 8 期。
② 杨树达：《积微翁回忆录　积微居诗文抄》，上海古籍出版社 2006 年版，第 36 页。
③ 杨树达：《积微翁回忆录　积微居诗文抄》，上海古籍出版社 2006 年版，第 36 页。

松崎鹤雄，请其勿流布此传记，并请其削去杨氏兄弟名。叶德辉去世后，盐谷温又将此文收录进《郎园追悼录》中，虽然削去了杨氏兄弟的名字，改署“长沙某某记”，但文中保留了“某以所著《老子古义》呈阅之语”。因《老子古义》乃杨树达所著，故此类说法无异于暗示《郎园学行记》是杨树达所作。故杨树达疑惑不知是盐谷温故意“留此隙”还是疏于检查所致？

一则悲叶德辉之死，一则力辩《郎园学行记》署名之诬，亦可见杨树达对德辉的复杂微妙情感，折射出杨树达与叶德辉之间的思想冲突。

4. 杨树达阅读叶德辉之著作，揄扬“吾师”版本学之“绝伦超群”

《积微翁回忆录》1928 年 9 月 11 日，“读郎园师《读书志》。源源本本，足开心胸，扩闻见。吾师版本之学信绝伦超群也。”①

这里所说的《读书志》即叶德辉所著《郎园读书志》，是叶德辉的藏书题跋集。叶德辉平时每得一书，必缀一跋，“或校其文字之异同，或述其版刻原委，无不纤细毕详”②。叶德辉子侄将这些题跋依序抄出，最终汇编成《郎园读书志》，并于 1928 年在上海刊印。全书十六卷，依四部分类排列。卷一、二为经部，凡九十六种；卷三、四为史部，凡九十七种；卷五、六为子部，凡一百二十六种；卷七至十六是集部，凡三百八十九种，总共七百零八种。

5. 杨树达阅读叶德辉诗文

《积微翁回忆录》1944 年 2 月 13 日，“阅《观古堂诗文钞》，《还吴集·怀人诗》先后二首及余。其中绝句一首注言：‘遇夫息交绝游，终日阒然。’余少时疵憨之态如此，殊可笑也。”③

这里的《观古堂诗文钞》为叶德辉所作。

6. 杨树达为叶德辉著作撰提要，论其内容，而不提其名

《积微翁回忆录》1948 年 1 月 1 日，“阅《说文籀文考证》。取王静安《史籀篇疏证》对勘，功力深浅，较然明白。甚矣学力之不可诬也。著者

① 杨树达：《积微翁回忆录　积微居诗文抄》，上海古籍出版社 2006 年版，第 40 页。
② 叶德辉：《郎园读书志》，上海澹园，戊辰（1928）刊。
③ 杨树达：《积微翁回忆录　积微居诗文抄》，上海古籍出版社 2006 年版，第 216 页。

早年不喜金文，晚年知金文之美，而已不及专治矣。”①同年2月15日，“撰《六书古微提要》。著者擅场版本目录之学，小学非其所长，故此书颇少胜义。”②

这段回忆中所提及的《说文籀文考证》《六书古微》均是叶德辉文字学代表作。

1947年，湖南省修订省志，杨树达承担《艺文志》的部分编纂任务，陆续撰写包括叶德辉在内的部分湘籍学者论著的提要。《积微翁回忆录》在涉及其他湘人著作之时，皆明示该著作之原作者；惟于叶德辉例外。可知是有意隐其名。

除《积微翁回忆录》外，杨树达生前公开发表的文字中，也有几篇涉及叶德辉。如发表于《文字同盟》1931年第4—6期合刊的《积微居近作二篇》，其中一篇是《叶郎园先生经学通诰跋》（简称《跋》），该文又于1932年刊发于《东华》第42期。《跋》深赞叶德辉的经学思想与经学造诣，感慨：“百学衰废如今日，吾师以六十之年孳孳不倦，犹日以所业昭示国人，后之学者能毋兴起感发乎？”③1935年叶德辉后人编纂《郎园全书》，杨树达为此作序，从经、史、子、集四个方面总结了叶德辉的学术成就，称：“尝谓自来经术，莫盛有清，先生生丁末季，殿彼一朝，大可理初，愧其博洽，渊如西庄，逊其专诣。信学林之伟业，旷代之鸿儒矣。”④ 评价不可谓不高。

二、叶德辉笔下的杨树达

如上所述，《积微翁回忆录》中涉及叶德辉之处不多，致使杨叶师生交往若明若暗，难得其详。但借助于叶德辉的论著，可以弥补一些空缺，披露更多的细节。

① 杨树达：《积微翁回忆录 积微居诗文抄》，上海古籍出版社2006年版，第266页。
② 杨树达：《积微翁回忆录 积微居诗文抄》，上海古籍出版社2006年版，第266页。
③ 杨树达：《叶郎园先生经学通诰跋》，《文字同盟》，1931年第4—6期合刊。
④ 杨树达：《郎园先生全书序》，《郎园全书》第一册卷首，长沙叶氏1935年刊。

1. 杨树达师事叶德辉始于何时

关于问学湘中名宿之事，《积微翁回忆录》明确提到的只有1903年问学于湘潭胡元仪，书中记载："是年求实改为大学堂，余去院家居。年来治经之志甚切，遂偕伯兄同往问业于湘潭胡子威先生（元仪），先生以经学名也。"同年还提到参加湖南学使吴庆坻的观风课试，得到吴庆坻的赏识，后者于杨树达试卷有"镕经铸史，卓尔不群。少年得此，尤为可喜"的批语，盛奖有加，列名第一，"旋调余入校经堂肄业。堂规：肄业生月给银四两，应课奖在外。学使意在激励余诵读，至厚也。"①

这里提及1903年两件事，一是杨树达兄弟师事胡元仪，二是杨树达应湖南学使吴庆坻之观风课题与院试，均名列第一，而后调入校经书院肄业。

至于1904年，则无记。但据叶德辉1904年写给湖南学使吴庆坻的信，可得知此前杨树达实际已经问学于叶德辉，并且在杨树达调入校经书院问题上，叶德辉也曾助力。1904年，叶德辉在致湖南学使吴庆坻的信中，举荐杨树达入校经书院。其言曰："……此次轺临首郡，朴学之士赏拔一空，就姪所深知者三人。一湘潭取列优等之附生刘镛，邃于史学……一长沙取进第一新生杨树达，在姪门下多年，经学乃其专长，文笔高朗，无考据家纠缠繁冗之习。闻其试卷公击节叹赏，足见风胡、伯乐，世间正不患无知己也。一善化取进新生雷悦，与其兄雷恺有二难之目。……现闻校经悬缺。三生已为公所识拔，可否调补，令其发名成业，伏候钧裁。三生有著书试卷可核，非姪私誉也，专叩福安。"②落款为"年愚姪叶德辉顿首拜"。在这封信中，叶德辉向吴庆坻推荐了长沙刘镛、长沙杨树达、善化雷悦三人，于杨树达有"在姪门下多年""经学乃其专长"等之语，则杨树达师事叶德辉不晚于1904年。

2. 叶德辉为杨树绩使用官费留学日本说项

1905年，杨树谷、杨树达兄弟考取了湖南官费留学日本，至1907年，

① 杨树达：《积微翁回忆录　积微居诗文抄》，上海古籍出版社2006年版，第5页。

② 叶德辉：《致吴庆坻二》，《叶德辉集》第4册，学苑出版社2007年版，第407—408页。

杨树谷速成法政科毕业，回国后不再返东京；而杨树达则继续留学。1908年，杨树达之弟杨树绩亦来东京留学。关于杨树绩留学日本之事，《积微翁回忆录》所言不多。但在叶德辉的书信透露了一点信息。

戊申（1908）年叶德辉在写给湖南学使吴庆坻的信中称："长沙杨宣猷之弟宣治、杨树谷之弟树绩，求转恳以兄之游学官费抵拨其弟，据其自称尚可通融合例。姪乃学外人，不知其详，以原名呈览，乞钧裁焉。"① 大约经叶德辉说项，官方允许杨树谷将自己的那笔游学官费转拨杨树绩使用。

3. 叶德辉回忆杨树达，比拟为"杨修许大儿"

1916年，叶德辉移居江苏，本年诗结集为《还吴集（丙辰）》。其中两首都涉及杨树达。一首是《寄怀湘中诸子二十五首》中的第13首《任九鹏、杨遇夫》，诗曰："丙丁科举罢，游学在当时。任昉工文始，杨修许大儿。曾随童冠咏，偶写性灵诗。门下皆卢郑，多惭绛账师。"②叶德辉自拟为东汉经师马融，而视任、杨为马融高足卢植、郑玄之流的人物。

另一首为《除夕怀人绝句四十七首》中的一首"杨芗诒、遇夫兄弟"："弟兄才谳似机云，瀛海归来学更勤。房魏无功兴礼乐，何如关薛重河汾。"③ 叶德辉并有附注云："昆仲髫年从吾受业。芗诒有经世之志，屡起屡踬；遇夫则息交绝游，终日阒如也。"将杨树谷杨树达兄弟比拟为史上有名的陆机、陆云二兄弟，可见是视为高足了。

4. 叶德辉是如何指导杨树达兄弟的

除赞许杨氏兄弟之刻苦与才情外，叶德辉的文字中也透露他具体如何指导杨氏兄弟的："忆昔童子时，（遇夫）偕其令兄芗诒受业于余门。余于制艺之外，授以《说文解字》《汉书·艺文志》《四库全书提要》《史通》《文心雕龙》等书，令其每书下句读，日必四五纸。及门中多不如程课，

---

① 叶德辉：《致吴庆坻八》，《叶德辉集》第4册，第409页。

② 叶德辉：《寄怀湘中诸子二十五首》，《还吴集（丙辰）》，长沙叶氏1929年刊。

③ 叶德辉：《除夕怀人绝句四十七首》，《还吴集（丙辰）》，长沙叶氏1929年刊。

惟遇夫及县人刘廉生宝森兄弟为之。余固知他日三子之成就必在诸生上也。”①这种训练显然为杨树达一生的学术事业打下了坚实的根基。

5. 叶德辉为杨树达论著作序，在书信中指导杨树达

1921 年，杨树达以钱玄同之介绍，任教于北京高等师范学校。《积微翁回忆录》于 1921 年记载：“九月，始辑《说苑》《说序疏证》。刘氏《说苑》《新序》绵采掇故事为之。余先为二书目录，每条皆按其原本或互见他书者记之。至是始加辑录。”② 无一字涉及叶德辉。但叶德辉于 1921 年仲夏由苏州北游京师，寓弟子蔡传奎寓所，“遇夫数日一过，时挟其著书，殷殷请益，其成者必索一序。盖犹承平时在余家园问字时光景也。”③叶德辉在京师所写文章后来结集成《郎园北游文存》，由财政部活字印，其中收录了为杨树达论著所作的三篇序，分别是《韩诗外传疏证序》《说苑集证序》《新序集证序》。由此反推，1921 年左右，杨树达的《韩诗外传疏证》《说苑集证》《新序集证》均已大全成形，否则不会有请序之举。

1925 年，叶德辉再度北游，居杨树达寓所，“在府厚扰月余”。其间，杨树达与叶德辉，“出则共载游山，入则谈经论史，乐数昕夕，不觉五旬”④。这次在北京与杨树达相聚，师徒二人“谈文道古，极平生之乐”，叶德辉更是深感杨树达“胸襟干净，无一点尘氛，一意读书著书”，认为杨树达“他日成就，当在葵园之上”。⑤

在叶德辉笔下，杨树达“好学之勤，著书之勇，今日之士，诚不多见。”而叶德辉曾经最寄予厚望的三个门生，“宝林早夭，成《尚书大传礼征》一书，身后廉生为之刊行。廉生流徙兵间，以谋生废学，残稿盈筒，迄不能成编。惟遇夫客居京师，日治经史诸子百家，心有所获，辄笔之所读书上下两端，亦或间诂行间，朱墨杂糅，一皆可以理董。久而札移，为

① 叶德辉：《新序集证序》，《郎园北游文存》，辛酉冬十月（1921 年）北京财政部活字印，第 10 页。

② 杨树达：《积微翁回忆录 积微居诗文抄》，上海古籍出版社 2006 年版，第 16 页。

③ 叶德辉：《新序集证序》，《郎园北游文存》，辛酉冬十月（1921 年）北京财政部活字印，第 10 页。

④ 《郎园先生手札》第九通，原件藏湖南师范大学图书馆。

⑤ 《郎园先生手札》第十通，原件藏湖南师范大学图书馆。

《疏证》，为《集证》，连篇累册，不知客中之岑寂、人世之乱离。其天君泰然，固有足觇其学养者。”①可谓是赞不绝口。

杨树达与叶德辉的书信往来更多。今杨树达致叶德辉书札已不可见，但从叶德辉致杨树达的十余通书札来看，诚如论者所言：“师弟契洽之诚，跃跃纸上。”②

三、师生冲突背后的思想分歧

杨树达与叶德辉之间，并非只有“契洽之诚”，也有争论之时，从中折射出近代学术观念在学者代际之间的嬗变。这在杨树达力辩《郎园学行记》署名之诬的问题上，即可窥见一斑。

1923年叶德辉六十寿诞前夕，叶氏弟子撰写了一部叶德辉的传记《郎园学行记》，全文长约一万五千余字，分“学”“行”两篇，比较细致地介绍了叶德辉重要的生平活动与学术研究。该文以叶德辉弟子口吻而作，署名“受业杨树谷杨树达撰”。据《积微翁回忆录》，该文本为叶家子弟所撰，而以杨氏兄弟的名义发布；但与杨父商量之时，杨父即婉谢署名。

叶德辉去世后，东京《斯文》杂志曾经附刊《郎园学行记》，以志纪念。1928年4月，为纪念叶德辉去世一周年，日本人所办《文字同盟》杂志也从《郎园学行记》中“择录关于先生经学之记述”，以《叶郎园先生之经学》为标题，刊发于1928年第14号刊中，“以志哀忱”，署名“及门某生述”。值得注意的是，该文篇首是杨树达的一则声明，称：“此记为八年前叶家子弟托名家兄及树达所编撰。当时撰者曾以商之家大人。家大人以戊戌之事，两方学术之争，树达兄弟于两方皆为弟子，不当置辞。又《记行》篇中颇多议及乡里前辈之处，大人亦谓非后辈所宜，婉谢撰著。其事遂被阁置。近来师门遭变，日本同门中有据钞录之本印布于世者，隐不署名，亦因此段公案也。惟文中有‘某出所著《老子古义》呈正云云’等语，《老子古义》行世数年，人多知为树达编撰，故见者颇滋疑惑。适

① 叶德辉：《新序集证序》，《郎园北游文存》，辛酉冬十月（1921年）北京财政部活字印，第10页。

② 邵瑞彭：《郎园先生手札跋》。原件藏湖南师范大学图书馆。

友人桥川君拟以《记学篇》刊入《文字同盟》，故特叙当时事实于此以解世惑焉。又王葵园、王湘绮、张雨珊诸前辈，皆家兄所尝执贽者。记文中皆称‘师’，据家兄为称也。”①

综合杨树达的这则声明以及《积微翁回忆录》的记述来看，可以厘清两个事实：一者《郎园学行记》是叶家子弟托名杨树达兄弟所作；二者由于《郎园学行记》涉及戊戌新旧之争、语多讥刺湘中前辈之处，被刺者不乏杨氏兄弟尝执贽请教之辈，非后辈所宜，故杨树达父亲婉谢撰著。可见，杨树达婉谢署名，乃至于再三申明署名之诬，并不是因为不想冒著作之功，而是因为不认同此文的说法或态度。

那么，《郎园学行记》到底代表了谁的主张？杨树达力辩署名之诬折射的是与谁的思想冲突？叶德辉致杨树达的亲笔信透露出更深隐情。

壬戌十一月九日（1922 年 12 月 26 日），叶德辉写给杨树达的信中说："前尊公交到近著《老子古义》一本，一再翻阅，可云杰作。后令兄交到鄙人《学行记》，并至令兄函，均已详悉。此事本发端于吾弟，鄙人因恐与鄙意不合，故略有发挥意志之处。"② 明言《郎园学行记》本发端于杨树达。作为叶德辉弟子，杨树达倡议甚至亲自撰写叶德辉的传记是有可能的。但是，杨氏兄弟或者叶氏其他弟子起草的《郎园学行记》交给叶德辉审阅时，叶德辉认为传记没有真实、准确地传达自己的思想主张，故"略有发挥意志之处"。换言之，叶德辉自己进行了修改补充。那么，叶德辉补充了哪些内容呢？就是对字母之学与公羊之学的攻击性言论，为此又涉及晚清公羊学家们。叶德辉在信中接着说："然在鄙人，实有两种窘于者：一字母之学，素所诋斥，以吾弟沉溺于此，鄙意不能畅所欲言；一令兄两师，一湘绮，一梁卓如，皆为鄙人平日最攻击者，因令兄之故，亦不能过于激昂。今已改用廉生名，以廉生纯全，于王、梁无关系也。"③ 叶德辉平生最攻击者，一为字母之学，一为杨树谷的两个老师王闿运与梁启超，碍

---

① 《叶郎园先生之经学》文前说明，《文字同盟》1928 年第 14 期，第 25 页。

② 《郎园书札》第三通，原稿藏湖南师范大学图书馆，相关释读可参阅张晶萍、李长林《叶德辉致杨树达书札四通》，《文献》，2008 年第 3 期。

③ 《郎园书札》第三通，原稿存湖南师范大学图书馆。

于杨氏兄弟的情面，叶德辉在“发挥意志”之时，有所克制，没有畅所欲言。从叶德辉的引文来看，杨树达此前致叶德辉的信中曾提出：“今古文之争，因外来侵势，遂可不必重提。”① 但是，在给杨树达的私信中，叶德辉一再强调：“今文在今日仅一《公羊》为全书，余皆断简残编，本无可以致力。加以龚魏之偏陋、湘绮之荒唐，流为康梁，已成亡国之祸。再不为学者提，令害将与洪水猛兽同科。……陈兰圃以汉宋兼采与官话，误及终身；湘绮以今文欺人，遂使衡州与四川两处青年同入荒诞不经之地。此鄙人平日所力诋，而至今不变者也。尝言：今文之学，使人不读书；字母之学，使人不识字。学术杀天下没，此皆此类孤陋著伪之书。幸其学容易为人看穿，屡振不起。不然，率天下之人，不读书，不识字，其为害将无止也。鄙人年已六十，不敢谓学已有成，然自问此生未入歧途，亦不欲来者误入歧途。况廿余年相关切之门生，而可阴忍不一辩论耶？”② 叶德辉没有接受杨树达的建议，坚持在《郎园学行记》中攻击公羊学及晚清公羊学家，而叶德辉的这种“发挥”超越了杨树达的本意，是以杨树达有再三辩诬名之举。

这里涉及近代学术转型中的几个问题：一是晚清以来的经学今古文之争。概括来说，叶德辉主古文经学，一生痛诋今文经学尤其是公羊学，矛头所向，累及晚清公羊学家王闿运、康有为。叶德辉希望作为弟子的杨树达能够成为叶氏批判公羊学家的传声筒。二是如何判断何者事关中国文化命脉？叶德辉认为今古文之争事关中国文化命脉，杨树达认为中西文化竞争事关中国文化命脉。三是如何对待中国传统的文字学，如何对待汉字。关于这一点，笔者另拟专文详细分析。

---

① 《郎园书札》第五通，叶氏所转述杨树达之言论，书札原稿存湖南师范大学图书馆。

② 本段引文出自《郎园先生手札》第三通，原件藏湖南师范大学图书馆。

李续宾与湘军述论

成赛军[*]

摘　要：李续宾是湘军著名的将领，因战而名成，因战而身败。他是湘军集团中最早办团练的将领之一，其早年的练团实践，与湘军的创立有着一定渊源。他极力维护曾国藩为首的湘军团结，为湘军的发展、壮大做出了不少努力。但是，李续宾在三河战役的失败，成了湘军军事上的最大挫败，在一定程度上改变了当时的军事形势和战争格局。

关键词：李续宾；湘军；曾国藩；三河之战

李续宾（1818—1858），子如九、克惠，号迪庵，出生于湖南湘乡崇高信都岩溪里第（今涟源市荷塘镇古楼村），为晚清湘军早期的著名将领。在平定太平天国运动的过程中，他于“七年之间，先后克复四十余城，大小六百余战，所向无敌，一时诸将无与伦比”①，以军功历任知县、知州、知府、布政使、巡抚，战殁后被清政府追赠总督，予谥忠武。由于他身殁于湘军前期，且因三河战败而遭人诟病，以往论者大都聚焦其在军事上之得失，鲜少有关注其于湘军发展所做的努力。本人在梳理史料的过程中，不揣谫陋，就李续宾与湘军的关系撰文以求教于方家。

---

* 成赛军，湖南人文科技学院马克思主义学院，副研究员。

基金项目：湖南省哲学社会科学基金项目（17JD44）；湖南省教育厅重点项目（18A416 ）。

① 李元度：《国朝先正事略》，岳麓书社 2008 年版，第 847 页。

一、练团成湘勇之源

对于“湘军”一词的内涵，学术界一直聚讼不已，迄今为止都难以达成共识。究其原因，是囿于对某一特定时期的认识，未能从动态的角度去把握“湘军”概念的演变。刘继元认为湘军定义的扩大，大体经过三个阶段，“第一，指代曾国藩以湘乡勇为基础创立的新军，湘军（或湘勇）中的湘是湘乡的简称。第二，经过《湘军志》的书写，湘军定义扩大为出身湘中的将领以曾国藩所创营制，招募湘中官勇成立的新军的总称。第三，经过《湘军记》的书写，湘军成了以曾国藩为领袖的湖南籍军官率领的军队的统称。”① 这种划分是否精当，尚可以做进一步探讨，然诚如刘继元所言，湘军概念是多次历史书写的结果。如果不注意这种不断演变的历史书写，我们就会困顿于各种对湘军的不同理解，是很难走出湘军迷思的。

官文、胡林翼曾在给清廷政府的奏疏中称李续宾“自咸丰二年，贼围长沙，奉其父李登胜之命，首倡团练”。揆诸现有的资料，倡练团练时间并不确切，但李登胜、李续宾父子在湘乡首倡团练之事似无疑义。团练之制，开始于唐代安史之乱后，当时各州都设置团练使。此后，历代相继沿用，不同的是，统治者都会根据需要进行调整。太平天国运动兴起后，清政府为寻求对应之策，鉴于嘉庆年间依靠地方武装团练镇压川、楚白莲教起义的成功经验，要求各地举办团练自保，为近代团练的兴盛打开了方便之门。“团练虽古已有之，大盛却在近代。”② 学术界对于湖南团练产生的时间存有分歧，郑大发指出，“近代湖南兴办团练始于1841年”，黄细嘉、夏林根虽然未明确指出具体时间，但均对1850年朱孙诒办团练一事持肯定态度。③ 尽管如此，无论是当时的当局者，还是后来的研究者，都肯定了湖南地方人士在办团练上的努力，并强调湖南在办团练一事上的重要地位。要弄清湖南办团练的诸多事宜，有必要考察李登胜、李续宾父子办团

① 刘继元：《“湘军”概念的演变——以〈湘军志〉、〈湘军记〉为中心》，《船山学刊》2016年第1期，第37页。

② 夏林根：《近代团练问题研究》，《江西社会科学》1982年第2期，第112页。

③ 相关论述见黄细嘉的《近代的团练和团练制度》、夏林根的《近代团练问题研究》。

练的过程。

李续宾年少时就展露出在军事上的天赋，他 11 岁时，“身量已逾四尺，有奇力，胜百斤重任”①，15 岁时，“初习射，能挽强弓，百步外无虚发”②。由于经常入山打猎，绘制地图，研究兵法，为日后领军打仗打下了扎实的基础。道光十八年（1838），李续宾父亲李振庭因为湘乡、邵阳两地“盗贼横行，白昼聚众劫夺”，“忧天下将乱，欲立团湘、邵界，以靖井里”，命李续宾“启两邑宰”。次年春夏间，李续宾多次往返湘乡、邵阳两地，协调经营团事，在他的努力下，此事最终定妥。李续宾“恒任团事，湘乡练团自保始此。”③ 道光二十九年（1849），李沅发在新宁趁乱起事。李续宾招募农家壮丁 200 余人，教之击刺，后会合新宁官兵击溃李沅发，稳定了新宁局势。为应对太平天国运动带来的冲击，咸丰元年（1851），李续宾“治团以镇之”。李续宾还制定了团规及章程：“练团之法，乡人三丁出一报名，团长将姓名、年貌、箕斗、户邻皆注于册，各备一械，守望相助。有事则鸣锣以集之，无事则各自执其业。凡事毕，则父老公议其赏罚，其名册则团长收之。所捐之费，以供行事伙食及刀矛炮火之用。”④

应该来说，李续宾在练团一事上还是颇有成效的。也许是由于科名不显或位宦未居，湘乡县令朱孙诒于 1850—1851 年筹办团练时，李续宾还没有进入其视野。可能是咸丰元年（1851）因县试受知于朱孙诒，朱孙诒对李续宾的军事天赋和办团经历有了较为充分的了解，咸丰二年（1852），朱孙诒要求李续宾组建乡团。此后，李续宾与罗泽南、王鑫等师友一起练团，正式成为了朱孙诒筹办的湘乡团练中的骨干力量，从而声名初起。刘蓉在祭《李忠武公文》中提到，“吾乡宗伯，首建义旗。湘中豪俊，虎啸龙飞。维罗与王，厥声最伟。君参其间，鼎足而峙。”⑤ 就目前所及资料来

① 傅耀琳编《李续宾年谱》，《湘军人物年谱（一）》，岳麓书社 1987 年版，第 101 页。
② 傅耀琳编《李续宾年谱》，《湘军人物年谱（一）》，岳麓书社 1987 年版，第 102 页。
③ 傅耀琳编《李续宾年谱》，《湘军人物年谱（一）》，岳麓书社 1987 年版，第 104 页。
④ 傅耀琳编《李续宾年谱》，《湘军人物年谱（一）》，岳麓书社 1987 年版，第 110 页。
⑤《刘蓉集》（二），岳麓书社 2008 年版，第 229 页。

看，笔者窃认为，李续宾是道光、咸丰年间湘乡地方中最早办团练的，至少可以认为是湘军集团中最早办团练的将领之一。

咸丰二年（1852），清政府下诏曰："丁忧侍郎曾国藩籍隶湘乡，于湖南地方人情自比熟悉……令其帮同办理本省团练，搜查土匪事宜。"① 曾国藩虽然夺情出山，但对朝廷要他办团练一事却存有不同想法。他注意到"团练本是良法，然奉行不善……转为地方之弊政"。曾国藩在《敬陈团练查匪大概规模折》中奏称："因于省城立一大团，认真操练……今欲改弦更张，总宜以练兵为务。"② 他后来在《湘乡昭忠祠记》中说："咸丰二年十月，粤匪围攻湖南省城，既解严，巡抚张公亮基檄调湘乡团丁千人至长沙备防守，罗忠节公泽南、王壮武公鑫等以诸生率千人者以往。维时国藩方以母忧归里，奉命治团练于长沙，因奏言团练保卫乡里，法当由本团醵金养之，不食于官，缓急终不可恃？不若募团丁为官勇，粮饷取诸公家，请就现调之千人，略仿戚元敬氏成法，束伍练技，以备不时之卫。由是吾邑团卒号曰湘勇。"③ 由此知之，曾国藩是以办团练之名，行建军之实。

纵观湘军创建的过程，曾国藩一开始就主张"赤地新立"，并不存在"由办湖南团练到扩编成为湘军的发展过程"④。但如果据此以为湘乡团练与湘军的创立并无关系，却是与历史事实不相吻合的。毕竟，湘乡团练为曾国藩创办湘军提供了一大批主要将领。黎庶昌就认为"其后良将辈出，实滥觞于此"⑤。而且，在创建湘军之时，曾国藩对湘乡团练所建立的一些规制和经验，也有所承袭。从这个意义上说，李续宾早年的练团实践，与湘勇的创立是有着一定渊源的。

二、同心护湘军之名

曾国藩以"在籍"侍郎之名创建湘军，经历了一个非常困难的过程，

① 黎庶昌：《曾国藩年谱》，《湘军人物年谱》（一），岳麓书社1986年版，第22页。

② 《曾国藩全集·奏稿之一》，岳麓书社2011年版，第69—70页。

③ 《曾国藩全集·诗文》，岳麓书社1994年版，第302—303页。

④ 尹福庭：《关于湘军的产生与曾国藩办团练的关系》，《历史教学》1981年第8期，第23页。

⑤ 黎庶昌：《曾国藩年谱》，《湘军人物年谱》（一），岳麓书社1986年版，第23页。

既要在朝廷的猜疑之下苦心操办，又要在因战败饱受湖南官场嘲笑下勉力支撑，还需面对绿营恣意挑衅及筹饷窘迫的艰难困境，如此种种，困苦万状。他的幕僚赵烈文曾说："师历年辛苦，与贼战者不过十之三四，与世俗文法战者不啻十之五六。"为弥补八旗、绿营经制军队战斗力低下之弊，咸丰皇帝先后任命了43个团练大臣，最终成事者却只有曾国藩，其创办湘军的艰难，可略见一斑。

清廷的军队，有八旗、绿营两种，自康熙后，其统治主要依靠绿营来维持。嘉庆、道光、咸丰期间，军队纪律松弛，缺乏必要的军事训练。在京为官且兼任过兵部侍郎的曾国藩对此有着清醒的认识，咸丰元年（1850），他在《议汰兵疏》中就指出，军队"大抵无事则游手恣睢，有事则雇无赖之人代充，见贼则望风奔溃，贼去则杀民以邀功"①，认为"兵贵精而不贵多，尤为明效大验也"，从而主张淘汰冗兵，加强训练。基于此种认识，他在初创湘军时，"但求其精，不求其多，但求有济，不求速效"，要求"百家合成一条心，千人合做手一双"②，强调"事权归一"。然而，曾国藩在创立湘军伊始，其地位还是遇到了挑战，其中之一便是来自与王鑫在练兵及军事行动等方面的冲突。王鑫是湘乡团练的关键人物，他在所著的《团练说》中曾自道："我在湘乡办团，自咸丰元年中秋后起，至十月初而粗成，其时贼在广西，相去一二千里。承平既久，民不知兵，谁知团练为何物。"③ 有论者便认为"湘乡之办团练，实为王鑫所倡导"④。

咸丰二年（1852），曾国藩奉旨办团练时，便以罗泽南、王鑫二人所领湘乡团练为基础，组建湘军。应该说，曾国藩最初对王鑫的才干是非常赏识的，曾在给江忠源的信中称赞道："敝友王璞山，忠勇男子，盖刘琨、祖逖之徒。"⑤ 不过，此后不久，在募兵练勇规模上，曾国藩与王鑫开始出现了矛盾。曾国藩性格谨慎，其本意是在原有人数的基础上再募勇六千成

① 《曾国藩全集·奏稿之一》，岳麓书社2011年版，第18页。
② 《曾国藩全集·诗文》，岳麓书社1994年版，第424页。
③ 罗正钧、王诗正编《王壮武公遗集》，文海出版社1966年版，第2300页。
④ 吴敏文：《王鑫：英年早逝的湘军骁将》，《文史天地》2018年第3期。
⑤ 《曾国藩全集·书信》（一），岳麓书社1994年版，第193页。

万人之数，交江忠源统领作战，而王鑫"负奇气，语天下事甚易"①，招募的人数超过了曾国藩所定兵额，且隐然有自代自为之意。对于王鑫"欲增兵万人，议论不相中"的情况，曾国藩认为他"不为用，又以言大而夸，持之不固，发之不慎，气骄已盈，必以偾军也，下令汰为七百人。"②但王鑫得到了时任湖南巡抚骆秉章的支持，并不接受曾国藩的决定。通过这件事情，曾国藩知道王鑫"不为用，而亦知己之不能用也。"此后，曾、王二人心存芥蒂，最终分道扬镳。王鑫脱离曾国藩后，曾国藩依靠罗泽南、李续宾兄弟统领的军队，转战江西、湖北等地。

与王鑫的自负不同，李续宾沉毅寡言笑。对于曾、王二人之间出现的矛盾，李续宾有自己的理解，他对王鑫的做法不以为然，主张和衷共济，共同维护曾国藩在湘军中的地位。还在曾、王矛盾初现之时，他就劝导王鑫："师克在和，但于事有济，奚暇竞此豪末？且彼朝使，亦所以尊上也。"③ 不过，由于诸多原因，李续宾的劝说并没有对王鑫产生实质性的影响。但是，对于曾、王二人矛盾给湘军带来的消极影响，李续宾还是保持着警惕之心。

在如何维护湘军的存续上，李续宾有着独特的认识，他遵从曾国藩的调遣，并坚持设法维护其统帅地位。咸丰八年（1858），李续宾与曾国藩畅谈6日，并就军事将领的作用交换了意见，他认为："不患无将，但患无帅。公出则湘人有所瞻依。"④ 湘军因非清廷经制之兵，军饷大都需要自筹，很少依靠朝廷接济，这种军饷供给制度，自然很难保证军饷按时发放，所以湘军中常出现兵勇向将领鼓噪索饷的情形。某次，兵勇团团围住曾国藩坐帐大声喧哗，甚至出现了掌击的行为，即使曾国藩出面劝解也无济于事。李续宾回营后，"将惩其悍者，曾公请之乃止。"⑤ 对于曾国藩索要将领的要求，李续宾调派身边的得力干将如朱品隆、唐义训等归曾国藩

① 朱孔彰：《中兴将帅别传》，岳麓书社2008年版，第94页。
② 钱基博：《近百年湖南学风》，中国人民大学出版社2004年版，第25页。
③ 傅耀琳编《李续宾年谱》，《湘军人物年谱（一）》，岳麓书社1987年版，第112页。
④ 傅耀琳编《李续宾年谱》，《湘军人物年谱（一）》，岳麓书社1987年版，第169页。
⑤ 傅耀琳编《李续宾年谱》，《湘军人物年谱（一）》，岳麓书社1987年版，第123页。

节制，并要求他们服从其安排。曾国藩在给左宗棠的信中写道："朱、唐两镇受迪庵之诫，只在弟侧，不归他人节制，亦曾以此托弟。自迪公没后，朱、唐持此念愈坚。"①

曾国藩以在籍侍郎之名创建湘军，东征西讨，"功勋"卓著。虽然如此，但他也遭到了清政府及封建顽固派的猜忌，长期得不到实质性的权力，办事受诸多桎梏。经历多年"客寄虚悬"的处境，咸丰七年（1857），曾国藩借父丧之机，奏请回家守制终身。咸丰皇帝认为太平天国内讧削弱了自身力量，曾国藩已无利用价值，谕"著照所请，准其先开兵部侍郎之缺，暂行在籍守制"。在曾国藩居家守制的一年零四个月期间，湘军军事进展不大。李续宾对曾国藩不在军中的局势发展深表关切，写信给胡林翼曰："东南大势所关，在公与涤公两人之身。有涤公在军，前路乃可无虑，有公在鄂，后路乃可无虞……涤公亦不能以诏许守制，而安处山林。否则前路有兵而无人敢将，有将而无人敢统。"② 建议胡林翼联合官文等人向朝廷上奏重新启用曾国藩。李续宾的建议虽然不能对曾国藩后来的再次出山起决定性作用，但推波助澜之效还是暗隐其中的。在曾国藩创建湘军，南征北战的过程中，李续宾是维护曾国藩在湘军的权威地位、巩固湘军团结最有力的将领之一。

三、奋战壮湘军之声

湘军创立初期，罗泽南无疑是其中的骨干人物，有论者便称罗泽南为"湘军之母"③。罗泽南弟子众多，据张晨怡研究，"因投身湘军而留名史册的有王錱、李续宾、李续宜、蒋益澧、刘腾鸿、杨昌濬、潘鸿焘、李杏春、康景晖、钟近衡、钟近濂、易良干、谢邦翰、罗信东、罗镇南、朱宗程，达16人之多。"④ 除王錱早期脱离曾国藩湘军集团外，李续宾是罗泽

① 傅耀琳编《李续宾年谱》，《湘军人物年谱（一）》，岳麓书社1987年版，第169页。

② 傅耀琳编《李续宾年谱》，《湘军人物年谱（一）》，岳麓书社1987年版，第150页。

③ 苏新有《罗泽南与湘军的创建》、胡卫平《天下湘军出湘中——关于湘军文化品牌在娄底的发掘与利用》、吴克燕《湘军之母——罗泽南》中持有此论。

④ 张晨怡：《罗泽南及其弟子与"同治中兴"》，《江苏社会科学》2006年第1期。

南弟子中较早脱颖而出，以巡抚官职得到清政府重用，且独当一面的湘军将领。

咸丰三年（1853）七月，罗泽南率众与太平军战于南昌城外，李续宾辅佐领右营的谢邦翰，此役，营官罗信东、罗镇南、易良翰、谢邦翰战殁，其他湘勇兵士战死者80余人。经此一役，罗泽南将所余的1100人分组为两营，自己统领中营，李续宾统领右营。“两营称为湘军，湘军名始此。”① 从此，罗、李湘军知名于时，曾国藩亦称“所向有功”。李续宾的军事生涯，大体可以分为两个时期，以1856年罗泽南之死为界，前期与罗泽南共领湘军作战，后期统兵独当一面。

罗、李湘军中，罗泽南以谋略规划见重，李续宾以领兵作战建功，各展其长。二人合作期间，罗泽南非常倚重李续宾，“其战守机宜，胥功主之”②，与李续宾曾一起作战且同为罗泽南弟子的杨昌濬提到李、罗二人在湘军中的作用时说，“忠节公在军中，凡战守赏罚，皆一委于忠武公”③。王闿运在《湘军志》里对罗泽南、李续宾评价说：“然则泽南殆可谓名帅，非但名将，要其言战，在续宾下远甚。”④

自咸丰二年（1852）年从其师罗泽南练团到咸丰八年（1858）战死三河，李续宾身历数百战，转战湖南、湖北、江西、安徽各地。纵观其戎马生涯，湖北战场声名鹊起，江西战场达到顶峰，安徽战场身败落幕。湖北战场中，尤以田家镇之战为著。咸丰四年（1854）八月，曾国藩统帅湘军克复武汉后，规划东征，由九江、安徽直抵金陵。九江便成了湘军的首要目标。湘军欲取九江，必先夺田家镇。田家镇地处长江中游，号称“两江门户，金陵咽喉”，位置非常重要，是湘军与太平军的必争之地，此前张亮基、江忠源皆败于此。太平天国的著名将领秦日纲在此布重兵设防，以阻遏湘军的攻势。在攻取田家镇南岸的半壁山之战中，罗泽南、李续宾率众以2000多人击破十倍于自己的太平军，迫使驻防在田家镇的太平军主动

① 傅耀琳编《李续宾年谱》，《湘军人物年谱（一）》，岳麓书社1987年版，第113页。
② 《曾国藩全集·诗文》，岳麓书社1994年版，第312页。
③ 傅耀琳编《李续宾年谱》，《湘军人物年谱（一）》，岳麓书社1987年版，第169页。
④ 王闿运：《湘军志》，《湘军史专刊之一》，岳麓书社1983年版，第159页。

退走。后胡林翼在为李续宾所作的祭文中说，“公师跃入，十荡十决。岸赭江红，飞毛洒血。采石顺昌。诅足拟此！湘军之雄，自公伊始”①。罗、李湘军在湖北的征战，改变了清朝与太平天国在此的军事格局，清军开始由劣势方变为优势方。

咸丰六年（1856），罗泽南伤毙于武昌城下。清政府下诏李续宾兼领罗泽南所部军队，从此，罗谢李代，李续宾开始统兵独当一面。是年底，李续宾率湘军抵达九江城下。驻防于此的太平军悍将林启荣以善守敢战著称，曾击退过清军对九江的数次进攻。经过数月的围攻，太平军坚守长达六年之久的九江终于被湘军攻陷。曾国藩认为九江之陷，是清政府在东南数省的一大转机。李续宾因攻克九江，“论功第一，加巡抚衔，赏穿黄马褂，许专折奏事”②，走上了军事生涯的顶峰。

李续宾作战勇敢，常亲自搏战阵前，所部湘军也因此随其冲锋陷阵，是一支骁勇善战的军事力量，目睹过此的湘军悍将塔齐布对此称赞道：“好勇好勇！”李续宾“所举用奇士，视他帅为盛”③。萧启江、蒋益澧、李存汉、刘连捷、刘神山、李集贤、萧庆高、高连阡、周达武、蒋凝学、萧孚泗、周宽世、朱品隆、唐义训、成大吉等大批湘军将领都出自他的军中，此外，刘典、杨昌濬、蒋泽沄、董容方等也辅佐过他。曾国藩在给李续宾所撰的神道碑中指出，“湘军之兴，威震海内。创之者罗忠节公泽南，大之者公也”④。诚如曾国藩所言，湘军发展前期，在苦心维护曾国藩的统帅地位、南征北战、壮大湘军队伍方面，很难找出一个可与之相提并论的人物。后人李肖聃在论到李续宾对湘军的作用时便认为：“罗山之学业，所以见重于时，湘军所以声施于后世，至今蒙其遗烈也。”⑤

四、失战挫湘军之势

咸丰八年（1858），李续宾挟攻克九江之余威，率部进军安徽，在一

① 傅耀琳编《李续宾年谱》，《湘军人物年谱（一）》，岳麓书社1987年版，第121页。
② 朱孔彰：《中兴将帅别传》，岳麓书社2008年版，第104页。
③ 傅耀琳编《李续宾年谱》，《湘军人物年谱（一）》，岳麓书社1987年版，第119页。
④ 《曾国藩全集·诗文》，岳麓书社1994年版，第311页。
⑤ 《李肖聃集》，岳麓书社2008年版，第601页。

个月内相继攻下了太湖、潜山、桐城、舒城，向庐州外围的三河镇进逼。三河镇位于合肥、庐江、舒城三地交界，港汊纵横，圩田交错，是皖中著名的物资集散地。李续宾意图趁势攻下三河镇，切断太平军供应庐州、天京的补给，结果陷入了陈玉成、李秀成所部太平军的重重包围，最后战死于此，其人生到此落幕。三河之战具有历史、军事、政治等方面的研究价值，多位研究者就三河之战李续宾所部湘军兵败的原因进行过论述，提出了诸多观点，在此不再一一赘述。①

三河兵败可称为湘军战史上的最大挫败。在此次战役中，湘军兵败固然是各种外在原因所致，但与李续宾轻敌冒进、临阵指挥有误还是有一定联系的。三河之战一定程度上改变了清军与太平军之前的态势，产生了重要影响。

其一，湘军实力遭遇严重损失，精神、心理均受到极大冲击。湘军兵勇损失近6000人，一说5000人，除“威望冠诸军”② 的李续宾身毙外，一批战将亦折损其中，有曾国藩的弟弟曾国华，有所谓“绕胆略，战必冲锋”的彭友胜、丁锐义等。三河战败的消息传来，清廷朝野上下，一片慌乱，咸丰皇帝在得知“良将”李续宾兵败而死的消息，“震悼……不觉陨涕”③。曾国藩闻此噩耗，认为“自湘勇以来，未有如此之大挫者，思之至恸!”④ 感叹“忽遭此变，如车脱一轮，鸟去一翼”，并深为以后的发展担忧，在给刘蓉的信中说：“不特大局顿坏，而吾邑士气亦为不扬，未知此后尚能少振否。”⑤ 在家居丧的胡林翼“发书大恸，仆地呕血不能起……良久始醒”，担忧“湘军熠焉”。湘军主要兵源地——湘乡出现了“处处招魂”的场景，陷入了惊恐不安之中，在一定程度上为后来湘军再次招募兵

① 相关方面的论述有：徐伟民的《关于三河之役的两点认识》、张朔人的《三河大捷”述评》、洪均的《湘军屠城考论》、成晓军的《李续宾败亡三河之役的主要原因新议——与洪均先生商榷》、方英的《咸丰年间湘军入皖及其影响》、吴敏文的《湘军悍将李续宾军覆三河的原因与后果》等。

② 劳柏林整理《清史稿·李续宾传》，《三河之役—致李续宾兄弟函札》，岳麓书社1988年版，第164页。

③ 朱孔彰：《中兴将帅别传》，岳麓书社2008年版，第105页。

④ 《曾国藩全集·书信》(一)，岳麓书社994年版，第743页。

⑤ 《曾国藩全集·书信之二》，岳麓书社2011年版，第23页。

勇增添了难度。畏战惧死的情绪在兵士中蔓延开来，“虽多方抚慰，而较之昔日之锋锐，究为减色”①，军队战斗力大为减弱。

其二，李续宾三河失战对清廷与太平天国的攻守之势产生了重大影响，在一定程度上改变了战争的进程。此前，因1856年太平天国出现内讧，实力大打折扣，在对太平天国的攻势中，曾国藩、胡林翼规划的东征已取得了初步的成效。咸丰七年（1857）年末，丁忧在家的曾国藩对湘军的攻势非常乐观，信心满满地估计“金陵指日可克”②，在湘军攻克九江后，他很快就和胡林翼制定了“先清皖北，再议皖南”的战略，先期目标是攻取安庆。然而，三河之战后，形势急转直下。陈玉成决定乘胜追击，不给湘军以喘息之机，扩大三河之战的胜利战果，先后收复舒城、桐城等地，迫使都兴阿部撤围安庆。李秀成后来说，“自三河一战、桐城一战，安省之围自解。”③ 太平天国在安徽战场上的胜利，护卫了天京上游的屏障安庆，遏制住清军的进攻态势，挽救了暂时的军事颓势，并为1860年击破江南大营奠定了基础。专治太平天国史的罗尔纲对三河之战的影响总结说，如果不是三河战役的胜利，“太平天国老早已经灭亡了”④。面对三河之战的失败和随之而来的军事退守，以曾国藩为首的湘军集团只好重新调整军事部署和行动安排。

历史的吊诡在于，清政府原本是听任湘军与太平天国军队在外围厮杀，把攻克南京的重任留给绿营，由绿营坐收胜利之果。咸丰十年（1860），江南大营再次被太平天国击破后，清政府只好重用曾国藩，授他为钦差大臣，节制南北水陆各军。从此，曾国藩得以统筹全局，其手下的湘军，也不再只是充当救火军的角色，到处弥缝。近人王尔敏便指出：“湘军势力的膨胀，及其真正的发展，均以江南的糜烂为起始。”⑤ 湘军集

---

① 《曾国藩全集·书信之二》，岳麓书社2011年版，第116页。

② 《曾国藩全集·家书之一》，岳麓书社2011年版，第320页。

③ 劳柏林整理《李秀成自述》（摘录），《三河之役—致李续宾兄弟函札》，岳麓书社1988年版，第186页。

④ 罗尔纲：《太平天国史事考》，转引自韩照华、武家水：《论三河之战》，《安徽大学学报（哲学社会科学版）》1982年第2期。

⑤ 王尔敏：《淮军志》，广西师范大学出版社2008年版，第10页。

团也因此得以破除原有的诸多障碍，进入了一个快速发展的阶段，并最终平定了太平天国运动。

李续宾征战七年间，大小数百战，治军甚严，每战常先，因战而名成，因战而身败。统军期间，他于湘军发展、壮大苦心维护，因专心战事，竟绝少回家，忠君卫道之心，足见其坚。抛开他因时代局限而选择的立场所招致的诸多争议，愚意认为，不可因人废事，亦不可因事废人。是耶非耶，留待智者自辩。

儒表法里，经国济邦：左宗棠的法治事功钩沉

夏新华　徐小芳*

摘　要：后人对左宗棠之评价可谓毁誉皆半，然左宗棠对国家治理的法治事功却是客观事实。左宗棠一生深受中国传统礼法思想的熏陶，亦经历了西法理念的冲击。在儒表法里的礼法观念下为护中国领土之主权，五奏清廷于新疆置省；西法东渐后，认识到海上管辖权之重要性，上疏两篇奏折请求移福建巡抚驻台湾；更是将中西法相结合，兴洋务抵外敌，以获国家之自强独立。左宗棠所为，不再局限于传统的经世致用，而是上升为经国济邦之大局，以国家为己任，推动了中国传统礼法的发展和转型。

关键词：左宗棠；法治事功；边疆治理；台湾建省；经国济邦

一、缘何研究左宗棠的国家法治事功

历史人物是复杂多样的，亦是充满个性的，且处于动态的变化之中。①近百年来，世人对左宗棠之评价因时代不同，往往是观点各异，起伏不定。赞成左宗棠之功绩者认为其是“近代中国统一、领土主权完整的坚决

---

* 夏新华，湖南师范大学法学院教授、博士生导师；徐小芳，湖南师范大学2019级法律史硕士研究生。

基金项目：本文系国家社科基金项目“近代湖湘法治文化转型与发展”（课题编号：20BFX024）的阶段性成果。

① 徐志频：《左宗棠》，化学工业出版社2019年版，第15页。

捍卫者”，亦是中国近代化法学理念、工业、科学、文化等方面的“先行者”之一。[①] 潘祖荫甚至曾说，“是国家不可一日无湖南，而湖南不可一日无左宗棠也”[②]。可见左宗棠当时在国人心中的地位之高。而对左宗棠进行批评和谩骂者亦有之，如李鸿章等主张投降论者与左宗棠边防、海防观相左，并认为左宗棠其人拥兵自重。又如曾左失和，曾国藩门人言“左公不感私恩，专尚公议，疑其卓卓能自树立，而群相推中焉”[③]。真相究竟为何世人并不知晓，妄加争议只是徒劳。然左宗棠新疆、台湾建省，开展洋务兴国抵御外敌之行为皆是客观存在，是不可规避之事实，左宗棠之国家法治事功亦应为后世所铭记。

此外，改革开放以降，随着世人思想的解放，人们对于左宗棠的研究更趋公正，涌现出一批关于左宗棠事迹的著作与文章，著作类如徐志频的《左宗棠》、左景伊的《左宗棠传》、张振佩的《左宗棠传》等。与左宗棠相关的文章主要有以下三类：一是左宗棠与其他人进行对比研究；[④] 一是左宗棠其人事功的整理与研究；[⑤] 一是对左宗棠思想的探析。[⑥] 其中涉及法治思想研究的文章寥寥，仅有谢时研的《经世致用、德主刑辅：左宗棠法律思想探寻》和徐明的《论左宗棠的法律思想与实践》。而从法治角度去论述左宗棠事功者更是微乎其微，大多数学者是从历史学的角度对其事功分而论之。左宗棠一生所为之法治事功，尤其是左宗棠在国家治理方面的法治事功，推动了中国传统礼法文化的发展与转型。左宗棠作为晚清名

---

① 徐志频：《左宗棠》，化学工业出版社2019年版，第15页。

② 杨浩：《左宗棠与曾国藩的故事》，花山文艺出版社2014年版，第106页。

③ 左景伊：《左宗棠传》，长春出版社1994年版，第451页。

④ 彭昊，徐芳：《论曾国藩、左宗棠家训的共同特征》，载《湘南学院学报》2019年第6期。王鹏娟：《曾国藩与左宗棠的科考经历比较研究》，载《湖南人文科技学院学报》2020年第5期。徐志频：《不同的志节，不同的人生——左宗棠与李鸿章》，载《书屋》2020年第6期。

⑤ 赵剑锋：《左宗棠与〈伊犁条约〉》，载《伊犁师范学院学报》2016年第4期。薛莉：《论左宗棠平定陕甘回民起事与善后治理问题》，载《湖北民族学院学报》2015年第6期。赵维玺：《左宗棠与回民起义善后移民诸问题论析》，载《船山学刊》2014年第2期。陈跃：《晚清新疆与台湾建省之比较研究》，载《中国边疆史地研究》2013年第3期。

⑥ 杨婧：《论左宗棠的军事体育思想》，载《当代体育科技》2018第12期。周哲玉，周琦：《左宗棠政治思想探析》，载《长沙大学学报》2017年第4期。谢时研：《经世致用、德主刑辅：左宗棠法律思想探寻》，载《佳木斯大学社会科学学报》2020年第3期。

臣，深受中国传统礼法思想的熏陶，亦经历了西法理念的冲击，在传统礼法文化的支撑下捍卫国家领土主权，于西法观念的结合中，认识到海上管辖权的重要性，两次上疏台湾建省，更是将中西法结合，中法为主，西法为辅，开洋务抵御外敌。

二、儒表法里，边防济邦：左宗棠五奏新疆之治

左宗棠“生于濂溪之乡”，“游于洛邑”，“宦于关闽之邦”。① 其一生崇奉理学，以义理为本，提倡经世、务实之学，曾言“去儒先之世虽远，而距儒先之居则甚近。谓于语言文字之间全无体会，亦似不然。”② 在承奉儒家君臣之纲、道德教化的同时，左宗棠更注重对法治之运用，将王道之治与圣贤之治结合，在内圣外王的基础上，提出家国同构，海防和边防、海上管辖权与国家领土主权皆不可弃，用传统之礼法坚定自身边疆治理、台湾建省的信念。

（一）儒理修身，礼法定念：左宗棠五奏新疆治理之经过

汉代承秦之“以吏为师，以法为教”，又以儒家为正统，奠定了中国政治儒法兼综，儒法表里之基石。之后虽朝代更迭，但统治之法则未变。清作为最后一个封建王朝，自是在承袭安民治国之策，作为清廷官员的左宗棠，在申奏新疆治理、建置行省亦受“儒法表里”的治国方略的影响。西方舆论说：“当初陕、甘总督左钦帅募兵于关外屯田，外国人方窃笑其迂。乃今观之，左钦帅急先军食，谋定而往老成持重之略，决非西人所能料。”左宗棠之老成持重源于其早期以儒家义理修炼己身，而左宗棠在多次奏请新疆置省当中，则以传统礼法来坚定收复边疆、民族统一、国家统一之念。

---

① “濂溪”，即指北宋理学先贤周敦颐，号濂溪，世称濂溪先生，出生于湖南；“洛邑”，指洛阳，是北宋理学奠基人程颢、程颐的故里。后二程于洛阳长期讲学，故世称程之理学为“洛学”；“关”喻指北宋理学大师张载所创立的理学分支学派“关学”，因张载出生于陕西关中的西安，后徙家凤巧郡县横渠镇，人称横渠先生。世人便将其学问称为“关学”或“横渠之学”。

② 左宗棠撰，刘泱泱点校《左宗棠全集·书信二》，岳麓书社1996年版，第125页。

当然新疆建省并不是凭空而成，亦不是一蹴而就的。清末左宗棠上奏新疆建省原因有四：其一，由于新疆特殊的地理位置，北方俄人虎视眈眈，伊犁条约的协商、签订更是让国人意识到新疆边防的地位，边疆领土主权之重要，左宗棠曾言：

“重新疆者所以保蒙古，保蒙古者所以卫京师，西北指臂相联，形势完整无隙可乘，若新疆不固则蒙部不安，匪特各边防不胜防，即直北关山将无晏眠之日。况俄人拓地日广，由西而东万余里与我北境相联，仅中段有蒙部为之遮阂，尤不可不豫为绸缪。”①

其二，在乾隆再次完成了中央政府对新疆地区的统一时，制定了札萨克旗制、府县制、伯克制“三合一”的行政管理制度，该制度在历经嘉道咸同四朝后，弊端显露，“军民”“满汉”等多元行政体制失衡，出现“治兵之官多，治民之官少”、新疆军府之官员由满洲贵族垄断、在疆汉族相关利益遭受侵害等现象。其三，魏源、龚自珍等前人早在新疆危机之前就意识到新疆的重要地位。龚自珍曾发表《西域置行省议》《御试安边绥远疏》两文，呼吁在西域建省。此后，魏源在《西北边域考》及《答友人问西北边事书》和《圣武记》② 中提出新疆应“列亭障，置郡县”，左宗棠深受魏源新疆建省法治思想之启发。其四，左宗棠已经收复新疆，在勘察治理新疆的过程中，意识到新疆之善后是非常重要的问题，而新疆建省是解决“强邻窥伺，暗煽并飞，后患方兴”③ 问题唯一有效的方式。

左宗棠担任陕甘总督时，五次奏请清廷于新疆设置行省，直至其离开陕甘后，清政府才正式于新疆设行省，由刘锦棠担任首位新疆巡抚，可谓是一波多折。左宗棠首次正式提出在新疆设行省、改郡县，是在其收复新疆北路与吐鲁番后不久。1877年7月26日，左宗棠在《遵旨统筹全局折》

① 《左宗棠全集》（第一册），上海书店出版社1986年版，第70页。

② 《圣武化》草于鸦片战争时期，道光二十二年（1842年）成书，在扬州刊刻成本。全书共14卷，前10卷依时代先后叙述了清中期前清廷崛起、政权建制、内外征战。其中包括清廷抵御外寇、裁定四边、镇压各族人民反清斗争的经过。后4卷专述强兵治国之道。著者提出人才不竞则国贫，号令不行则国羸的思想。面对鸦片战争带来中国积贫积弱的时势，该书列出清初以来治乱兴衰之所由，为求富国强兵之策，对民族关系、练兵筹饷、边疆防务记载尤为详细。

③ 左宗棠撰《左文襄公全集·奏稿·卷五九》，文海出版社1964年版，第58页。

中从新疆战略地位、军需角度等方面阐述收复新疆之必要性，然此时清统治者并未认识边疆之重要，对左宗棠之奏章置若罔闻。这并未打消左宗棠于新疆设置行省之信念与决心，在其收复新疆南路后，1878 年 2 月向清政府呈《新疆应否改设行省开置郡县请敕会议折》①，折中左宗棠建议将新疆置郡县、改行省之权交由内外大臣商议，内外大臣不甚知晓之处由己因时、因地制宜。此后不久，清廷面临伊犁之事，对左宗棠所提新疆建省事宜有所心动，却依旧未给予明确答复。见奏章如石沉大海，又值中俄伊犁条约谈判，左宗棠吸取之前教训，认为是自己奏章未详细陈述，于 1878 年 11 月 16 日呈《复陈新疆情形折》，从三个方面详细陈述新疆改设行省所具备的各项条件，认为有可治之民，军府制、伯克制存在极大的弊病和建省可节省军饷、开源节流。然伊犁未定，朝廷虽表面认可，却迟迟未动。于是左宗棠在之后建省问题上改变战略，以“先实后名”“因时制宜”“俟诸事办有眉目，然后设官分职，改设郡县，自可收一劳永逸之效”。此外，在与沙俄谈判收回伊犁其间，左宗棠自愿请行率军屯哈密，为曾纪泽做后盾，这对中俄谈判是一个巨大的精神力量。同时，左宗棠抬棺西行，借以表示收复伊犁、血战到底的决心。此后，左宗棠一面配合曾纪泽收复伊犁谈判做军事布防，一面抓紧实施新疆善后事宜，为之后新疆建省的筹备事宜打下了坚实的基础。1880 年左宗棠第四次上奏朝廷，在《复陈新疆宜开设行省请先简督抚臣以专责成折》中提出自己的改革方案，再次敦促清廷于新疆设置行省，此次上奏使得新疆建省的筹划已初具规模。但伊犁之约未定，清廷未批准实行建省，左宗棠奉旨进京后，刘锦棠管理诸事务，此时的新疆已有一省之雏形。在曾纪泽二次与沙俄谈判后，伊犁之约确定，此时的左宗棠虽已迁任两江总督，但对新疆建省之事仍不放心，1882 年 10 月 18 日，左宗棠第五次上奏朝廷设县建省。并在《新疆行省急宜议设关外防军难以遽裁折》中分析了新疆此时所处境地，终得清廷批准，于 1884 年 11 月 17 日至 18 日，正式颁布上谕：

“新疆底定有年，绥边羁民，事关重大，允宜统筹全局，厘定新章。

① 《左宗棠全集》（第十册），上海书店出版社 1986 年版，第 80 页。

前经左宗棠创议改立行省，分设郡县，业经刘锦棠详晰陈奏，由户部准奏允设道、厅、州、县等官。现在，更定官制，将南北两路办事大臣等缺裁撤，自应另设地方大员以资统辖。著照所议，添设甘肃新疆巡抚、布政使各一员。”①

（二）边防统一，本固邦宁：左宗棠新疆建省之法治意义

清代以前，新疆古称西域，地处中亚东部，是我国与中亚和印度来往的必经道路和军事要塞，若遏制住新疆，便拿捏了我国西行之路的咽喉和门户。西汉时中原政权在西域设置都护府，之后历代在西域设官建制。进入清朝之后，西域动乱，直至乾隆时期才得以平定，命名为“新疆”，取故土新归之意。而左宗棠等人收复新疆可谓是继乾隆之后捍卫国家领土之主权，保护国家权威、民族团结第一人。英国人包罗杰（D. C. Boulger）在著作《阿古柏伯克传》中亦赞其功绩是：“中国人克复东土耳其斯坦，是从一个世纪以前乾隆政府这个地区以来，一支由中国人领导的中国军队所曾取得最光辉的成就。”② 新疆建省，左宗棠功绩卓越，他是新疆建省的倡导者、法治建设的规划者和实践者。光绪元年（1875），左宗棠在给友人刘克庵的书信中就坦言：“近奉谕旨，以海防机括，视塞防之得手与否，督办新疆军务，重在防俄罗斯之与英勾结以谋我，不在讨回也。”左宗棠则言此事“须规画久远，如划分疆界，驻兵置守，立省设郡县，定钱粮，收榷税诸多大端，非二三年之久不能筹定。”③ 这是左宗棠首次提出在新疆设省。在该书信中，左宗棠就疆域划分、钱粮之法、税法、郡县制设立等多方面进行考虑，无疑，左宗棠是新疆行省制度的倡导者。此后，左宗棠在《遵旨统筹全局折》《复陈新疆情形折》和《复陈新疆宜开设行省请先简督抚臣以专责成折》中从防止沙俄侵略、改革新疆的政治经济、加强新疆边防和节约国家开支立论，阐述新疆建省的重要性与必要性，把收复伊

① 朱寿鹏编，张静庐点校《光绪朝东华录（二）》，中华书局1958年版，第1376—1382，1838页。

② ［英］包罗杰：《阿古柏伯克传》，商务印书馆1976年版，第34—35页。

③ 《与刘克庵》，《左宗棠全集》第11册，上海书店出版社1986年版，第486页。

犁和改建行省统一考虑，并对新疆建省的吏治管理、军民关系之法做了详细规划。若没有左宗棠之长远规划，则建省之事很有可能夭折。如筹备改革与推行建省之成败很大程度上依赖于各级官吏的选拔、任命上。在新疆建省中，左宗棠将开展改革的重点放在了改革人才的选拔任命。左宗棠首先考虑新疆的人事安排，选拔、推荐和招揽治理新疆的人才。在六年里，经他选拔、推荐的重要官员不下十人，其中刘锦棠、魏光焘、陶模、饶应祺出任前四任巡抚，他们都是新疆建省的中坚人物。此外，在改建时机不成熟的情况之下，左宗棠所主张"先实后名"、"因时制宜"的策略和原则，使得诸事办有眉目，如其安置善后局、设官分职、改设郡县、修浚水利、开垦荒地、兴办屯田、鼓励发展经济作物等，这些政策对于重建新疆起到了至关重要的作用。不得不说，左宗棠更是新疆建立行省过程中不可或缺的法治建设规划师。

在收复新疆后，左宗棠若依旧按照乾隆的札萨克旗制、府县制、伯克制管理，于时于地于法，并不相合，若该制度不符合治理，那么新疆便会重陷于混乱，国家领土主权就会受到侵害，本不固则邦不宁。因此，左宗棠在儒表法里，在以国家为己任的法治理念下，建议在新疆设置行省制是有极大的法治意义的。首先，"设行省、改郡县"使新疆第一次真正实现与内地行政法律体制的接轨，为边疆军政一体化奠定了良好的基础；其次，废除府县制、伯克制等与时不相适应的旧法制，添设新疆巡抚、设置州县，实现了官员法制改革，纵向上加强了中央对新疆地区的管辖能力和控驭能力，有利于消弭国家法与地方法之间的分歧，巩固国家主权，保障国家领土完整，维护边疆地区长治久安；再者，收复新疆后，大乱甫平、百废待兴、亟待治理，此时省治的确立、更定官制、布置官员等一系列法治措施地施行符合当地人民观念，对后期边疆的治理奠定良好的基础；最后，"立国有疆，制置方略各有攸宜"①。边疆建省，是古代中央政府边疆管理的重要法治措施和法治内容。从地势看，西北地区是我国地理第二阶

① 《复陈海防塞防及关外剿抚粮运情形折》，《左宗棠全集》第8册，岳麓书社2009年版，第179页。

梯，历来被史家和政治家视为地理上游，舍弃西北就会丧失地理上的高地。故此，秦、汉、隋、唐、元、明诸朝，均对西北边陲积极经营，以保东部安全。另外，唐代以前，以关中平原为核心的黄河中下游地区是当时经济重心，且外部威胁也主要来自西北和北方。无论是从军事地理，还是从经济地理角度观察，加强“塞防”应是中国国家安全、领土主权完整、边防治理的重点所在。

三、心忧天下，海防经国：左宗棠建议移福建巡抚驻台湾

台湾作为我国东南海上的门户，战略地位突出，成为列强窥伺的重要目标。同治十三年（1874），日本借口“牡丹社事件”，悍然出兵侵占台湾，清政府更加深刻认识到对台湾管辖权的重要性，因此对台湾治理态度开始有所转变。处理“牡丹社事件”的福建船政大臣沈葆桢奏请将福建巡抚移驻台湾，加强台湾防护。中法战争期间，法军侵占台湾的基隆和澎湖，封锁台湾海面，侵犯了清廷对台之领土主权，再次刺激了清政府官员的神经。在此背景下，左宗棠提议设台湾省。

（一）国为己任，心忧天下：左宗棠移福建巡抚驻台湾之“二折”

康熙时台湾与福建就紧密联系在一起，属于福建省管辖。而台湾单独建省之议，其开始的上限应为乾隆二年（1737），① 开始提议的下限应为光绪二年（1876）。② 之后，随着西方列强在中国海防之地徘徊，对中国海域管辖权造成极大的威胁，光绪十一年（1885）清廷曾颁布谕旨“现在和局虽定，海防不可稍弛”，可见清政府对海上管辖权的重视。此时，台湾管辖、治理的重要性也日益突出，故左宗棠于光绪十一年（1885）六月十八日上奏清廷《复陈海防应办事宜请专设海防全政大臣折》③ 和《台防紧要

① 许良国：《台湾建省之议应始于乾隆二年》，载《学术月刊》1982年第2期。在该文中，作者论述乾隆二年，内阁学士兼礼部侍郎吴金提出台湾应单独建省。

② 朱寿朋编纂《光绪朝东华录》，中华书局1958年版，第344页。文中提及刑部侍郎袁保恒提议改福建巡抚为台湾巡抚，但最终还是遭到清廷拒绝。

③ 左宗棠撰，刘泱泱点校《左宗棠全集·奏稿》，岳麓书社1996年版，第542页。奏折选自“录副奏折·帝国主义侵略类”。

请移福建巡抚驻台镇摄折》①。左宗棠在《复陈海防应办事宜请专设海防全政大臣折》中认为海防之事于当时之中国十分迫切，然“内外政事每因事权不一，办理辄棘手。盖内臣之权，重在承旨会议，事无大小，多藉疆臣所请以为设施；外臣之权，各有疆界，虽南、北洋大臣，于隔省之事，究难越俎。”② 建议清廷应设立海防大臣（或称海部大臣），“凡一切有关海防之政，悉由该大臣统筹全局，奏明办理”，以求海上管辖权之集中，海防政事处理便宜。而在《台防紧要请移福建巡抚驻台镇摄折》中，左宗棠首先论述了台湾建省的重要性：

“夫台湾虽系岛屿，绵亘亦一千余里。旧制设官之地，只滨海三分之一。每年收榷关税，较之广西、贵州等省，有盈无绌。倘抚番之政果能切实推行，自然之利不为因循废弃，居然海外一大都会也。且以形势言，孤注大洋，为七省门户，关系全局，甚非浅鲜，其中若讲求军实，整顿吏治，培养风气，疏浚利源，在均关紧要，非重臣以专驻之。则办理必有棘手之处。”

之后左宗棠就先前台湾是否设巡抚的观点进行解析，认为：“王凯泰因该地瘴疠时行，心怀畏却，故沈徇其意，而改为分驻之议；而丁日昌所请重臣督办，亦非久远之图；皆不如袁保恒事外旁观，识议较为切当”。建议在台推行新的政策，如训练军队、整顿吏治、培养风气和疏浚利源等，故此，左宗棠提出“惟有如袁保恒所请，将福建巡抚改为台湾巡抚，所有台湾一切应办事宜，概归该抚一手经理。庶事有专责，于台防善后大有裨益。”而关于台湾建省后可能出现因分省而接济难通的问题，他认为不足为虑。因为一则台湾当地产米甚富；二则台湾与大陆只有一水之隔，便于贩运。至于协济饷项，只要规划合理，亦可解决。接着，左宗棠又阐述了对台湾建省与福建省的协济和分权的解决方法：

“分省之后，饬下部臣，划定协饷数目，限期解济，由台抚臣督理支用，自行造报，不必与内地照商，致多牵掣。委用官员，请援江苏向例，

① 左宗棠撰，刘泱泱点校《左宗棠全集·奏稿》，岳麓书社1996年版，第546页。书中该奏折选自《申报》光绪十一年七月二十一日。

② 左宗棠撰，刘泱泱点校《左宗棠全集·奏稿》，岳麓书社1996年版，第543页。

于各官到闽后，量缺多少，签分发往。学政事宜，并归巡抚兼管。勘转命案，即归台湾道就近办理。其余一切建置分隶各部之政，从前已有成议，毋庸变更。”①

清廷采纳了左宗棠之建议，于光绪十一年（1885）九月初五日下诏：“着将福建巡抚改为台湾巡抚，常川驻扎，福建巡抚事即着闽浙总督兼管，所有一切改设事宜，该督抚详细筹议奏明办理。”② 很快，闽浙总督杨昌浚回奏：“台湾虽设行省，必须与福建联成一气，如甘肃、新疆之制。”刘铭传也在《遵议台湾建省事宜折》中认为：“台湾本隶福建，巡抚应照新疆名曰‘福建台湾巡抚’。凡司道以下各官，考核大计闽省由总督主政，台湾由巡抚主政，照旧会衔。巡抚一切赏罚之权，仍巡抚自主，庶可联成一气，内外相维，不致名分畛域。”并建议清廷仿照陕甘总督关防之例，闽浙总督关防内添铸“兼管福建巡抚”字样。最终清廷采纳刘铭传之意见。

（二）领土完整，海权经国：左宗棠台湾建省之法治意义

中国东部和南部海疆广袤，历来是联系东亚、南亚和西洋的重要通道。海洋联系海岛，毗连富饶的沿海平原，舍弃海疆就会把广袤的东部平原直接暴露在敌人的兵锋下。另外，自唐中期以降，太湖流域经济发展迅猛，经济重心已转移到东南沿海地区。近代以来，上海、厦门等沿海城市被迫开埠，中国领事裁判权受到侵犯，海上管辖权遭受威胁，要保护我国海上管辖权和收回领事裁判权，势必要增强中国海疆的管理力度，扩大军事防御范围，而作为“闽省外乳，譬犹锁钥”③ 的台湾，加强治理和单独建省就成了增强海防、捍卫海上管辖权和收回领事裁判权的重要举措。且近代的清帝国，海上主权、管辖权面临着空前的危机，既有外敌入侵，又有内部动荡。面对内外困局，因时变通及时调整台湾等海上治理策略，加

① 《台防紧要请移福建巡抚驻台镇慑折》，《左宗棠全集》第8册，岳麓书社1996年版，第547—548页。

② 刘铭传：《遵议台湾建省事宜折》，光绪十二年六月十三日，《刘壮肃公奏议》，台湾文献丛刊第二十七种，大通书局1987年版，第279页。

③ 左宗棠撰，刘泱泱点校《左宗棠全集·奏稿》，岳麓书社1996年版，第547页。

强对台湾地区的管理，有利于维护国家主权和领土完整。也正是在此背景下，清政府才最终同意调整边疆、台湾治理政策，改置建省。另外，在台湾地区建省，左宗棠等人提议的是实行州县管理模式，改变了台湾地区的行政管理机制，使得对台湾的治理在法律机制上更为直接有效。当然，台湾地区建省改制，于清廷而言是清代边疆治理方式的质变，更是长期加强边疆管理的内在积累结果。而实现从量变到质变的飞跃，则需要清政府及时、准确抓住时机。诚如左宗棠所言："盖以地形无今昔之殊，而建置则有因创之异。穷变通久，因时制宜，事固有不容已者。"①

此外，左宗棠以保卫国家海上领土完整、捍卫国家海上管辖权来完成其经国济邦之宏愿，更应为后世所记。在清朝前期，中国对于海上管辖权的关注是非常少的，在海防建设方面甚至是处于停滞状态，即使有海防建设也主要是针对国内的反清一派，如对台湾当时的郑氏，抑或是对当时沿海海盗之骚扰。在上奏清廷的二折中，左宗棠不仅在台湾单独建省上提出自己的设想，更对中国的海防做出了全局性的规划。现在看来，其规划中虽然存在不少空想，以当时中国的处境这些理想根本无法实现，但不能否认左宗棠对于清末海防事业的贡献。当时的清政府并未完全否定宗棠之建议，并于1885年10月12日批准成立海军衙门，任命了总理海军大臣。自此，中国的海防建设提升到了一个新的高度，中国对周边海域的海上管辖权更为重视，海上领土主权、海上领土的完整受到极大的保护。此外，1888年闽台才正式分治，左宗棠在有生之年虽然没有见到台湾建省，但是他是晚清时期最早一批意识到台湾的重要战略地位和中国海上管辖权、领土主权重要性的大臣之一，台湾建省亦是在他多年不懈的努力下才得以落实，对于维护国家领土完整和捍卫中国海上管辖权做出了不可磨灭的贡献。

四、中法为体，西法为用：左宗棠洋务兴国抵外敌

"绝口不言和议事，千秋独有左文襄。"② 自小受中国传统儒家理学熏

① 《复陈新疆情形折》，《左宗棠全集》第7册，岳麓书社1996年版，第174页。
② 《左宗棠全集》附册，岳麓书社1996年版，第783页。

陶的左宗棠，在早期处理政务时以中国礼法文化中“天下国家”“民族一统”等传统法治观念坚守着国家领土之完整、国家一切之主权。然自两次鸦片战争后，中国的海禁政策被打破，对外贸易的大门随之打开，中国与西方的交往越来越多，西方法治理念开始东渐，中国传统的“天朝上国”、“华夷”等观念遭受冲击。在此之后，左宗棠处理政务时秉承的“儒表法里”中的“法里”发生了变化，“法里”中的法，不再只是中国传统的礼法，更涵盖了西方的法治观，形成了“中法为体，西法为用”的“法里”观念。正是在这一观念的指引下，左宗棠开始接受西法，开展洋务以富强中国，达到抵御外敌之目的。

（一）中体西用，洋务强国：左宗棠开展洋务维主权

诸多学者认为左宗棠兴办洋务是为了镇压国内人民起义,① 是为了恢复和发展国内经济，而究其原因，左宗棠兴办洋务应是为了富强国家，从经济、军事等方面抵御外敌，维护中国主权。如1870年左宗棠听到新造轮船相继下水的消息时，兴奋致信船政大臣沈葆桢说：“今船局、艺堂、既有明效，以中国聪明才力兼收其长不越十年海上气象一新鸦片之患可除国耻足以振矣。”② 又如左宗棠在开展洋务时曾拒绝德克碑“添募千人助剿”的要求，并“令其自立条约，不准节外生枝”，力图多方加以限制；亦曾拒绝美里登提出的以法国教官充任清军总兵、副将和由法籍税务司担任“练兵监督”等无理要求，挫败了法国侵略者企图借练兵之机控制一部分中国军队的阴谋等。这些都表明左宗棠学习西方先进技术、器物制度、先进军事皆是以富强国家、抵御外敌、维护中国主权为出发点。在第一次鸦片战争后，左宗棠对于西方列国虽有初步认识，但仍未认可西方相关制度，依旧坚守着传统的礼法观，依然认为中国是世界的中心，包括在法治上也是其他国家的典范，而其他国家作为藩国来犯根本不足为惧。在其诗“书生岂有封侯想，为拨天威佐太平”③ 中可以看出左宗棠对待西方国家的

① 欧阳跃峰：《略论左宗棠的洋务活动》，载《安徽师大学报》1986年第2期。

② 左宗棠：《左文襄公全集》奏稿卷八十，岳麓书社1996年版，第605页。

③ 《清代诗文集汇编》第650册，上海古籍出版社2012年版，第808页。

态度，他认为自己的职责就是将变化错乱的时局扭转过来，以重振中国“天朝上国”的威望，让西夷恢复从前的朝贡制度，以此来维持太平盛世的局面。直至第二次鸦片战争的失败，才让左宗棠意识到西方法治治理下西方经济、军事的强盛。左宗棠开始正视对待西方的态度，学习西方的器物制度。作为“洋务先驱”的左宗棠，在洋务运动中提倡“师远人之长，还以治之”“道本艺末”等主张，坚持以中国传统礼法文化为主体，以学习西方先进的器物制度为辅，推动中国器物的现代化。

其开展洋务兴国、抵御外敌的活动主要是军事、经济和民权三个方面。军事上，面对鸦片战争后帝国主义的战船航行于中国沿海，左宗棠上奏朝廷，指出清廷必须加强海防，并将中国与列强海上军事之间的差距比作：“彼此同以大海为利，彼有所挟，我独无之，譬犹渡河，人操舟而我结筏，譬犹使马，人跨骏而我骑驴可乎?”① 于是，左宗棠于福建设立福州船政局，建造船只，操练海军，以抵御列强对中国沿海的侵犯。经济上，面对外国轮船运输业对中国旧式航运业的冲击，左宗棠认为要改变这种状况必须变旧式的沙船运输业为新式轮船运输。因此福州船政局所造轮船除有一定数量的兵船和商船外，也试图制造出“多仿半兵半商”的格式，使船只既可以出海作战充兵船，又可发展交通运输作商船。同时，左宗棠还极力主张福州船政局所造轮船可供“遭运”“亦可装运淮盐土货”“并听商雇”，使之“与现役之招商局（指上海轮船招商局）所议略同”，以实现“轮船成，则漕政兴，军政举，商民之困纾，海关之税旺”。此外，为了达到“抵洋商”的目的，左宗棠除造船之外，还积极提倡中国发展其他新式企业，其中兰州织呢局就是他创办的中国第一个新式纺织企业。而在兴民权方面，左宗棠主要集中于商事，即保障民间商人经营的权利，从而推动民间经济的发展。左宗棠在创办新式企业的实践中，逐渐认识到官办形式的弊病，他指出企业“一经官办，则利少弊多，所铸之器不精，而费不可得”，提出“官办开其先商办开其后”的主张。而对于“官督商办”的过渡形式，左宗棠也是不认可的，他认为“官倡其利，民必羡之”，如

① 左宗棠:《左文襄公全集》奏稿卷七，岳麓书社 1996 年版。

果有殷实之户不搭洋股而“呈资入股者”，“应准承课充商”。左宗棠还鼓励民间开办新式企业，力主保护和扶植商办企业，主张“使民利仍还于民”，这些在很大程度上保护了民间商人的权利。

（二）西法为辅，礼法文化之转型：左宗棠洋务兴国的法治意义

在中国传统儒家理学熏陶下成长的左宗棠，一生自是很难摆脱传统礼法观念的束缚。然在经历两次鸦片战争后，以天下为己任的左宗棠，毅然接受西方先进的器物制度，以学习西方先进之法为用，以推动中国富强独立、维护中国主权为主，开展洋务兴国运动。从历史的角度来看，洋务运动虽以失败告终，但其最终还是推动了中国器物的现代化，推动着中国器物制度的发展。且在思想上，由于洋务运动对于西方先进理念的引进，西法逐步东渐，无论是从经济、文化、法律，还是其他方面，中国知识分子开始逐步启蒙，故，以左宗棠为代表的洋务派所开展的洋务兴国也为后来的维新运动奠定了经济和法学理论基础。此外，洋务运动对中国的富有、强大起到了一定的作用，左宗棠所建船政局在中国海上军队建设、中国海防事业起到了至关重要的作用。因此，左宗棠所倡之洋务，一定程度上维护了中国的主权，为中国民间商业的发展、为民间商事法律的发展做出了相应的贡献。

于中国近代化而言，左宗棠作为晚清中兴四大名臣之一，其开展的洋务兴国运动，提倡“师夷长技以制夷”“中法为体，西法为用”，这对于中国传统礼法观念而言，无疑是一次巨大的冲击，但也使得当时的国人开始意识到传统儒家理念中的缺陷，并学习借鉴西法以求完善本国之礼法。因此，左宗棠倡导的洋务运动不仅推动了中国礼法文化的发展，还推动着中国传统礼法文化的近代化转型。于湖南而言，左宗棠推动的洋务兴国运动，激励着湖南爱国人士一起为中国的富强独立献出湖南人的一分力量。此外，左宗棠所开展的洋务兴国运动，不仅开沿海人民之教化，更是为湖南地区的人们从一味地排外到接受西学贡献了一分力量。[1] 再者，左宗棠

---

① 张朋园：《湖南（1860—1916）现代化的早期发展》，岳麓书社2002年版，第130页。

所言之洋务，发源于湖南“经世致用”，而又不同于“经世致用”，其不仅在于“务实”，左宗棠更高的目标在于兼济天下，救助国家，故左宗棠之思、之举进一步提升了湖南法治精神，将“经世致用”之学上升为“经国济邦”的治世之用。

五、结语

“人间起居真宰相，天生哲彦佐君王”①，后世对左宗棠的评价可谓是毁誉参半，正如前文所言，有颂其功绩者，有讽其私德者，然左宗棠一生在国家治理法治事功却是客观存在、毋庸置疑的。生于特殊时期的左宗棠，早期深受中国传统儒家礼法文化的熏陶，而后期由于国家门户被西方打开之后，开始学习西方先进之法，然其最初的意旨是不改的，即图国家之自强、领土之完整和主权之独立。面对新疆动荡、伊犁未收之困境，左宗棠毅然带兵收复边疆，在伊犁条约协商过程中坚决不议和，驻兵边防，为曾纪泽的谈判带来底气，亦为收复伊犁做出了不可磨灭的贡献。如果说左宗棠收复新疆不容忽视，那么其为新疆建省做出的努力可以说更是一项伟业，“设郡县，建行省”使新疆第一次真正实现与内地行政法律体制的接轨，使得民族一体。左宗棠是新疆建省的倡导者，是新疆划分行省过程中法律制度的建设者，亦是国家领土主权的捍卫者。建议台湾单独设省，这一举措使得中国对于台湾等海上领地的管辖权、海防意识上升到了一个新的高度，保全了国家领土和主权的完整。在其后期生涯中，两次鸦片战争的失败使得左宗棠认识到中国与西方的差距，开始学习西方先进器物制度，“中法为体，西法为用”，推动了中国传统礼法文化的发展与转型。然左宗棠推动的不仅是中国传统礼法文化转型，其一生治事之理念来源于湖南“经世致用”之礼法文化，但又不同于“经世致用”。左宗棠一生以国家为己任，在“务实”的基础上，将湖湘礼法文化提升至国家情怀高度，发展为“经国济邦”。因此，左宗棠一生对于国家治理之法治事功于湖南而言，更是对湖南传统礼法文化中“经世致用”的发展，为湖南传统礼法文化的转型和发展注入了新的时代内涵。

① 《左宗棠全集》附册，岳麓书社1996年版，第783页。

陈长簇的司法贡献与文化功绩

陈　兵*

摘　要： 陈长簇是近代湘籍司法界泰斗，长期在各省担任司法要职。他于清季留学日本研习法律之学，湖南光复后，他归国受命创建高等、地方两级审判厅，担任高等法院院长期间主持修建湖南第一模范监狱，并在抗战时主持将湖南高等法院迁至安化，为近代湖南的司法事业做出了重要贡献。在湖北任上，他因敢于抗拒鄂省督军王占元非法干预司法而闻名全国法政界；在任安徽高等法院院长期间，坚决抵制国民党的“司法党化”政策，并致力于推进司法制度之革新。在司法生涯之外，他亦专注于收集古书、字画、文物，并注重湖湘文献之搜集与整理，尤以对同乡李元度的诗文遗稿整理颇力，他还撰述有《东山草堂集》《讷翁诗存》等著作，为湖湘文化之保护与传承做出了重要贡献。

关键词： 陈长簇；高等法院；院长；湖湘文化

陈长簇（1876—1960），字右钧，号秀松、侨庵，晚年号讷翁，笔名东山行者，湖南平江人。他长期耕耘于司法界，曾在鄂、湘、皖等省担任

* 陈兵，湖南师范大学法学院博士研究生。

基金项目：国家社科基金项目“近代湖湘法治文化转型与发展研究”（20BFX024）、湖南省研究生科研创新项目“近代湖南审判制度发展历程与实践运行研究”（CX20200483）。

最高司法长官，和同籍司法界翘楚李芰、鄷更有平江“法曹三杰”之美誉。①陈长簇虽然自幼丧父，但他却勤奋好学，博览群书，尤好“刑名之学”。后又负笈省垣城南书院，以谋求科举功名，然他不精举业，故屡试不第，后一度选择在家中开设学馆讲述“经史”和“策论”。甲午之役后，晚清局势进一步恶化，尤其是维新变法失败后，清廷鉴于统治形势之严峻，不得不施行新政改革，大力培养法政人才。其间，富有忧患意识兼担当精神的湖南人，经过甲午战败与维新夭折之双重打击后，欲迈出国门寻求救国之道与强国之方。在此背景下，大批湖湘志士纷纷选择东渡日本学习，湖南成为当时出国留学人数最多的省份之一。光绪三十一年（1905）九月，陈长簇亦与好友李积芳、鄷更等加入留学日本的热潮中。②但陈长簇作为自费留日生，囿于非官费生禁止学军事之规定，遂进入日本宏文学院普通科，一年半后完成学业。嗣后，他又考入日本法政大学，攻读法律专门科三年，再进入该校研究科学习一年半，直至完成学业。据称：“那时在日本留学每年需要三四百元的费用，因家中收入有限不能如数接济，他靠替人译书取得稿费才得勉强维持生活。因对前清司法的黑暗紊乱有深刻认识，有志于学好法律，乃潜心钻研法学六年，直至研究科毕业。”③陈长簇在日留学长达六年之久，这与清末大多数学生出国接受“速成教育”相比，他绝对是一个异类。在日期间，陈长簇还结识了孙中山、黄兴诸人，交往多为同盟会会员，但他自审才非通变，不足以宏济于艰难，故始终未

① 李芰（1878—1958），字芾棠，湖南平江人，曾任湖南都督府军法处长、湖南高等审判厅厅长、国民政府最高法院院长与中央公务员惩戒委员会委员长等职。鄷更，生卒年不详，字子逌，湖南平江人，曾任湖北高等审判厅民庭长、国民政府最高法院推事，著有《历期室诗文集》。

② 李积芳（1882—1922），湖南平江人，早稻田大学毕业，与宋教仁是同学，辛亥之后担任湖南法制局参事，旋即组建湖湘法政专门学校，并兼任湖南公立法政专门学校教员，1913 年当选为国会议员。据李积芳之子李锐（曾任毛泽东秘书、中央组织部常务副部长）所言：“一九五二年初，六如伯（李六如，湖南平江人，曾任最高人民检察署党组书记、常务副检察长）回到阔别二十五年的家乡。……陪客有两位平江人：长沙市委书记曹瑛和民政厅长陈再励，他们都是六如伯的老战友；还有一位同乡旧友陈长簇，是父亲的留日同学，旧时多年任湖南高等法院院长，支持程潜起义的。”参见李锐：《忆六如老伯》，载《怀念廿篇》，生活·读书·新知三联书店 1987 年版，第 286 页。

③ 湖南省参事室编《湖南省参事传略》（第 2 册），湖南人民出版社 2010 年版，第 545 页。

申请加入同盟会。梁启超创“政闻社”，邀之参加，亦辞不就。①此后，陈长簇在漫长的司法生涯中始终未加入任何党派与政社，毕生恪守司法独立之原则。留日六年后，陈长簇归国担任司法界的推事、庭长、厅长等职，洊升院长，历湖南、湖北、安徽等省三十余年，终成一代“法界泰斗”②。

一、湘省任职：深耕湖南司法界十余年

光绪三十二年（1906），清廷仿效欧美，拟将审判与行政相互分离，创设专门的审判机关。然而，终清之际，全国却仅在中央设立了大理院，地方各级审判机关未能全部建立。就湘省而言，筹建审判厅之进程极为缓慢。1911年10月22日，当革命势力推翻清廷在湖南的统治之际，湘省的审判机关一个也未曾建立起来。因此，筹建新式审判机关之任务遗留给了新成立的共和政府。

在辛亥革命爆发前夕，陈长簇便完成学业，并由日本返回湘省。湖南光复后，拥有出国留学和研习法律双重背景的陈长簇，临危受命，与湘乡籍陈尔锡③、湘阴籍许逢时④等司法界人士，开始湖南的高等、地方审判厅之筹建工作。1912年4月，他们在省城建立起湖南高等审判厅与长沙地方审判厅，此乃湖南有两级审判机关之肇始。起初，陈长簇担任长沙地方审判厅庭长，但旋即升任厅长。1913年6月13日，经司法总长许世英之呈请，临时大总统袁世凯颁发任免令，任命陈长簇为湖南高等审判厅推

---

① 黄曾甫：《记湖南司法界老前辈陈长簇》，载《长沙市北区文史资料》（第4辑），1989，第72页。

② 陈长簇除被誉为“法界泰斗”外，还被时人尊称为“法曹泰斗”“法曹领袖”“法界斗山”“法界耆英”“法界名流”“法界名家”。参见陈长簇辑录《陈母姚太夫人荣哀录》，湖南图书馆藏，民国抄本。

③ 陈尔锡（1878—1936），字杰寰，号壬林。光绪二十九年（1903），官费保送留学日本。宣统二年（1910），于日本帝国大学法律系毕业回国。1912年，任湖南司法次长。1913年，任湖南高等审判厅厅长。同年9月，奉命赴日本考察司法。1914年，自日本返国，任大理院推事。1927年，任大理院民庭庭长。参见湖南省地方志编纂委员会编《湖南名人志》（第1卷），中国档案出版社1999年版，第689页。

④ 许逢时（？—1923），字翅生。1914年任湖南高等检察厅厅长。1921年至1923年，任福建政务厅厅长。参见陈玉堂：《中国近现代人物名号大辞典》，浙江古籍出版社1993年版，第234页。

事。①不久，陈长簇便升任湖南高等审判厅刑庭长。自1915年始，陈长簇又从湖南调任湖北、北平等地。

至1927年，国民革命大兴，北伐军势如破竹。不久，国民政府统一全国，当时的司法部通令各省将“审判厅”改为“法院”。1927年2月，湖南高等审判厅被改为“湖南控诉法院”。同年12月，又解散湖南控诉法院，正式成立“湖南高等法院”。1928年3月19日，国民政府任命陈长簇担任湖南高等法院院长。②至此，陈长簇正式开始掌管湖南高等法院及全省的司法行政事务。

陈长簇上任伊始，便着手本省的狱政改良工作，计划在长沙筹建新式监狱，以延续他在民初湖南未竟的司法革新事业。早在1912年，湖南就开始新式监狱之筹建工作，但中途时建时辍，边建边毁，故一直未能建成新式监狱。1933年，在陈长簇之主持下，正式于长沙城北创建“湖南第一模范监狱”。该监狱致力于改造已决犯人，教授监犯习艺，使他们出狱以后能有一技得以营生。当时，该监狱有隔离式监房附设工厂共17处，核选劳作之监犯占全监人数四分之三以上（600余名）。因该监狱之设施与规模仅次于“上海模范监狱”，故颇为中外人士所赞誉。时论评价：“于全国虽较落后，于湘省实为先声”“开湘省新监狱之新纪元”。③1934年，国民政府颁布《监狱工厂管理法》，当时湘省仅有湖南第一模范监狱具备条件施行该法。此外，湖南第一模范监狱之产品曾参加1936年在南京举办的“首都第一届监狱出品展览会”，荣列“甲等”，获司法行政部“传令嘉奖”和实业部颁发的“奖凭”3种。④可见，在陈长簇之主持下，湖南狱政事业所取得之突出成绩。

陈长簇作为湖南高等法院院长，还坚持严厉惩戒违法失职之司法人员。1928年5月12日，民国政府公布《法官惩戒暂行条例》。该条例规

---

① 参见《临时大总统令》，《政府公报》1913年6月14日。

② 参见《任命陈长簇署湖南高等法院院长此令》，《国民政府公报》1928年第42期。

③ 参见湖南省地方志编纂委员会编《湖南省志·第六卷·政法志·司法行政》，湖南出版社1997年版，第451页。

④ 参见湖南省地方志编纂委员会编《湖南省志·第六卷·政法志·司法行政》，湖南出版社1997年版，第472—473页。

定："凡有违背职务、废驰职务、有失职务上威信之行为、有恶劣之嗜好，均应受惩戒。惩戒分为免职、降等、停职、申诫4种。"[①]为惩戒司法人员之违法失职行为，澄清湘省的司法队伍，陈长簇对违法失职之司法人员进行了严厉惩戒。譬如，衡阳县长谭震龙自1928年4月接收衡阳地方法院，兼理司法工作后，"审判既属不良，手续亦多紊乱，承审员勘案分取盈余费用，执行案件多方需索，虽经告发，长官亦置之不理，且谭震龙任用私人谭翼龙、谭耀民、周泳霖等分理司法部分之各项行政事务，经视察员查觉，浮收状价勘费、隐匿罚金、不贴印纸、吞没送达抄录解卷判词等费，居心贪枉"[②]。对此，陈长簇将该县承审员陆亨甲、王应韩免职，并致函省政府，经省长提交省府委员会第59次常会议决，将该县长谭震龙撤职，交法院依法惩办。此外，益阳县承审员张骏一年内未结刑事案件约100起，未结民事案件约40起，且挟妓宿娼，"人言啧啧"，陈长簇将张骏免职。[③]

当然，在地方军政势力强盛之时代，作为湖南最高司法长官的陈长簇亦无法脱离本省军政势力之潜在影响。陈长簇在担任湖南高等法院院长期间，恰逢军阀何键主持湘政。何键一边高喊"四维八德"，一边寻机玩弄女性，他在外面拈花惹草，玩弄女色败露后，其结发妻子黄芸芷托人代写起诉状，将何键告至湖南高等法院，请求与何键离婚。就法理上而言，在司法独立之法律原则下，法院独立于地方行政与军事系统，故何键作为湖南最高军政长官亦无权干涉此桩诉讼。然而，当陈长簇接手这个起诉离婚的案子后，满怀顾虑，左右为难。[④]他既不能拒绝接受这个诉讼，否则自己的行为属于违法，难以逃脱法律与舆论之制裁。但当他接受该案后，又不

① 《法官惩戒暂行条例》，《司法公报》1928年第12号。

② 《民国十八年一月十六日湖南高等法院训字第九八号》，湖南省档案馆藏，1929，全宗28，目录1，第1151卷3期。

③ 湖南省地方志编纂委员会编《湖南省志·第六卷·政法志·审判》，湖南出版社1995年版，第91页。

④ 一个重要原因是地方军政势力掌握着全省的司法经费，从而对司法形成无形牵制。当时，各省的司法经费由该省财政厅拨发，预算、决算也由财政厅审核。所以，司法方面遇事就不能不迁就行政方面的意旨。直到1940年，国民政府才将各省司法经费一律改为由国库直拨，不经过省库。参见胡绩：《旧司法制度的一些回忆》，《河南文史资料》（第4辑），河南人民出版社1987年版，第161页。

可贸然判决，毕竟何键作为湖南省主席掌握着全省的军政大权，岂能轻易得罪？经过反复考量和权衡之后，他选择的解纷方式是托人说服黄芸芷主动撤回起诉。

最初，陈长簇找时任“湖南国术馆馆长”的竺永华出面劝解。据竺永华回忆：“有一次，何妻写了状纸向湖南高等法院提出控诉，要与何键脱离夫妻关系。院长陈长簇在百般为难中，将状纸秘密交给我，要我与李觉（何键的女婿）从中婉为劝解息事。”①故竺永华找到何键的女婿，十九师师长李觉，让其疏通岳母黄芸芷。李觉动之以情，晓之以理，向黄芸芷挑明其中的利害关系：“您这事闹大了！您这状一告，泰山大人就得上法院吃官司。省主席上法庭受审，岂不是天下奇闻？泰山大人上了法庭，还当得成省主席和总指挥吗？何况现在是蒋委员长提倡‘新生活运动’的时候，对这种事最顾忌。一旦此事公开了，我们全家脸上都无光啊。家丑不能外传，这是古训，望岳母大人深思。”②在李觉的劝说下，黄芸芷最终撤回起诉。可见，在军阀强权与行政干预之背景下，司法权难以真正独立，从中我们亦可感受到陈长簇处境之艰难与无奈。

1934 年 5 月 16 日，国民政府调任陈长簇为安徽高等法院院长，湖南高等法院院长之职由徐声金接任。一年后，陈长簇又向国民政府申请调回湘省。恰逢当时“湖南高等法院院长徐声金氏，近奉司法行政部令调京”，留下院长遗缺，故正好“调派安徽高等法院院长陈长簇氏接充”。③ 1936 年 2 月 15 日，国民政府正式任命陈长簇为湖南高等法院推事兼院长。④此后，陈长簇又执掌湖南高等法院及湘省的司法行政事务十余年。

1938 年，日军疯狂向湖南推进。在长沙“文夕大火”前夕，陈长簇主

① 竺永华：《关于湖南国术训练所的片断回忆》，载《湖南文史资料选辑》（第 23 辑），湖南人民出版社 1986 年版，第 207 页。

② 文热心：《土皇帝梦——大军阀何键的一生》，湖南文艺出版社 1990 年版，第 110 页。

③ 参见《陈长簇调任湘高法院长》，《法令周刊》1935 年第 284 期。

④ 参见《国民政府令》，《司法公报》1936 年第 97 号。而据《湖南省志》之记载：“1936 年 1 月 16 日，新任湖南高等法院院长陈长簇与首席检察长郑静安同时宣誓就职。”此处，时间疑似有误。参见湖南省地方志编纂委员会编《湖南省志》（大事记），湖南人民出版社 1999 年版，第 408 页。

持将湖南高等法院迁至安化梅城，将湖南第一模范监狱迁至安化蓝田，他事事躬亲，有条不紊，不仅使司法档案保存完整，且与当时“陪都”最高法院保持通邮未断，实非易事。①当时，日寇迅猛进犯，沦陷区内的司法机关无不名存实亡，唯独湖南高等法院在万山丛中之小邑，筚路蓝缕，公务不辍，有效地保障了湘省战时司法系统之有序运行。在避祸安化的这段经历里，我们亦能从陈长簇后来的诗句中感受到他劳身焦思之处境：“乱山残雪异乡人，权共梅城寄此身。……何幸蛮夷投陆贾，好随鸡犬事刘安。漏深岁尽频搔首，忐忑心中有万端。”② 此处应特别强调的是，在日寇迅速推进之形势下，陈长簇首先主持将湖南高等法院及其档案搬迁至安化，从而避免遭受敌火之涂炭，而自家藏书楼所珍藏的诸多珍贵古书、字画与文物，因未及转移而多遗落至敌寇之手。正是他这种因公忘私、舍家为国之精神，既维持了当时湖南司法系统之正常运转，亦避免了近代湖南司法档案之毁损散佚。因此，今天湖南省档案馆得以保存近万卷湖南高等法院的司法档案，这无疑是陈长簇深谋远虑、高瞻远瞩之功劳。

在安化避难期间，陈长簇还十分同情失学青年。曾就读于“妙高峰中学”的胡坚，亦随校从长沙迁至安化。1944 年 4 月，由于日寇封锁，粮食供应困难，学校被迫提前放假。胡坚只得到梅城找其祖父想办法谋取生计，他回忆道：“讵料，当时高等法院避难在此，职员无工资，也只有一口饭吃，而且进人很难。好在，院长陈长簇先生很同情失学青年。祖父将我的作文和习字送呈，并请求安排个临时工作。陈院长看后，认为‘孺子可教’，同意安排。于是。我在省高等法院任临时‘录事’两个月。”③此

① 黄曾甫：《记湖南司法界老前辈陈长簇》，载《长沙市北区文史资料》，1989 年第 4 辑，第 72 页。

② 陈长簇：《和籽谷乙卯除夕有感次韵》，载《东山草堂集》，湖南图书馆藏，民国稿本，第 2—3 页。

③ 胡坚：《风雨八十年》，2008，第 37 页。

外，湖南大学教授黄黄山①也携子避寇至安化，曾寻求陈长簇之帮助，陈长簇亦为其子安排一份誊写文书的“录事”工作。对此，黄黄山曾有诗纪事：“乱离饥觅食，携儿走梅城。有友恤患难，高义促之行。”②

抗战胜利后，陈长簇因年届古稀，故而坚决请辞湖南高等法院院长之职。1946 年 4 月，陈长簇正式退休。③从 1912 年开始起算，此时 70 岁高龄的陈长簇已在中国的司法系统中摸爬滚打了 34 年，可谓是宦海浮沉，但他却始终洁身自好，坚守司法独立之原则，故他从未加入国民党或其他政治团体。在国民党的“党国体制”与“司法党化”之下，陈长簇虽非任何政党成员或政社社员，却能久安其位，笔者认为这是他持法公正、德高望重之使然。④陈长簇作为一名湘籍法政人物，他任职的大部分时间是在湖南担任最高司法长官。⑤可以说，他为近代湖南的司法事业做出了突出贡献。

二、外省实践：坚持司法独立与推进司法革新

在陈长簇的整个司法生涯中，其中有部分时间是在外省任职，尤以在鄂、皖两省之任职最具代表性。1915 年 10 月 2 日，经司法部呈请，大总统袁世凯颁发任免令，任命陈长簇为湖北高等审判厅推事。⑥不久，他又升任湖北高等审判厅刑庭长。1919 年 12 月，他还短暂代理湖北高等审判厅

---

① 黄黄山（1875—1952），名俊，号弈楼。辛亥鼎革后，曾任湖南都督府秘书长。三十年代任湖南大学文学院教授。抗战时期，与杨树达、徐桢立、王啸苏等教授以及湖湘硕彦如郑家溉、李肖聃、萧仲祁、陈长簇、邓瑾珊、曹典球、曹孟其、王溉荃等诸先生诗酒过从，或议论时局、或忧伤黎庶、或吊古伤今、或品谈学术，湘江之滨，麓山之下，游屐所及，时有华章，这些作品在诗集中屡见。参见黄弗同：《流年不似水——补拙书屋随想录》，华中师范大学出版社 2009 年版，第 241—242 页。

② 黄俊：《避寇纪事》，载《弈楼诗集》，华中师范大学出版社 1998 年版，第 561 页。

③ 黄黄山说陈长簇解官是：“古贤老致仕，七十正悬车。”“早欲挂冠去，今方解组归。”参见黄俊：《闻右钧解官寄赠》，载《弈楼诗集》，华中师范大学出版社 1998 年版，第 588 页。

④ 陈长簇作为法界泰斗，时人评价他：“作人权之保障，望重全湘。”“冠服獬豸，权主法曹，听讼总观情，廉正有如宋包拯。”“心崇法治，职领法权，声誉早非常，功烈迈范韩以上。”“右钧服官垂三十年，声誉盈海内，荆楚人士，尤颂其清正。”“操生杀予夺之权，政简刑清，共仰皋陶能执法。”参见陈长簇辑录《陈母姚太夫人荣哀录》，湖南图书馆藏，民国抄本。

⑤ 关于陈长簇任职湖南高等法院院长之具体时间，可参见湖南省志编纂委员会编《湖南省志·第一卷·湖南近百年大事纪述》（第二次修订本），湖南人民出版社 1980 年版，第 941—948 页。

⑥ 参见《大总统策令》，《政府公报》1915 年 10 月 3 日。

厅长。在鄂省任职时期，他听断公允、刚正不阿，深受民众之欢迎和赞誉，鄂人尊称他为“陈青天”。1919年，陈长簇被调任为京师高等审判厅刑庭长，此后他在该处任职达五年之久。1924年3月4日，经暂行代理部务的司法次长薛笃弼之呈请，大总统任命陈长簇署理湖北夏口地方审判厅厅长。① 1934年5月16日，国民政府又调任陈长簇为安徽高等法院院长。②次年，他以奉养老母为由，请求调回湘省。其中，他任湖北高等审判厅刑庭长、代理厅长时，因敢于抗拒军阀非法干预司法而闻名全国法政界。③在担任安徽高等法院院长时，亦始终坚持维护司法独立与推进司法革新。

（一）湖北任上：抗拒鄂省督军非法干预司法

民国肇建，受西方“三权分立”之影响，新政府在宪法上确立了司法独立之原则。譬如，1912年颁布的《中华民国临时约法》规定：“法官独立审判，不受上级官厅之干涉。”④ 1914年，袁世凯一手炮制的《中华民国约法》，亦规定了独立审判之原则。1916年，北洋政府司法部更是颁发训令：“司法独立之意义，谓司法官独立审判，不受行政上干涉，不受监督长官指挥。”⑤然而，因缺乏强力之中央政府，各地军阀势力在事实上呈现割据之态。因此，在军阀专权与军政势力干涉司法之乱象下，宪法上所规定之司法独立原则难以有效贯彻，致使司法独立在法律形式与具体实践上呈相互脱离之态。

在上述背景下，1919年，时任湖北督军的北洋军阀王占元，更是肆意蹂躏法治，无视司法独立，竟非法委任亲信以取代陈长簇。但陈长簇始终

① 参见《大总统令》，《政府公报》1924年3月5日。

② 参见《任命陈长簇为安徽高等法院院长此令》，《司法行政公报》1934年第58期。

③ 当然，在湖北任职期间，陈长簇还对该省民事习惯之调查作出过重要贡献。详情参见前南京国民政府司法行政部编《民事习惯调查报告录》，胡旭晟、夏新华、李交发点校，中国政法大学出版社2000年版，第329页、第644页、第944—945页。

④ 《中华民国临时约法》，《江苏司法汇报》1912年第2期。

⑤ 《司法部训令》，《政府公报》1916年11月1日。

是据理力争，不为所动。[1]王占元进而以武力“囚官夺印”，上演了一场地方军阀势力破坏司法独立之闹剧，对民国司法之发展造成非常恶劣之影响。以致于当时的司法部都公开称：“民国八年以来，各省对于司法，虽不尽悉力维持，然从未有明目张胆如该督军此次非法干涉之甚者。”[2]在该事件中，陈长簇反抗强权，维系法权，勇于抗拒军阀势力非法干涉司法，使他扬名于全国法政界。对此，有学者曾指出该事件之梗概：

抗战时湖南高等法院院长陈长簇，老一辈的法官都知道他有一桩抗拒军阀干涉审判的故事。约在民国十几年，他任湖北夏口县（即汉口市）地方法院院长，适军阀首领之一的王占元任湖北省督军。某一要案受到干涉，先则不理，继则愈逼愈紧愈凶，这位院长随身带着法院官方大印，闷声不响的搭车上北京政府司法部和最高检察厅投诉去了。结果，原案照判，院长本人并未受到干扰或类似“明升实降”的调查。[3]

该事件的具体情形是：1919 年 12 月 6 日，湖北省长何佩瑢指称高等审判厅厅长刘豫瑶违法徇私、有亏职守。大总统指令将刘豫瑶交司法部查核办理，于是司法部派司长王文豹、豫省高等审判厅厅长凌士钧分别前往查办。12 月 21 日，在司法部之调查还未完毕时，王占元与何佩瑢竟会衔通电大总统、国务院与司法部，宣布湖北高等审判厅厅长已令委军法课长程定远代理。对此，司法部一面电覆鄂省，一面呈明大总统请颁明令严禁地方长官干涉司法。此时，刘豫瑶已请假就医，由高等审判厅刑庭长陈长簇代行厅长职权。

针对王占元私自委任亲信代理厅长之行为，陈长簇于22 日电告北京司法部，控诉湖北军政当局肆意插手司法事务，破坏司法独立，同时呈送督

① 对此，友人以诗赞誉陈长簇曰：“风骨嶙峋许国身，汉家廷尉不冤民。江湖流誉歌都遍，强暴临兵法自申。”参见黄俊：《寿陈讷翁七十》，载《弈楼诗集》，华中师范大学出版社 1998 年版，第 577 页。

② 《本部为湖北督军王占元破坏司法囚官劫印请特派大员查办呈文》，《司法公报》1920 年第 118 期。

③ 胡经明：《重提几件旧事》，载《宪法司法论文集》，世桦印刷企业有限公司 1987 年版，第 502—503 页。

军、省长强迫其交出印信之训令。司法部闻讯后，反应极为强烈，随即对湖北军政当局之越权干涉行为，予以严厉警告。司法部指出：“盖司法独立乃法治国常型，行政用人为司法部专责。近来各省对于司法均属循此常轨办理，内外相维，似不可由鄂省首开创例。”①

12月26日，司法部收到湖北高等审判厅民庭长鄷更②之“快邮代电”。鄷更紧急地将湖北高等审判厅之情形传送到部：“代行厅长职务陈长簇，现被督省迫令交代，已受看管，更等停公待命。”③原来，早在22日，军法课长程定远便奉王占元之命到达高等审判厅，迫令陈长簇交出厅印，陈氏谙熟法律程序，他深知厅长之任免乃司法部之职权，故不敢私相授受。于是，他以需向司法部请示核准为理由进行拒绝，故王占元之目的并未得逞。23日，王占元以讨论要事为借口，诱骗陈长簇赴督军署，陈长簇入署后便被强行收押。当时的具体情形是：

至二十三日午前九时，王督军以商议要事电诱长簇入署。是日，本系冬节，各机关均停止办公，且循例应往军署庆贺。长簇以事属因公，不疑别有危险，遵谕前往，不意督军见面之后，即叱长簇曰：“汝现行高审厅长职务乎？顾谓侍从严加看守，勿令逃逸。”既不容长簇申辩一语，复不问已过情事若何。会客厅门外则军队林立，枪剑相摩；门内则军佐多人，厉声附和。长簇欲略为陈说，督军已退入内室矣。霹雳一声，顿被收押。④

陈长簇虽然被强行收押，并在督军署遭受各类恐吓与威胁，但他依然拒绝交出厅印。据称：

---

① 《本部致湖北督军省长养电》，《司法公报》1920年第118期。

② 鄷更是“平江法曹三杰”之一，亦是陈长簇之好友。据陈氏所言，他们“留学日本，互相研讨，出入与偕。辛亥归国，值民邦肇造，同宦法曹，湘鄂八载，共事一庭。既而君（鄷更）由天津而北平、而南京，予六迁徙靡定，形影虽隔，书札往返频仍，寇虽作，君随最高法院迁渝，尚迂道长沙见访，情愫可知已”。陈氏还有诗记述两人之友情：“侪辈何人似子贤，论交犹忆卅年前。远游瀛海行携手，归共衙斋坐并肩。别后屡抛双孔泪，梦中时盼数行笺。烽烟未息关山阻，无复清樽续旧绿。”参见陈长簇：《哭鄷子迪四首并序》，载《东山草堂集》，湖南图书馆藏，民国稿本，第51—52页。

③ 《湖北高审厅鄷更等快邮代电》，《司法公报》1920年第118期。

④ 《湖北高等审判厅为法院横被摧残继陈事实恳予主持呈文》，《司法公报》1920年第118期。

长簇于此亦惟有坚忍缄默，以觇其后。约经二小时之久，有县官数人来，谓长簇曰："督军今日收汝，并无他故，因汝复函程处长云已电部请示，恐汝今日不交厅印，故尔收押，汝可速致函厅员，将印信送至督署，于汝一身自无危险。"长簇仍以事经电部请示，不能擅行交代答复。旋又来军佐十余人，军士持枪随入者亦数十人，军佐指挥军士举枪，叱长簇曰："汝如要性命，可速将厅印交出，如必不交厅印，则我等将对汝不住。"长簇默不与语，彼等又尽出其强暴胁迫之手段，以相凌挟。正汹汹间，程定远派副官鲁某至，必欲长簇交印，长簇仍告以前语。鲁曰："汝无固执，既为刑庭长，须知法律，何得仅认司法部为主管机关，而不遵守本省军省两署之命令，汝须知监督司法之权省长有之，即王督军亦曾受有监督司法之委任者，今日恐汝不交厅印，故押汝于此，如再抗违，王督军武人也，杀人视若寻常，又何必蹈此罗网，而不一自为计。"长簇突闻斯语，笑既不可辩，又不敢勉持静镇，置之不闻，鲁亦无如何而去。此长簇当日被押后，复被武力恐吓逼迫交印之实在情形也。①

最后，王占元得知威胁陈长簇并无成效后，便令程定远统率军队直奔高等审判厅，将厅印抢去。直至傍晚，陈长簇才被释放出来，庆幸的是厅长小印仍在他手上。为防王占元再次夺取厅长小印，陈长簇于当晚匆忙缒城离开鄂省，并转赴北京司法部请示。据陈长簇致司法部之电文中所言："王不独派人监视电局，即各城门及京汉车站，亦均派人坐守。只得携带湖北高审厅长印信，深夜缒城赴湘电呈，似此非法横行，形同化外，长簇一人不足惜，于司法前途关系匪轻。应如何办理之处，敬乞钧部主持。"②离鄂之后，陈长簇之私宅便被王占元派兵把守，禁止自由出入。王占元还声称："不交出厅长印信，必将拿问家小，危及老母。"③此时，独自在鄂的陈长簇可谓是进退维谷，他既恨国家法权之被蹂躏，又惧自家眷属之遭凶

① 《湖北高等审判厅为法院横被摧残继陈事实恳予主持呈文》，《司法公报》1920 年第 118 期。

② 《长沙陈庭长敬电》，《司法公报》1920 年第 118 期。

③ 《湖北高等审判厅为法院横被摧残继陈事实恳予主持呈文》，《司法公报》1920 年第 118 期。

暴，可以想象处境之艰难。

王占元派兵强令陈长簇交出厅印之行为，充分展现了地方军阀嚣张跋扈之面目。至于此次强令之背后原因，据深耕湖北司法系统多年的吴献琛所言："1919年，湖北督军王占元，愤其私设之金店在湖北高等审判厅败诉，迁怒于该厅暂代厅长陈长簇。"①由此可见，王占元有滥用权力公报私仇之嫌。相较而言，湖北高等审判厅敢于判处本省最高军事长官败诉，亦从侧面反映该高等审判厅判决之公正。然而，在政局不稳与军阀割据之形势下，北京司法部对王占元之非法行为亦无可奈何，最后只得电请王占元另选一人，由司法部加以委任了事。1920年初，江西高等检察厅厅长范之杰被调任为湖北高等审判厅厅长，而陈长簇则另调京师高等审判厅担任刑庭长。尽管陈长簇被另调，但他秉公执法，敢于抗拒督军非法干涉司法之行为，堪称司法界之楷模。

（二）安徽任上：反对司法党化与推进司法革新

1934年5月16日，陈长簇由湖南高等法院院长调任为安徽高等法院院长，此后他在安徽任职一年有余。在安徽任职期间，陈长簇一方面抵制国民党之司法党化，另一方面积极推进司法革新。

一方面，陈长簇坚决抵制国民党的司法党化行为，捍卫司法独立。第一次国共合作期间，孙中山坚持"以俄为师"，提出"以党治国"之主张。至1928年，国民党取得全国之统治权后，逐步改变清末以降确立之"司法独立"与"司法不党"原则，大力倡行"司法党化"。当时，司法院院长居正激进地认为："在'以党治国'一个大原则统治着的国家，'司法党化'应该视作'家常便饭'。在那里一切政治制度都应该党化。"②在司法党化之号召下，越来越多的国民党员涌进司法队伍，"尤其是在1934年底国民党CC系骨干洪兰友担任法官训练所所长后，司法当局利用这一训练

① 吴献琛：《旧中国所谓"司法独立"三例》，载《文史资料选辑·合订本》（第27册），中国文史出版社1986年版，第139页。

② 居正：《司法党化问题》，《东方杂志》1935年第32卷第10号。

机构，把司法人员拉入国民党组织中”[1]。有些原无法官资格，因系国民党员，有国民党要人的援引，一跃而为高等法院院长。[2]在此背景下，许多非法律专业出身的国民党员纷纷进入司法系统，从而导致司法之专业化大大减退。而且，司法党化要求法官在判案时，充分发挥“党义”之指导作用，故极易导致“以党代法”之弊端。

无疑，作为司法界人士的陈长簇，对上述弊端自然是早有预料，若司法审判由国民党员依“党义”而为，必然使司法丧失自身之中立性与公正性，从而成为扫除异己之工具。故将“党义”置于法律之上，必将对国家法治造成消极影响。因此，针对国民党当局在全国推进司法党化之行为，陈长簇主管的安徽省司法界要么极力抵制，要么敷衍了事。据时人所言：

从安徽高等法院成立起，就有一个国民党区分部，但没有三青团组织。区分部成员不多，而且活动极少。因为法界人员思想守旧，不爱活动，在司法独立的标榜下，对国民党不那么重视。皖高法院院长陈长簇、首席检察官王树荣，皆是无党派人士，甚至对国民党不满。……在抗战时期，重庆政府派出一批所谓战区检察官，这种人就负有相当于特务的使命，因湘籍高院院长陈长簇是无党派人士，有一战区检察官要陈申请加入国民党，被陈大骂一顿，不了了之。[3]

其实，陈长簇所拒绝的这些所谓的“战区检察官”，就是“特务人员从事司法”政策之产物，即在司法机关中招收“军统”或“中统”的特务人员，让他们成为“战区检察官”，以开展国民党所谓的“锄奸肃反”活动，以便将矛头直接指向共产党人与民主人士。对此，有学者指出：“在二十世纪三四十年代，尤其在抗日战争的非常时期里，司法党化衍异成为司法人员特务化，这不仅破坏了司法人员专业化和职业化的努力，也

① 李在全：《法治与党治——国民党政权的司法党化（1923—1948）》，社会科学文献出版社 2012 年版，第 151 页。

② 胡绩：《旧司法制度的一些回忆》，载《河南文史资料》（第 4 辑），河南人民出版社 1987 年版，第 161 页。

③ 朱其珍：《解放前安徽司法情况点滴》，载方兆本主编《安徽文史资料全书》（安庆卷），安徽人民出版社 2007 年版，第 567—568 页。

与国民党司法当局的预期相距甚远。”①可见，由司法党化衍生而来的战区检察官制度，无疑是法治建设之退化，陈长簇抵制特务人员渗透司法之行为，体现了他对司法独立之坚守与司法公正之追求。

另一方面，陈长簇还致力于推进司法制度之革新。民国之后，中央相继出台《暂行新刑律》《监狱规则》，在法律上明确规定“监犯劳役制度”。然在地方仅有新式监狱能贯彻该项制度，县级监狱仍大多以“禁锢”作为主要形式，故作业人数受到极大限制。据曾是司法行政部常务次长的汪楫宝所言：“自民元以来，逐渐建筑新监狱，为数无多。而各县旧监狱，又均简陋湫隘，无不有人满为患。政府为疏散人犯，并配合环境起见，迭经制颁单行法令，以资依据。二十一年三月，公布《监犯保外服役暂行办法》。”②然而，监犯劳役制度却受到诸多限制未能有效实施，故进一步贯彻该制度势在必行。

1935年9月，司法院在北京举行“全国司法会议”，陈长簇出席该次会议，并向大会提交《励行监犯外役案》，明确主张在司法系统倡行“监犯外役制度”。该年12月，安徽高等法院奉令抄发此项提案，并转饬送办。在该提案中，陈长簇指出施行监犯外役之理由与办法：

理由：我国以农立国，在监者以农为生者十居六七，连年水旱频仍，农村经济破产，匪氛未靖，在监人数加多欲谋生产。关于监犯外役制度允宜于浚河、筑路、建筑等项之外，就国营或公营之农事试验场、森林局、棉业蚕业各试验场，励行外役农事工作。因此项场所均有一定范围，管理方面，可视工作人数之多寡，酌拨相当看守驻场照料，即足以资戒护，较诸浚河、筑路等事尚觉轻而易举。

办法：应由中央最高机关通令国营及各省、县、市地方公营之农林场所，尽先协商就近监狱订立工作办法，选派在监人前往工作。是否有当，敬请公决。

① 李在全：《法治与党治——国民党政权的司法党化（1923—1948）》，社会科学文献出版社2012年版，第159页。

② 汪楫宝：《民国司法志》，商务印书馆2013年版，第89页。

提议者：安徽高等法院院长陈长簇。①

正是在陈长簇之倡行下，安徽全省司法系统之“新监”及其“分监”的工场数量提升至37个，监犯日均作业人数近700人，极大促进了监狱生产之发展，一定程度上增加了该省的司法财政收入。此外，陈长簇还在清理积案、提高司法效率等方面推动革新，这可从《安徽省司法概况报告》中管窥一二：

查皖省司法机关向来风纪欠佳，积案不少。近一年叠来令告诫，各县司法人员专心任事，砥砺廉隅，并限制请假，照章扣俸，遇有人地不宜，操守难信者，立予呈请调换。一面限令清结案件以减讼累，二十三年度统核各法院收结件数，尚能相抵（未结民事仅百分之一，刑事百分之二）。……并先后增订各种单行规章七种，以增进各院、县办事效率，及于法院门首添装案件进行牌，使当事人一望而知其诉讼进行之程度，行之经年，亦皆有相当成效。②

可以说，陈长簇在安徽的任期上，对该省的司法积案进行积极清理，对司法人员进行有效整顿，在一定程度上改变了以往全省司法系统之不良作风。

三、司法之外：致力于湖湘文化之保护与传承

陈长簇不仅埋头于案牍，在司法职业之外，他还致力于湖湘文化之保护与传承。陈长簇平时喜好收藏，是湖南有名的藏书家，其所在长沙北区佘家塘1号的“陈长簇公馆”，藏品甚富，尤多古玩文物。在抗战以前，湖南省政府欲用重金购买陈长簇所藏的一方珍贵端砚，作为呈送蒋介石的生日礼物，但陈长簇执意不从。然而，陈长簇却乐于将自身藏品赠给好友，李锐曾言：“我将收集的几十本有关近现代的历史书，包括同盟会在

① 安徽省地方志编纂委员会编《安徽省志》（司法志），安徽人民出版社1997年版，第513页。

② 《安徽省司法概况报告》，载司法院秘书处编《各省司法概况报告汇编》，1935年，第21—22页。

日本出版的《民报》全套原本（这是我父亲在日本留学时的同乡好友陈长簇送我的，陈是湖南和平解放时的民主人士），全部送给田家英。”①关于陈长簇之收藏，有地方志书称：“陈长簇服官30余年，然自奉俭约，酷爱收藏地方志及近代湘人著作。一生积蓄，全注于此，佘家塘所有藏书楼，海内外很有声名，死后，藏书除一部分赠予湖南师范大学及省图书馆外，悉毁‘文革’之火。”②作为陈长簇藏书楼之亲历者，著名的“七月派”代表诗人彭燕郊曾言：

我见到的够得上理想藏书处，是陈长簇先生的家。进门就是一连两进宽敞的书库，一行又一行排列得整整齐齐的高高的书架，十分壮观，最后一进才是住所。那时，陈先生已去世了，陈夫人让我去楼上的小书房里坐了一会，有一张很大的书桌，上面铺着绿呢，一只大柜上有个长方形小书箱，上面雕着渊鉴类函四个字。我想，这该是陈先生最后的藏书了。书库里的那许多书架都空着，陈先生多年担任湖南的高等法院院长，和程潜先生一同起义。书，早已捐献、变卖掉了。③

事实上，陈长簇这座有名的藏书楼，在抗战期间曾遭受过日本侵略者之野蛮洗劫。④对此，黄黄山曾有诗证史：“兵劫数间馀破屋，宦囊几卷剩残书。”⑤ 1944年6月18日，日军攻占长沙，并窃据佘家塘1号的陈长簇公馆，在此建立湖南境内的最高特务机关“中支派遣部”。由于日军进攻猖獗，陈长簇之藏品未及时转移至后方。于是，日本侵略者在他藏书楼中

① 李锐：《黎澍十年祭》，载《李锐诗文自选集》，中国文联出版公司1999年版，第371页。

② 湖南省平江县志编纂委员会编《平江县志》，国防大学出版社1994年版，第733页。

③ 彭燕郊：《纸墨飘香》，岳麓书社2005年版，第20页。

④ 当然，对陈长簇的藏书楼是否遭受劫掠，亦有不同观点。据胡壮谦先生所言：“1944年6月长沙沦陷，陈长簇公馆成了日军驻长司令部。驻长日军司令在陈右钧先生家翻出了一本同学录，得知房主陈右钧先生在日本留学时曾与其父同学，即令将其家产保护起来。故此，陈右钧先生的家产在八年抗战中丝毫无损。”胡先生直到1953年才迁居到陈长簇公馆，且仅凭一本同学录就使陈氏众多家产免遭日军劫掠，笔者认为这种说法可信度不高。参见胡壮谦：《忆陈长簇夫妇二三事》，访问日期：2020年12月26日，来源网址：http://blog.sina.com.cn/s/blog_1441252910102zjpo.html.

⑤ 黄俊：《闻讷翁归，先以一诗讯之》，载《弈楼诗集》，华中师范大学出版社1998年版，第593页。

攫取了诸多珍贵的古书、字画、文物，所受损失难以估量。据当时的见证者称：

陈长簇是湖南藏书家，其佘家塘1号私邸，藏有不少原版古书、名人字画、古玩文物等，均未及疏散。中支派遣部占据此私宅作其办公所后，将他所有古书、字画、文物除精选其中一部分运往日本外，剩余部分，悉交集中商店陈列出售。我曾发现有一部曾国藩手书日记影印本，共四十本，是陈长簇最珍贵的藏书。①

当然，陈长簇的藏书楼之所以有名，主要在于他孜孜不倦地进行湖湘本土文献之搜集。在司法工作之余，陈长簇极为注重对乡邦文献之搜集与整理，譬如他对同乡李元度②诗集之搜集与整理便是典型例证。1928年，李元度之旧宅被战火所毁，李元度生前之遗稿大多散佚。为此，陈长簇遍访知交，从李元度之子李蠡岑以及亲朋故旧处广搜遗诗残稿，所幸获得十之一二。陈长簇将所得李元度之遗诗加以整理和编辑，命名为《天岳山馆诗存》。据陈长簇在戊寅年（1938）冬为该书所作之序言中称：

有清咸、同之际，以文学士预戡乱之功，而不废铅椠之业者，吾邑爽溪老人其最著者也。……老人之诗集若干卷，遂于是时同罗劫火焉。烟销灰冷，空呕长吉之心肝；简断编残，莫识匡君之面目。呜呼，酷矣！余以枌乡后进，麦秀多悲，遍访知交，广收余烬，穷数年之力，尚幸得十一二焉。以来人之文早已刊行，名曰《天岳山馆文钞》，因命之曰《天岳山馆诗存》，爰付手民，用供同好。……是则老人之诗之巨丽，后之人自有能辨之者，余固不敢妄赞一词云。戊寅冬仲，东山行者谨识。③

陈长簇将《天岳山馆诗存》整理与编辑完毕后，遂邀请当时已是湘籍

① 苏时松：《抗战时期长沙沦陷区见闻》，载《长沙市北区文史资料》（第4辑），1989年，第23页。

② 李元度（1821—1887），字次青、笏庭，晚年号超然老人、爽溪老人，湖南平江人。清咸丰二年（1852），入曾国藩幕，后历任浙江按察使、云南按察使、贵州按察使、贵州布政使等职。详见湖南省地方志编纂委员会编《湖南省志·第三十卷·人物志》（上册），湖南出版社1992年版，第402—403页。

③ 李元度：《天岳山馆文钞·诗存》，王澧华点校，岳麓书社2009年版，第874—875页。

名流、著名教育家的好友曹典球为其作序，序中谈道：

戊寅之冬，避地安化，陈子右钧亦侨寓于此，一日谓余曰："先生（李元度）自知不精于诗，临终属其子桂岑，遗集勿许以诗羼入之。予以与先生生同里闬，景怀先德，辄从其子蠡岑处得遗诗若干首，并益以亲旧间所搜集钞之，颜曰《天岳山馆诗存》。"……兹闻右钧所述先生勿许刊诗遗事，知清季湘人之成功一时，未始非其虚心谦抑之所致也。既念先生翼翼之诚，又敬右钧之笃于故旧也，爰叙其巅末于此，为来者告焉。①

此后，陈长簇又陆续搜获李元度之遗诗数十首，因无法纳入原有诗存，便另册登之，并将其命名为《天岳山馆诗存补》。据陈长簇在该书"序述"中所言：

爽溪老人诗集，遭世变乱，悉付焚如。余于烬后搜得若干篇，以意分为二卷，命名曰《天岳山馆诗存》。既竟事，复得数十首，无法羼入，另册登之，即颜曰《天岳山馆诗存补》。东山行者识。②

对此，有学者指出："李氏诗文荡然无存，以不能不为我湖湘之学界憾事，陈氏抄本虽不及原作十之一二，然吉光片羽，亦甚为珍贵。"③至今，湖南图书馆仍藏有陈长簇手抄的《天岳山馆诗存》和《天岳山馆诗存补》。然遗憾的是，至今未见两书之刻本，原因可能是"此时抗战初起，陈氏逃难于安化一隅，刊刻之举，或即中辍"④。1996年，由颜震潮先生点校的《天岳山馆诗存》，便是和陈长簇之抄本"校对补正"⑤而成。2009年，湖湘文库中由王澧华教授点校的《天岳山馆文钞·诗存》，其"诗存"部分之点校即以陈长簇之抄本为底本。⑥由此可见，陈长簇对湖湘本土文献保护与传承之重要贡献。

陈长簇还撰述、辑录有《讷翁诗存》《东山草堂集》《陈母姚太夫人

① 李元度：《天岳山馆文钞·诗存》，王澧华点校，岳麓书社2009年版，第873页。
② 李元度：《天岳山馆文钞·诗存》，王澧华点校，岳麓书社2009年版，第993页。
③ 寻霖：《李元度〈天岳山馆诗存〉的抄本》，《文史拾遗》1991年第3期。
④ 李元度：《天岳山馆文钞·诗存》，王澧华点校，岳麓书社2009年版，前言，第5页。
⑤ 李元度：《天岳山馆诗存》，颜震潮点校，中国旅游出版社1996年版，第177页。
⑥ 李元度：《天岳山馆文钞·诗存》，王澧华点校，岳麓书社2009年版，前言，第6页。

荣哀录》等著作。其中，《讷翁诗存》是陈长簇之诗集，然遗憾的是，笔者经过多方找寻，亦未见其踪迹。《东山草堂集》是陈长簇之文集，其内容主要是记述亲朋生平事迹与为友朋所作寿词，该文集还收录了陈长簇的部分诗作以及为浏阳、临澧陈氏和安化龙氏族谱所作之序。①要特别指出的是，该文集收录的陈长簇在1940年为陈克贻《刑法论理纲要》所作之序中，阐明了法律之重要性：

商君有言，法详则刑繁，法简则刑省，法律之重纲要，由来尚矣。自汉以后，刑律虽代有变更，而大凡仍以帝典，所谓象以典刑，流宥五刑，鞭作官刑，扑作教刑，金作赎刑。眚灾肆赦，怙终贼刑为依据。徒以律文古质简奥，难猝了解；多不肯冥心体察，逐一深究。迨身为刑官，乃勉强检按，取辦一时，故常有一案之误，动累多人，一例之差，贻害数世。陈君克贻有鉴于此，就现今刑法，沿流以讨源，援古以证今，章分句析，诂谊采谛，钩索其隐深之旨，而别白其词之介于疑似者，俾归诸至当，纂著《刑法论理纲要》一书，出以示余。余嘉其用力之劬，爰为一言，以介绍于国人。民国二十九年仲秋月，平江陈长簇。②

而《陈母姚太夫人荣哀录》则是陈长簇所辑录的关于其母姚太夫人之像赞、祭文、挽诗、挽联、墓志铭、墓表，其中所致挽联者包括有赵恒惕、陈渠珍、朱经农、胡子靖、李肖聃、曹典球、郑家溉、萧仲祁、李艾、酆更等政界、学界与法界名流。陈母姚太夫人有古贤母之遗风，陈长簇"读书成名，文章卓异，政治淳良，宦游数千里，扬历三十年，民情休戚，无不洞悉于中怀，尚德缓刑之意，与路温舒后先一辙，知得力于母教者多矣"③。

此外，陈长簇还善诗联，精书法，造诣颇高，能写一手遒劲有力之行书，是湖南有名的书法家。1944年，陈长簇在安化县躲避日寇时，曾为该

① 陈长簇：《东山草堂集》，湖南图书馆藏，民国稿本。

② 陈长簇：《〈刑法论理纲要〉序》，载《东山草堂集》，湖南图书馆藏，民国稿本，第9—10页。

③ 陈长簇辑录《陈母姚太夫人荣哀录》，湖南图书馆藏，民国抄本。

县小花溪清风亭撰书对联："莽乾坤能有几人闲，看他车马长征，都为名缰利锁；好风月不用一钱买，到此亭台小歇，自然心旷神怡。"①此联书就后，便立即受到众人之围观和赞赏。在现存陈长簇的诗联中，笔者发现其内容多与抗战时势相关，体现出浓浓的家国情怀。譬如，1938年6月，湘省各界为抗日阵亡的师长李必蕃举行公祭大会，陈长簇与张治中、刘建绪、鲁荡平、曹典球等向大会致挽联。陈长簇之联曰："死到沙场是今终，但遗恨吞吴，知在九原犹裂眦；拚向孤城完大节，看后贤破虏，踏平三岛慰忠魂。"② 1944年6月30日，年过花甲的湘乡籍将领吴剑学因拒绝出任伪职，被日军开枪射杀。作为挚友的陈长簇闻之，悲痛至极，并致送挽联一副，强烈地表达了对当局懦怯之愤慨与对英烈殉国之感怀，其联曰："是谁任豺狼横行，残害忠良，伤国家元气；使我叹风云失色，感怀良友，恨天地无情。"③当日军被驱逐出长沙后，陈长簇又作诗："闻道长沙围已解，洞庭衡岳各回春。且看妇孺交欢悦，休向亲朋话苦辛。有酒黄龙长夜饮，相思红豆美人嚬。何当狐鼠妖氛靖，不作秦时避乱民。"④而陈长簇最著名的对联，曾题于长沙天心阁，该联感慨古今兴亡之事，后世流传甚广，遂特在此摘录之："瞰城郭人民，禁不住兴亡感慨，定王安在？贾傅何之？说甚么帝佐皇孙，片土空留千古迹；问天心月色，照过了多少繁华？湘水南来，麓山西峙，莫孤负良辰美景，一樽倾尽百年愁。"⑤

1924年1月1日，傅熊湘在长沙发起组织以提倡气节、发扬国学、演进文化为宗旨的"南社湘集"。陈长簇与仇鳌、曹典球、张平子、萧仲祁、罗元鲲、任凯南、马续常等湘籍名流常有会集，赋诗作对。⑥因此，陈长簇与众多的湘籍名流私交甚笃。譬如，在抗战期间，皮宗石由鄂抵湘出任湖

① 黄弗同：《流年不似水——补拙书屋随想录》，华中师范大学出版2009年版，第25页。

② 刘苏华、李长林选编《湖南近现代社会事件史料选编》，湖南师范大学出版社2013年版，第924页。

③ 湖南省革命烈士传编纂委员会编《三湘英烈传·旧民主主义革命时期》（第4卷），国防科技大学出版社2005年版，第344页。

④ 陈长簇：《闻围攻长沙敌寇溃退》，载《东山草堂集》，湖南图书馆藏，民国稿本，第35页。

⑤ 樊明芳等：《名胜古迹楹联选》，岳麓书社1984年版，第104页。

⑥ 陶晋圭：《南社湘集》，载《长沙市北区文史资料》（第6辑），1992年，第148—152页。

南大学校长，就有好友陈长簇的劝导之功。据皮宗石之子皮公亮所言："1936年冬，省立湖南大学校长黄士衡提出辞职，湖南省在研究继任人选时，提出由时任国立武汉大学教务长的皮宗石来继任。湖南各界公推当时的湖南高等法院院长陈长簇给皮宗石写信，劝其来接任湖南大学校长。"①

在湖南解放前夕，已退休的陈长簇深感战祸殃民和国民党政权之腐败，便以在野之身与仇鳌、曹典球、左学谦等湘籍名流，奔走呼吁，力促湖南之和平解放。当时，陈长簇与曹国枢、肖敏颂、李芨、赵恒等人士拜访程潜之私人顾问方叔章，希望方叔章能敦促程潜走湖南和平解放的道路，并与曹典球、胡道、唐星、贺贵严、刘裴、周午奕、程星龄等国民党中上层军政界人士建立联系，这些人后来均在《拥护湖南和平解放宣言》上签了字。1949年8月，"长沙各界迎接解放联合会"成立。同时，成立顾问委员会，由陈长簇与唐生智、程星龄、张以藩、仇鳌、曹伯闻、曹典球等33人组成。

中华人民共和国成立后，陈长簇受聘为湖南人民军政委员会顾问、省参事室参事等职。在此前后，他仍不遗余力地襄助"湖南省文物保管委员会"，从事古旧书籍的鉴定工作，为保护传统文化尤其是湖湘文化做出了应有贡献。据黄曾甫回忆："住在长沙北区佘家塘有位八十老人，家中藏书很多，还经常到天伦造纸厂去为省文物保管委员会收集鉴定古旧书籍，为保存祖国传统文化，作出过不少贡献。他就是湖南司法界的老前辈陈长簇老先生。"②这项工作一直持续到他去世。1960年2月，陈长簇因病逝世，享年84岁，葬于长沙南门外金盆岭。

四、结语

陈长簇作为从清末成长起来的湖南第一批新式司法人员，是一位兼具旧学根底与新学思想之法政人物。与同时代众多知识分子一样，他早年深受传统文化之熏陶，在严峻的民族危机面前，复踏上出国留学之征途。然

---

① 皮公亮：《我的父亲皮宗石》，《文史拾遗》2013年第4期。

② 黄曾甫：《记湖南司法界老前辈陈长簇》，载《长沙市北区文史资料》（第4辑），1989年，第71页。

不同于其他留学生，陈长簇在日本留学达六年之久，在赴日接受“速成教育”以作为“镀金之资”和“猎官之途”的时代潮流中，实属罕见。在留日期间，陈长簇深研法律专门之学，深得西方法学思想之精髓。归湘之后，陈长簇受命创建高等、地方两级审判厅，这在当时从“封建”转向“共和”的湖南亦属破天荒之举。此后，尽管他辗转于全国多省担任司法领导职务，但却始终秉持司法独立与司法公正之立场，故他能在湖北任上敢于抗拒督军干涉司法，在安徽任上坚持抵制国民党的司法党化与推进司法革新，为近代中国的司法事业做出重要贡献。然而，陈长簇并非只是埋头于案牍，在司法之外，他不仅从事诗文撰述，还专注搜集地方文献与湘人著述，尤其是对同乡李元度的遗诗残稿之搜集与整理着力甚巨，为湖湘文化之保护与传承作出卓越贡献。因此，陈长簇的司法贡献与文化功绩值得后人关注与铭记。

湖湘文化

康有为与近代湖南

王兴国*

摘　要：康有为学术上直接继承刘逢禄、魏源、龚自珍的今文经学，与王闿运的弟子廖平无关，而康有为完全转变为一位今文经学家则是与廖平的影响分不开。在戊戌变法时期，湖南新旧两派都不赞成康有为治《春秋》时片面强调公羊学的观点，而主张公、左兼治。作为湖南变法领导者的陈宝箴还曾奏请将《孔子改制考》毁板。王先谦和叶德辉并不反对变法，但是反对康梁的民主、民权之说，和“合种保种”“通教保教”之论。唐才常领导的自立军是康有为期望“勤王”的唯一物质依靠力量，自立军起事失败，使康有为感到极为悲伤和失望。杨昌济在变法时期十分推崇康有为，留学归国后，不赞成康有为将孔教定为国教的主张，认为其《物质救国论》若误解之，亦足为中国前途之障。毛泽东在青少年时代曾经十分崇拜康有为和梁启超，包括他们的学习方法，在新文化运动时期则认为康有为没有本源，也批判他浓烈的孔子情结。

关键词：康有为；近代；湖南

康有为与近代湖南关系相当密切，这种关系主要是通过人与人的关系表现出来的，而其中除谭嗣同、唐才常等与康有为有过直接接触之外，其

* 王兴国，湖南省社会科学院研究员，船山学社社长，湖南省文史馆馆员。

他人与康有为更多的是思想的、学术上的联系。在戊戌变法至五四新文化运动前后的一段时间里，固然有很多湖南人推崇康有为，但也有一些人反对康有为的理论和主张；就是在推崇者之中，对康有为的某些主张也有不敢苟同之处。这种复杂的现象，反映了湖南人“特别独立之根性”。

一

过去，学术界比较普遍地认为，康有为的今文经学思想是受了王闿运的弟子廖平的影响。王闿运曾在四川成都尊经书院主教，并且培养了一批弟子，其中有一位名叫廖平。廖平（1852—1932），四川井研人。同治十二年（1873）张之洞任四川学政，廖平曾师从张之洞治汉学。光绪元年（1875）王闿运主讲尊经书院，廖平入院向王闿运请业，渐受熏陶，于是从博览考据转向专求大义。自此，廖平一生的学术就基本上沿着今文经学这一方向发展了。而廖平的经学思想又影响了康有为。廖平在《经话甲编》中曾说，光绪十六年（1890）初，他和康有为在广州两次会晤，讨论今文经学，他并且把自己所著的《知圣篇》交给康有为看，于是康有为转向今文经学①。康有为的弟子梁启超在《论中国学术思想变迁之大势》中称：“康先生之治《公羊》治今文也，其渊源颇出自井研（指廖平），不可诬也”②；在《清代学术概论》中又指出：“有为早年，酷好《周礼》，尝贯穴之著《政学通议》。后见廖平所著书，乃尽弃其旧说。平，王闿运弟子。闿运以治《公羊》闻于时，然故文人耳，经学所造甚浅，其所著《公羊笺》，尚不逮孔广森。平受其学，著《四益馆经学丛书》十数种，颇知守今文家法。晚年受张之洞贿逼，复著书自驳。其人固不足道，然有为之思想，受其影响，不可诬也。”③ 由于梁启超的这种说明，康有为在今文经学上，特别是其两部著作《新学伪经考》和《孔子改制考》是分别借鉴了廖平的《辟刘篇》和《知圣篇》的观点曾被学术界普遍接受。改革开放以来，有学者著文对此公案重新进行辨析，认为 1890 年康、廖在广州的两

① 廖平：《经话甲编》卷一。

② 梁启超：《饮冰室文集之七》，《饮冰室合集》，中华书局 1989 年版，第 99 页。

③ 《梁启超论清学史二种》，上海复旦大学出版社 1985 年版，第 63 页。

次会见时，廖平的《辟刘篇》和《知圣篇》尚未出版，而且是否写出也还值得考证。因此不能说《新学伪经考》和《孔子改制考》是分别借鉴了廖平的《辟刘篇》和《知圣篇》。但是，有两点则是肯定的：

其一，康有为自认为，在和廖平见面之前，他已经开始从古文经学转向今文经学。他在《自编年谱》中说，光绪十四年（1888）赴京参加会试，并上书皇帝，上书失败，遂留京师，“既不谈政事，复事经说，发古文经之伪，明今学之正”。这是说，他是因上书失败的刺激而转向今文经学的，与他人无关。在《重刻伪经考后序》中，他又说：“吾向亦受古文经说，然自刘申受（逢禄）、魏默深（源）、龚定庵（自珍）以来，疑攻刘歆之作伪多矣，吾蓄疑心久矣。吾居西樵山之北银塘之乡，读书淡如之楼……拾取《史记》，聊以遮目，非以考古也。偶得《河间献王传》《鲁共王传》读之，乃无‘得古文经’一事，大惊疑，乃取《汉书·河间献王》《鲁共王传》对校《史记》读之，又取《史记》《汉书》两《儒林传》对读之，则《汉书》详言古文事，与《史记》大反，乃益大惊大疑。”[①] 这是说，他在学术上直接继承刘逢禄、魏源、龚自珍的今文经学，与廖平无关。而魏源是湖南人，王闿运的今文经学也是受其影响。这就从学术源流上，理清了康有为今文经学思想与湖南的关系。

其二，康有为和廖平在广州会晤时，廖平并未将《辟刘篇》和《知圣篇》交给康有为，其时这两部书稿尚未完成。廖平对康有为的影响主要是在安徽会馆长时间的“谈论”，即“辟刘之议”。康有为在晤见廖平以前已有某些今文经学观点，见到廖平以后，受廖平影响，完全转向今文。[②] 这说明，康有为完全转变为一位今文经学家是与王闿运的弟子廖平的影响分不开的。

二

到了戊戌变法时期，康有为的今文经学思想又传入湖南，并且影响相

① 康有为：《重刻伪经考后序》，《新学伪经考》，古籍出版社 1956 年版，第 379—380 页。
② 房德邻：《康有为和廖平的一桩学术公案》，《近代史研究》1990 年第 4 期。

当广泛。对此，谭嗣同在《壮飞楼治事·第十湘粤》一文中做了生动的描述："吾湘号为能开风气，而近与粤邻。粤又雄区也，人才蔚起，货宝充牣，表海为藩，环山作砺。亦必道吾湘而通中原，取远势，宏矿产，兴商务，辅车之依，自然之形也。近年两省士夫，互相倾慕，结纳情亲，迥非泛泛。粤人黄公度（遵宪）廉访、梁卓如（启超）孝廉来讲学于吾湘，吾湘亦有张阁学百熙督学于粤以报之。若夫学术沆瀣，尤足惊异。自南海康工部（有为）精探道奥，昌明正学，其门人克肩巨任，于斯有光。一洒俗儒破碎拘挛之陋，而追先圣微言大义之遗。湘人闻风，争自兴起，喁喁胶序，怀德慕思。几有平五岭而一逵之心，混两派而并流之势。其始虽由于一二人力为牵合，然亦会有天焉，岂初愿之遽能及此者哉？嗣同昔于粤人绝无往来，初并不知并世有南海其人也。偶于邸钞中见有某御史奏参之折与粤督昭雪之折，始识其名若字。因宛转觅得《新学伪经考》读之，乃大叹服。以为扫除乾、嘉以来愚谬之士习，厥功伟；而发明二千年幽蔀之经学，其德宏。即《广艺舟双揖》亦复笼罩古今中外，迥非耳目近玩。由是心仪其人，不能自释。然而于其微言大义，悉未有闻也。旋闻有上书之举，而名复不同，亦不知书中作何等语。乃乙未（1895）冬间，刘淞芙归自上海，袖出书一卷，云南海贻嗣同者，兼致殷勤之欢，若旧相识。嗣同大惊，南海从何知有嗣同？即欲为一书道意，而究不知见知之由与贻此书之意何在。五内傍皇，悲喜交集，一部十七史苦于无从说起。取视其书，则《长兴学记》也。雒诵反复，则知其为学宗旨。其明年春，道上海，往访，则归广东矣。后得交梁（启超）、麦（梦华）、韩（文举）、龙（泽厚）诸君，始备闻一切微言大义，竟与嗣同冥思者十同八九。"① 谭嗣同这段话有几点值得注意：首先，他从湘粤两省人文与自然状况，指出两省关系是"辅车相依"，这种"辅车相依"的自然形势，在戊戌维新时期出现了，即所谓"近年两省士夫，互相倾慕，结纳情亲，迥非泛泛"。其具体表现，即黄遵宪来湖南充当盐法道兼署布政使，梁启超来湖南主讲时务学堂。而湖南人张百熙则于1897年出任广东学政，并于1898年奏荐康有为

① 《谭嗣同全集》，中华书局1981年版，第444—445页。

应经济特科试，奏保康有为使才。其次，谭嗣同高度肯定康有为"昌明正学"之功，"扫除乾、嘉以来愚谬之士习，厥功伟；而发明二千年幽蔀之经学，其德宏"。谭嗣同在肯定康有为在学术上的功绩时，不仅举出了其代表作《新学伪经考》，而且举出了其书法名作《广艺舟双楫》一书。1888 年，康有为到北京应顺天乡试，他以布衣身份向清朝皇帝上书，提出了"变成法""通下情""慎左右"三条纲领，被顽固派阻隔，未能上达。在极度苦闷中，他以金石自遣，继包世臣的《艺舟双楫》一书撰成《广艺舟双楫》。是书为晚清最重要的书法专著，体例严整，论述广泛，从文字之始，书体之肇开始，详述历朝迁变，品评各代名迹，其间又夹杂考证指法、腕法，引之实用。更为重要的是，康有为在其中明确提出了"变"的思想，把他的变法的哲学思想于书法艺术中表达出来。他指出书法的目的是"著圣道，发王制，穷物变，洞人理"。谭嗣同说此书"笼罩古今中外，迥非耳目近玩"，表明他的眼光锐利，对康有为此书理解之深。须知，此书撰于 1888—1889 年，是在康有为与廖平相见的 1890 年以前就已经撰写，但是直到近年，才有学者将它作为否定康有为的今文经学是剽窃廖平的主要证据①。再次，1895 年康有为通过刘淞芙送给谭嗣同一本《长兴学记》，表明康有为对谭嗣同的器重。《康南海自编年谱》光绪十七年（1891）条记："始开堂于长兴里讲学，著《长兴学记》以为学规，与诸子日夕讲业，大发求仁之义，而讲中外之故，救中国之法。"谭嗣同收到此书后，"五内傍皇，悲喜交集，一部十七史苦于无从说起"，表明他是极为感动的，所以在第二年到上海时，曾专门往访，但因康有为回广东而不得见。后来有一个叫朱蒉荪的人来拜访他，谭嗣同"问其见访之故，曰南海教之也。以嗣同粗陋不学，而厚被知遇如此，古称神交，宁复过之?"②

戊戌时期湘籍维新志士，虽然多拥护康有为的公羊学说，但有的人也所保留。例如，谭嗣同在 1896 年致唐才常的一封信说："迩闻梁卓如（启超）述其师康南海之说，肇开生面，然亦有不敢苟同者。戋戋之见，蕴而

① 参见苏全有、王申：《康有为剽窃廖平说质疑》，《信阳师范学院学报》2009 年第 3 期。
② 《谭嗣同全集》，中华书局 1981 年版，第 445 页。

未发。今来书及此，不宜复默，请略陈固陋。窃尝思之，孔子作《春秋》，其微言大义，《公羊》固得其真传，顾托词隐晦，虽何休为之解诂，亦难尽晓。至于左氏之书（指《左传》），则不尽合经，疑后人有所附益，然其叙事详，且皆可稽。苟说经而弃是书，则何由知其本事，而孔子之施其褒贬，亦何由察其深意，此章实斋（学诚）所谓道不可以空诠也。夫《公羊》既难洞其謚谊，而又弗考之于本事，则犹舍舟楫而欲绝江河，可乎哉？然今之鸿生硕彦，争趋乎此而腾空言者，其意不在稽古，盖取传中之片言只字而引申为说，欲假之以行其道也，此固经义孳萌而冀有以辅时及物，则贤于世之抱残守缺而翦翦沽名者远矣。抑闻天地之道，一阴一阳，物之变者宜也，而物极必反，则变而不失物则也。今之治经学者，独重《公羊》，固时会使然，而以意逆志，意之肆而或凿空，奚翅达乎极也，意者将稍稍反于本义欤？"① 在谭嗣同看来，治经的方法必须今古文兼治，因为《公羊传》是属于今文经，《左传》则属于古文经，只有根据《左传》，才能考知《春秋》的本事，治经也才不至于凿空而谈。不过谭嗣同认为，康有为之所以取《公羊传》的片言只字而引申经义，是希望有以辅时及物，这是"时会"（即时机）使然。但是谭嗣同认为，这样做会引起反动的，也就是说，人们终将返回探求《公羊传》的本义。谭嗣同关于治《春秋》必须将《公羊传》与《左传》相结合的观点，与叶德辉有一致之处。叶德辉《答人书》中说：《春秋》"三传互有短长，前人论之详矣。……南皮制军（张之洞）向来推崇《左传》，而尤重洪氏（亮吉）《左传诂》一书。洪书拾服（虔，有《春秋左氏传解》）贾（逵，有《左氏传解诂》）之遗，持论绝不攻击《公（羊）》《谷（梁）》，人服其疏证之闳博，余服其学养之深醇。孔氏（广森）《公羊通义》一书，界画不如刘（逢禄）书（《公羊春秋何氏释例》）之分明，而大旨在采《左》《谷》之长，以纠本传之失。南皮制军表章之者，所以救公羊末流之弊耳。"② 可见，戊戌变法期间湖南新旧两派之间，在治《春秋》的方法上，又有其一致之处。

---

① 《谭嗣同全集》，中华书局1981年版，第528—529页。

② 叶德辉：《郎园书札》，光绪二十四年刻本，第24页。

三

陈宝箴之孙、陈三立之子陈寅恪在谈到陈宝箴变法思想的来源时，曾说过："当时之言变法者，盖有不同之二源，未可混一论之也。咸丰之世，先祖亦应进士举，居京师。亲见圆明园干霄之火，痛哭南归。其后治军治民，益知中国旧法之不可不变。后交湘阴郭筠仙侍郎嵩焘，极相倾服，许为孤忠闳识。先君亦从郭公论文论学，而郭公者，亦颂美西法，当时士大夫目为汉奸国贼，群欲得杀之而甘心者也。至南海康先生治今文公羊之学，附会孔子改制以言变法。其与历验世务欲借镜西国以变神州旧法者，本自不同。故先祖先君见义乌朱鼎甫先生一新《无邪堂答问》驳斥南海公羊春秋之说，深以为然。据是可知余家之主变法，其思想渊源之所在矣。"① 罗志田在其论著中曾节引过这段话，并说："这是非常值得注意而迄今为人忽视的洞见，尤其朱驳康的文章，正是作为旧派的思想武器收在《翼教丛编》中的。换言之，在湖南新旧争辩的学理层面，新政主持人陈宝箴的思想反与旧派同源。"② 罗志田节引陈寅恪的这段话，过去的确"为人所忽视"，应该说这是罗志田的一个发现。但是如果我们细读陈寅恪的这段话，却不能得出罗志田关于"新政主持人陈宝箴的思想反与旧派同源"的结论。罗志田在引陈寅恪的这段话时，将陈宝箴父子对郭嵩焘"极相倾服，许为孤忠闳识"，并且不顾郭嵩焘被"当时士大夫目为汉奸国贼，群欲得杀之而甘心"的情况，而敢于与之进行密切交往的重要的内容略去，因此就有可能得出不正确的结论。陈寅恪的这段话的原意十分明确，他是说当时之言变法者，其理论有不同的二源，一源为以郭嵩焘为代表的"历验世务欲借镜西国以变神州旧法"者，一源为以康有为为代表的公羊学的改制论者。陈宝箴父子在读了朱一新《无邪堂答问》之后，认为其驳康有为公羊春秋之说有道理，因此更加坚定了他对郭嵩焘理论的信心；而不是说他们接受了朱一新所代表的旧派理论。通观朱一新的《无邪堂答

① 陈寅恪：《寒柳堂集》，上海古籍出版社 1980 年版，第 148—149 页。

② 罗志田：《权势转移：近代中国的思想、社会与学术》，湖北人民出版社 1999 年版，第 140 页。

问》，其中并未提出任何改革方案。如果像罗志田所说，则变法的理论不是“二源”，而是变成“三源”了；而且旧派的“学理”又怎能成为新派变法的思想源头呢？这在逻辑上也是说不通的。在当时的湖南，不仅陈宝箴父子十分推崇郭嵩焘，而且不论“新党”“旧党”，对郭嵩焘都很尊重。正是因为他们或多或少地受了郭嵩焘的思想影响，所以在湖南维新运动的初期，都比较积极支持新政。特别值得注意的是，陈宝箴在倡导湖南的维新变法过程之中，始终没有忘记郭嵩焘。陈三立在“行状”中叙述其父的为学宗旨时说：“与郭公嵩焘尤契厚，郭公方言洋务，负海内重谤，独府君推为孤忠闳识，殆无其比。及巡抚湖南，郭公已前卒，遇设施或抵牾，辄自伤曰：‘郭公在，不至是也。’”① 这说明，陈宝箴是自觉地把自己所进行的变法事业看作是郭嵩焘变法思想的继续。

陈宝箴是读了朱一新的《无邪堂答问》之后，更加坚定了他反对康有为公羊春秋之说的。陈三立则在《巡抚先府君行状》中说明了陈宝箴是如何反对康有为的：“康有为之初召对也，即疏言其短长所在，推其疵弊，请毁其所著书曰《孔子改制考》。”② 陈宝箴的这篇奏稿不见于《陈宝箴集》，但王先谦在其《再致陈中丞》一信之后，将陈宝箴原折附录在后，并在一条小注说，“闻此折未上，存之以志一时辩论缘起。”陈宝箴在折稿中首先评论了康有为其人：“近来屡传康有为在京呈请代奏折稿，识略既多超卓，议论亦颇闳通。于古今治乱之原，中西政教之大，类能苦心探讨，阐发详尽，而意气激昂慷慨，为人所不肯为，言人所不敢言，似不可谓非一时之奇士。意其所以召毁之由，或即其生平才性之纵横、志气之激烈有以致之。及徐考其所以然，则皆由于康有为平日所著《孔子改制考》一书。”接着，陈宝箴指出了《孔子改制考》的理论来源及其危害性：“此书大指，推本《春秋公羊传》及董仲舒《春秋繁露》。近今倡此说者，为四川廖平，而康有为益为之推衍考证。其始滥觞于嘉、道间，一二说经之士，专守西汉经师之传，而以东汉后出者概目为刘歆伪造，此犹自来经生

① 陈三立：《散原精舍文集》卷五，《先府君行状》，中华书局1949年版，第12—14页。

② 陈三立：《散原精舍文集》卷五，中华书局1949年版，第14页。

门户之习。逮康有为当海禁大开之时，见欧洲各国尊崇教皇，执持国政，以为外国强盛之效，实由于此。而中国自周秦以来，政教分途。虽以贤于尧舜、生民未有之孔子，而道不行于当时，泽不被于后世。君相尊，而师儒贱；威力盛，而道教衰。是以国异政，家殊俗，士懦民愚。虽以嬴政、杨广之暴戾，可以无道行之。而孔子之教，散漫无纪。以视欧洲教皇之权力，其徒所至，皆足以持其国权者不可同日语。是以愤懑郁积，援素王之号，执以元以统天之说，推崇孔子，以为教主，欲与天主耶稣比权量力，以开通民智，行其政教。”这就是说，《孔子改制考》一书是将孔教与欧洲的天主耶稣教相比，康有为实际上是想做中国的教皇，“其徒所至，皆足以持其国权”，这就揭示了康有为的政治野心。陈宝箴进而指出，康有为“著为此书，据一端之异说，征引西汉以前诸子百家，旁搜曲证，济之以才辩，以自成其一家之言。其失尚不过穿凿附会。而会当中弱西强，黔首坐困，意有所激，流为偏宕之辞，遂不觉其伤理而害道。其徒和之，持之愈坚，失之愈远，嚣然自命，号为康学，而民权、平等之说炽矣。甚或逞其横议，几若不知有君臣、父子之大防。《改制》一篇，遂为举世所忿嫉。”所以他向光绪皇帝建议：“可否特降谕旨，饬下康有为即将所著《孔子改制考》一书板本自行销毁。既因以正误息争，亦借可知非进德，且使平日游从之徒，不至咪咪然胶守成说，误于歧趋。”陈宝箴这个奏稿曾征求王先谦的意见，王先谦在阅读了奏稿的稿本之后，给陈宝箴写了一封信，信中一方面肯定奏稿“于匡正学术中，仍寓保全人才之意。甚善！甚善！”但王先谦指出：“康有为心迹悖乱，人所共知，粤中死党，护之甚力，情状亦殊叵测。若辈假西学以自文，旋通外人以自重。北胡南越，本其蓄念。玉步未改，而有仇视君上之心。充其伎俩，何所不至！我公盛德君子也，如康因此疏瓦全，不可谓非厚幸。但恐留此祸本，终成厉阶，伤知人之明，或为大名之累。”① 王先谦的意思是：你陈宝箴此疏虽然是出于保全人才之计，但康有为其人心迹叵测，倘康有为因此疏而得以保全，你陈宝箴或可能给人家留下把柄。所以陈宝箴最终未将此疏上奏。

① 王先谦：《葵园四种》，岳麓书社1986年版，第865—869页。

四

陈三立在为其父亲陈宝箴所写的《巡抚先府君行状》中有一段话值得注意："故府君独知时变所当为而已，不复较孰为新旧，尤无所谓新党、旧党之见。"① 在很长一段时间内，人们在研究戊戌变法时，由于受"左"倾思想的影响，特别强调其中的新旧对立。其实，就是当时一些被称为"旧党"的人士，也不承认他们是反对实行新政。例如，为王先谦、叶德辉等人所支持的《湘省学约》中的"核名实"条就说："今日议论，动言守旧、维新，而于新旧之实，或未尽知。所谓旧者，研经史，阐义理，以及词章、训诂，致力颛精，此吾人应修之业，言学者不废也；而株守帖括，迂腐尠通者，托之曰：'吾守旧也，彼之讲求西学皆异教也。'如是而旧之实湮，旧之名病。所谓新者，讲工艺制造之理，通环球政学之要，择善而取，不耻相师，亦吾人应修之业，特以风气初开，从事方众，故别之曰新耳；而为改制创教之说，持平等、民权之议，逞一切悖谬之谈者，托之曰：'吾维新也，彼其诋我者，皆沮挠新政者也。'如是而新之实湮，新之名病。故非揭明新旧两宗，学者仍恐误会，徒启纷争，无裨要务。今特辨析新旧之名，俾有志之士进核其实，严杜假冒，以正歧趋。"② 这说明，"旧党"人士并不反对"讲工艺制造之理，通环球政学之要"，而是主张"择善而取，不耻相师，亦吾人应修之业"。如王先谦曾领衔禀请开办时务学堂等新政机构，并在其主持的岳麓书院中购《时务报》6份，认为该报的议论精审，"足开广见闻，启发志意，为目前不可不看之书。"③ 南学会成立后，他也曾与会。叶德辉则说："曩闻葵园（王先谦）先生言，近日新政若早行于中日讲和之后，至今必粗具成效，外人不敢轻视，胶州、旅大之患，可以隐消。"④ 这段话说明，叶德辉和王先谦一样，并不反对新政，甚至认为新政行晚了。如果在马关条约中日媾和之后即实行，那么就

---

① 陈三立：《散原精舍文集》卷五，中华书局1949年版，第14页。

② 苏舆辑：《翼教从编》卷五，光绪二十四年武昌刻本。

③ 《时务报》第18册，光绪二十三年正月二十一日。

④ 叶德辉：《郎园书札》，光绪二十四年刻本，第30—31页。

可能消除1897年11月德国人强占胶州湾，12月俄国人强占旅顺、大连那样的事。

既然不计较什么新党、旧党之分，旧派人物就不怕政治上的上纲上线，就敢于讲话，特别是像叶德辉这样学识渊博，既精通中国的学术源流，又了解不少西方社会科学知识的人，在和康梁进行理论斗争时，就有着充分的自信。他认为，自己与康梁之争，并不是政治上的争优劣和权势地位，而是学术上的争是非，所以就能够昌言无忌。这一点，他自己说得十分清楚："鄙人少承庭训，习诵温公《资治通鉴》、朱子《名臣言行录》二书。生平学术略有本原，大都用力于此二书者最久。自登乡荐，北游京师，于是日与日下知名之士文酒过从；又时至厂肆遍取国朝儒先之书读之，遂得通知训诂考订之学。……鄙人最服膺朱子之学，最畏居理学之名。平生言行之际，大德不逾。尝言吟风弄月之时，须具有仁民爱物之量，此方是圣门第一等学业，天下第一流人物。讲学如楚囚相对，岂复有生人之乐哉？……凡古之所谓党祸，大都小人倾陷君子之所为。我朝主德清明，可决其必无是事。近日康梁邪说显欲立新旧党之名，其人大都不学无耻之流，无论谬妄轻浮不足以张羽翼，即令其幸窃一日之柄，亦必自相残贼，不能有成。南皮《劝学篇》似犹未见及此。鄙人尝云，凡事有调停之见，必无是非之心。今之调和汉宋，与夫为新旧解纷者，譬如两造比邻而居，终日阋墙，决无休息之理；况乃引之同居共爨，其有不日寻征讨者耶？"① 叶德辉的这段话表明，他之所以与康梁斗争，一方面是他相信朝廷当局不会因此而兴党祸；另一方面则是他不主张"调停之见"，认为要有"是非之心"。他凭自己学识认为，康梁的理论"谬妄轻浮不足以张羽翼"，所以他对康梁的"征讨"就"决无休息之理"。那么，王先谦、叶德辉与康梁之间的理论是非是什么呢？

其一，是反对康梁的民主、民权之说。王先谦在一封信中谈道：在湖南戊戌变法期间，"学堂、学会，先谦皆曾到场。以学堂系奉旨建立，学会则中丞殷殷注意，随同前往，然皆仅到一次。因先谦事忙，并非有所避

① 叶德辉：《郎园书札》，光绪二十四年刻本，第36—38页。

忌而不往也。学会议论新奇，因其刊入《湘报》，人人共见。始有辞而辟之者，先谦乃得与闻崖略。至学堂之悖谬，半月前，见梁启超批学生刊稿各本，称南海先生，然后知为康有为之弟子，专以无父无君之邪说教人，大为骇怪，同人遂有联名具呈之事。熊庶常（希龄）不速醒悟，反为不平，不知何意。然则得罪名教之乱臣贼子，当在公同保护之列欤?"① 这封信虽有推脱自己与梁启超关系的意味，特别是说他是看到梁启超批时务学堂学生刊稿以后，才知道梁启超是康有为之弟子，这显然难以自圆其说。但这段话说明，王先谦们之所以要批判和反对时务学堂和《湘报》，是因为梁启超等宣传"无父无君之说"，也就是主张民主和平等。而苏舆在《翼教丛编》的序中比较系统地总结了他们与康梁之理论分歧：他说甲午以来，"邪说横溢，人心浮动，其祸实肇于南海康有为。康为人不足道，其学则足以惑世，招纳门徒，潜相煽诱。自黄公度（遵宪）为湖南盐法道，言于大吏聘康之弟子梁启超主讲时务学堂，张其师说。一时衣冠之伦，罔顾名义，奉为教宗。其言以康之《新学伪经考》《孔子改制考》为主，而平等、民权、孔子纪年诸谬说辅之。伪六籍灭圣经也，托改制乱成宪也，倡平等堕纲常也，伸民权无君上也，孔子纪年欲人不知有本朝也。其谲悖无待辩。……而其党且执新旧相争为词，欲以阻挠新政之名罗织异己，自朝逮野，默不敢言。"②

其二，反对"合种保种"和"通教保教"。叶德辉说："人之攻康梁者，大都攻其民权、平等、改制耳，鄙人以为康梁之谬，尤在于合种、通教诸说。梁所著《孟子界说》有进种改良之语，《春秋界说九》论世界之迁变，隐援西人《创世记》之词，反复推衍。此等异端邪说实有害于风俗人心，苟非博观彼教新旧之书（《新约圣经》《旧约圣经》），几不知康梁用心之所在。近日三五少年，逞其狂谈，悍然蔑视名教而不顾，推原祸始，即在《界说》诸条。"叶德辉进而分析指出，如果按康梁"合种保种之说，几若数千百万中国之赤子无一可以留种者"。而康梁的"通教以保

① 王先谦：《葵园四种》，岳麓书社1986年版，第863页。

② 苏舆辑：《翼教丛编序》，光绪二十四年武昌刻本。

教”之说，实质上就是要以耶稣教来取代孔教，也就是要否认“独忠君为孔教特立之义”。① 梁启超的《读春秋界说》第九条在论证春秋三世说时，引用了西方进化论思想：“由莓苔之世界变而进为海绒螺蛤之世界，由海绒螺蛤之世界变而进为大草大木之世界、飞鱼飞鼍之世界，由彼世界变而进为骨节脊袋动物之世界，由彼世界变而进为立兽之世界，由彼世界变而进为人类之世界。此其中有三世之理焉。”② 叶德辉认为，梁启超讲的这种进化是从《圣经·创世记》讲的上帝造人过程中抄来的。

五

唐才常（1867—1900）在戊戌变法时期担任过《湘学新报》的总撰述，“持论率主素王改制之说”。变法失败之后，唐才常赴中国香港、新加坡、日本等地，图所以挽救祖国之方。在日本时，与康有为协商起兵事宜，取得同意。1899 年夏，唐才常又出游中国香港、南洋等地，与康有为再度会晤，陈说清廷腐败，国势危殆，亟宜牺牲小异，应与孙中山通力合作，团结革命力量以救国难。但康有为无采纳之意。这年秋天，唐才常由毕永年引荐，在日本横滨会见孙中山，商讨湘鄂及长沙起兵计划，甚为周详，孙中山认为可行。唐才常与孙中山定殊途同归之约，与康有为时通声气，共图起义。1899 年 11 月 15 日，唐才常致函康有为，信中分析了当时南方的革命形势：“惟幸南方党人日有联合之机，类皆摩拳擦掌，隐伺时变，以图大［举］。且彼中智识亦渐开拓，其机有五：一渐知尊王之义，二减其仇视外人之心，三欲得吾辈中人主持其事，四湘、粤之气日通一日，五于改革主义渐［相］能（相）。似此情形，将来必有可大用之。惜手中支绌异常，不能大施鞭策，为可惜。”接着，唐才常论述了南方的革命行动与北方行动的关系：“然此等南部联合之机关，实为他日安内攘外根。或吾圣主万一不讳，即不计成败而用之，而此时欲行尊王之实事，则究当以多购死士伺衅京师为主。惜常等于北方情形太不熟悉，左袒为刘，

① 叶德辉：《郎园书札》，光绪二十四年刻本，第 30—31 页。
② 《湖南时务学堂遗编》，湖南大学出版社 2017 年版，第 27 页。

夺门复辟，徒悬其事于心目，而无下手之地，未审夫子有何方法能用燕赵健儿。然现在用力于北，以行尊王之实事，与用力于南，以为立国之根基，二者并行不悖，似分实合，均宜竭全力以图之，而宗恉归本于变法改制，以救我四万万黄种（之）。”1900年6月初，康有为致信唐才常，企图利用八国联军的势力“救上”（光绪皇帝）。这年8月底，自立军起义失败，唐才常等被杀害。

唐才常领导的自立军是当时康有为期望“勤王”的唯一物质依靠力量，自立军起事失败，使康有为感到极为悲伤和失望。为此，他先后写下多篇文字。1900年8月底，他在《与党人论鄂败及伤伯忠之死》一文中说：“黼丞（唐才常）两年草创，大事甫起，乃竟捐躯，天何夺之之速耶？……自戊戌八月至今，未有惨痛如此者。”① 因为戊戌（1898）八月正是谭嗣同等六君子死难之时。9月6日，撰《祭唐才常及六烈士》文称唐才常：“誓勤王以复友仇兮，频眦裂以缨绝。东浮日本而竭余兮，南就香港以咨决。大收荆楚之奇才剑客兮，苦心惨淡以营说。卒成中国独立之大会兮，豪杰奔走而归悦。荡江汉之汤汤，乃誓师以勤王。髦头指日，白刃照霜。秋风萧萧，气压武昌。忽中道而摧折，若崩山而坏梁。眷三十之志士，哀同日之丧亡。姓字未知，间电抢攘。剖吾心腹，绝我肝肠。天何咒予，复醢同殃。绕室行吟，泪尽神伤。行坐见之，梦寝旁皇。犹抚剑而疾视，尚挟经而趋跄。悲两年缔构之艰难，甫能创立而摧藏。未睹迎銮之成功，不见维新之政章。省丹鸟之遗书，惨永诀于秋阳。”② 同月，写《唐才常勤王辩》，称唐才常在变法失败后，“既戴圣主之知遇，又哀良友之无辜，发愤舍身，思以救之。两年以来，联合豪俊，日夜为勤王复辟之计。据诸报所录，称唐就义时，但大书‘湖南丁酉拔贡唐才常［谋］救皇上复权，机事不密，请死’二十一字，则唐之志事昭昭矣。”③ 1901年8月撰《辛丑八月祭汉口诸烈士文》，文称：“夫天生斯民，爱其群友，先觉者先忧，先忧者先救，先救者先受其咎。故愿舍数人之死，而求四万万人之

① 《康有为全集》第5册，中国人民大学出版社2007年版，第250页。
② 《康有为全集》第5册，中国人民大学出版社2007年版，第261页。
③ 《康有为全集》第5册，中国人民大学出版社2007年版，第269页。

生。甘蒙一刻之苦，而求四万万人之乐善。弃数十年之短计，而垂千万年义烈之长荣。魂兮归来。……吾知诸烈士固日夜大声疾呼于天而未尝死也。继续其死，以完其救君国之任，此则后死之责也夫。”① 1923 年 12 月 19 日，康有为游武昌，与陈君时、张篁溪觅洪山寺僧，步访山后乱坟，找到了唐才常等烈士墓。“当是时，残雪满山，江波映日。不意吾十死余生，越二十四年，乃能洒酒焚纸，祭黼丞与诸烈士墓。告于巡阅使萧耀南，萧慨焉修墓。”康有为专门写了《唐烈士才常墓志铭》。铭文除了简介唐才常的生平之外，着重记述了自立军起义的酝酿过程。

六

杨昌济（1871—1920）在戊戌变法时期参加过南学会等活动，对康有为、梁启超、谭嗣同等十分推崇。变法失败后的 1899 年，杨昌济在教私塾时，还在把《公羊春秋》当作课程之一②。1903 年至 1913 年，杨昌济先后赴日本、英国、德国留学或考察。回国后，他对康有为当时的言论仍很关注，并且表示了自己的态度：

其一，不赞成将孔教定为国教。1913 年 3 月，康有为创办《不忍》杂志，自任主编，1914 年 4 月 9 日发表《以孔教为国教配天议》，建议国会将孔教定为国教，并在全国各地孔庙作每周性的宗教仪式。对此，杨昌济在 1914 年 5 月 28、29 日日记中明确表示：“余不以定为国教载于宪法为然耳。”接着，杨昌济从狭义与广义两个方面对儒术是否为宗教的问题进行了分析。他说，从狭义的方面来说，可云儒术本非教。因为儒术与佛、耶、回三教不同之处有数事：一则彼三教皆崇拜教主为神，而吾人则仍认孔子为人；二则彼三教皆有礼拜堂，为普通人民礼拜之所，中国之文庙则限于入学者始得入而礼拜，并不及于女子；三则彼三教皆有执行教务之教士，俨然成一职业，吾国则无之；四则信奉彼三教者各有宗派，守一尊而排异己，中国人之读儒书者则颇自由，可以兼收各教之所长。杨昌济又指

① 《康有为全集》第 5 册，中国人民大学出版社 2007 年版，第 405 页。

② 《杨昌济集》第 1 册，湖南教育出版社 2008 年版，第 476 页。

出，若为广义的解释，则孔子受全国人民之崇拜已两千余年，实亦具教主之资格，吾人既设庙祀之，即不能不认孔子为有半神之资格，释迦、耶稣、摩哈默德，亦不过半神而已。普通人虽不能入文庙祭祀，然可各人自由在家礼拜孔子，吾人之敬上帝，亦各人在家行之，初不必集合行之于礼拜堂也。耶教行于我国多年，而信者犹少，则信奉孔子者排外自守之力，亦不可谓不强。孔子不说未来，然吾国古来所敬神之礼，孔子亦行之，是仍含有宗教的臭味。大抵各教不同，多在于敬神婚丧之仪式。吾国人自有吾国敬神婚丧之习惯，截然与奉耶、回两教者不同，故不得不谓吾国自有吾国之国风，而因孔子集大成之故，乃名之曰孔教。① 这一分析是实在的、合理的。

其二，对康有为令学生读经之议，表同情其精神。杨昌济1913年从英国回国后所发表的《余归国后对于教育之所感》一文中说："康南海有令学生读经之说，此事有关学校之实施，不可不与以正当之解决。"那么杨昌济是如何解决的呢？一方面，他表"赞同于其精神"。因为吾国经书所载，乃吾国固有之文化，其关系于青年之德育尤为深切，而可忽视焉不讲乎？此杨昌济赞同康议精神之理由。另一方面，杨昌济又指出，然则今日果宜如晚清时代于学校课读经乎？是又不可不论者。杨昌济实际上是不主张课读经的。他说，经文如《书经》《易经》，多古奥难解，不适于为教授之材料，一也；时势变迁，古义有难适用于今日者，二也。大学之文科固不妨博稽古典，至普通教育则当由明习经术之士，取经说之极精要者，编入国文教科书及修身教科书之中，而未可如前日之漫无抉择，全行记诵。此则余对于学校读经之意见也。杨昌济进而指出，如必欲以读经示尊孔之义，则专读《论语》或尚可行，因篇章不多，文义浅显，尚不致过重儿童之负担。然愚意终以为即《论语》中，亦有不必读者。余观英国人所译之《论语》，亦系选译，其内容相近者以类相从，窃以为学校教授《论语》，亦可作此法行之。② 杨昌济在湖南第一师范学校教书时，编过一本《论语

① 《杨昌济集》第1册，湖南教育出版社2008年版，第497—498页。
② 《杨昌济集》第1册，湖南教育出版社2008年版，第51—53页。

类钞》，就是用的这种方法，当时颇受好评。

其三，康有为的《物质救国论》若误解之，亦足为中国前途之障。1914年10月，杨昌济在《劝学篇》中第一次明确提出中国近代向西方学习的三步骤。他说："吾国输入西洋之文明，有其进步之次第焉。其始也以为宜师其铁船、巨炮，但取敌之而已，他非所宜用也；既乃学其制造，谓工业可以致富也；终乃师其政治、法律。吾则谓吾人不可不研究其精神之科学也。康南海先生著《物质救国论》，与余之首重科学，大意相同。而或人之论，则谓康氏此书若误解之，亦足为中国前途之障。盖吾人今日不当徒置重于物质科学也。"这段话有三点值得注意：第一，据笔者的知见所闻，这样明确地将中国近代向西方学习分为物质、制度、精神这样逐步递进的三个层次，杨昌济是最早的。陈独秀也曾经有过这样的分法，但已经是在1916年2月发表的《吾人最后之觉悟》一文。第二，杨昌济说，"康南海先生著《物质救国论》，与余之首重科学，大意相同。"这里讲的"首重"是讲学习西方文明是首先从学习其物质文明开始的。值得注意的是，康有为在其《物质救国论》的序言中在回顾中国近代向西方学习的历程时说过："当同（治）光（绪）之初，曾文正（国藩）、李文忠（鸿章）、沈文肃（葆桢）诸公，草昧初开，得之太浅，则以为欧美之强者，在军兵炮舰，吾当治军兵炮舰以拒之，而未知彼军兵炮舰之有其本矣。至乙未东败（甲午战争中国失败）之后，知之渐进，以为欧美之强在民智，而开民智在盛学校也。于是十年来，举国争事于开学矣。至戊戌之后，读东书者日盛，忽得欧美之政俗学说，多中国之所无者，震而惊之，则又求之太深，以为欧美致强之本，在其哲学精深，在其革命自由，乃不审中国之病本如何，乃尽弃数千年之教学而从之。于是辛丑以来，自由、革命之潮，弥漫卷拍，几及于负床之孙、三尺之童，以为口头禅矣。"①《物质救国论》出版于1908年，其时杨昌济还在日本留学，但从他对此书的熟悉情况来说，他可能在出版不久就读到了它。上面引用的康有为的这段话，比较客观地描述了近代向西方学习的进程，并可能启发了杨昌济对三阶段

① 《康有为全集》（第8册），中国人民大学出版社2007年版，第63页。

划分的认识。第三，康有为《物质救国论》的本意，却并不是肯定向西方学习的三个递进的发展阶段，恰恰相反，而是否定这一发展过程。并且认为，欧美如以物质论文明，则诚胜中国矣；若以道德论之，则中国胜于欧美人可也。所以他认为中国近数十年变法者皆误行，一误于空名之学校，再误于自由革命之说。所以当前中国的主要任务就是建设物质文明。杨昌济之所以说“康氏此书若误解之，亦足为中国前途之障。”是因为我们“今日不当徒置重于物质科学也。清之末造，奖励西洋学生之学理科、工科、农科、医科者，而轻视西洋学者之习文科、法科者，前者补给官费，后者则否，盖亦崇尚物质科学之意。而不知前数科者固为重要，文科、法科其影响则更有大焉者，但患所派非人，非此二科遂无研究之必要也。个人必有主义，国家必有时代精神。哲学者，社会进化之力也。一时代有一时代之哲学思想，欲改造现在之时代为较为进步之时代，必先改造其哲学思想。吾国近来之变革甚为急激，而为国民根本思想者，其实尚未有何等之变化。正如海面波涛汹涌，而海中之水依然平静。欲唤起国民之自觉，不得不有待于哲学之昌明。”①

七

毛泽东在青少年时代曾经十分“崇拜康有为和梁启超”②，当他进入湖南省第一师范学校读书之后，政治上已经从拥护改良主义转变成拥护民主主义。但是，在学习方法上，还是比较推崇康有为和梁启超的方法。例如，他在1915年6月25日致湘生的信中谈到自修（自学）时说：“如言自修，吾举两人闻君。其一康有为。康尝言：吾四十岁以前，学遍中国学问；四十年以后，又吸收西国学问之精华。其一梁启超。梁固早慧，观其自述，亦是先业词章，后治各科。”③ 同年9月6日，毛泽东在致萧子升的信中介绍他与黎锦熙谈治学方法的情况时说：“仆问邵西（黎锦熙），学乌乎求？学校浊败，舍之以就深山幽泉，读古坟籍，以建其础，效康氏、梁

① 《杨昌济集》第1册，湖南教育出版社2008年版，第74页。
② ［美］埃德加·斯诺：《西行漫记》，三联书店1978年版，第113页。
③ 《毛泽东早期文稿》，湖南人民出版社2008年版，第6页。

任公之所为，然后下山而涉其新。邵西不谓然，此先后倒置也。盖通为专之基，新为旧之基，若政家、事功家之学，尤贵肆应曲当。……于是翻然塞其妄想，系其心于学校，惟通识之是求也。”① 这说明，毛泽东青年时代不满于现代学校，企图走自修治学的道路，在一定程度上是受了康有为和梁启超的影响。但是，青年毛泽东对康有为也有一些不满之处。

其一，认为康有为没有本源。1917 年 8 月 23 日，毛泽东在致黎锦熙信时说：“今之论人者，称袁世凯、孙文、康有为而三。孙、袁吾不论，独康有为似略有本源矣。然细观之，其本源究不能指其实在何处，徒为华言炫听，并无一干树立，枝叶扶疏之妙。愚意所谓本源者，倡学而已矣。惟学如基础，今人无学，故基础不厚，时惧倾圮。愚于近人，独服曾文正（国藩），观其收拾洪杨一役，完满无缺，使以今人易其位，其能如彼之完满乎?”那什么是青年毛泽东所说的“学”呢？就是哲学与伦理学。所以他说：“当今之世，宜有大气量人，从哲学、伦理学入手，改造哲学，改造伦理学，根本上变换全国之思想。此如大纛一张，万夫走集；雷电一震，阴曀皆开，则沛乎不可御矣！”②

其二，不满康有为的孔子情结。在 1919 年 7 月 14 日出版的《湘江评论》上，毛泽东发表了两篇短文抨击康有为的孔子情结。在《各国没有明伦堂》一文中，毛泽东说康有为因为广州修马路，要拆毁孔庙中的明伦堂，动了肝火。他打电报给广州护法军政府总裁岑春煊和伍廷芳，指责此事是“侮圣灭伦”。他说自己遍游各国，都未曾听说这样的事。毛泽东挖苦康有为说：康先生的话真不错，遍游各国，那时寻得出什么孔子，更寻不出什么明伦堂。在《什么是民国所宜》一文中，毛泽东指出：“康先生又说：‘强要折毁，非民国所宜。’这才是怪！难道定要留着那‘君为臣纲’‘君君臣臣’的事，才算是‘民国所宜’吗?”③ 这是对康有为孔子情结的尖锐批评。

---

① 《毛泽东早期文稿》，湖南人民出版社 2008 年版，第 20 页。
② 《毛泽东早期文稿》，湖南人民出版社 2008 年版，第 72—73 页。
③ 《毛泽东早期文稿》，湖南人民出版社 2008 年版，第 299—300 页。

气宇轩昂，雍容宽博

——论谭延闿的书法艺术

雷树德*

摘　要： 谭延闿通过毕生的书法探索，形成了雍容宽博、遒劲古拙的艺术风格，在书法史上留下了浓墨重彩的一笔，被称为民国书坛第一人，有着重要的历史地位，同时也是值得当代书坛认真研究和取法借鉴的代表性人物。谭延闿书法的形成，有着深远的历史背景和书法流派继承嬗变的学术背景，他能够把握中国历史发展大势，在综合学习归纳历代颜派书家经验基础上，进行不断拓展和提高，成绩斐然，成为清代以后学习颜体最具典范意义、成就最大的代表人物。

关键词： 谭延闿；书法艺术；碑学

谭延闿（1880—1930），字祖安、祖庵、组庵，号无畏，湖南茶陵人，生于浙江杭州。1904 年参加会试，中会元，填补了湖南在清代两百余年无会元的空白；同年参加殿试，赐进士出身，授翰林院编修。1907 年组织“湖南宪政公会”，成为立宪派首领，上书朝廷，请开议院和国会。1909 年 10 月任湖南咨议局议长，领导湖南保路运动和地方自治运动。1911 年武昌起义后，任湖南军政府参议院议长、民政部长。此后至 1920 年底，先后三

---

* 雷树德，湖南省图书馆副馆长，研究馆员，书法家。

次督湘，对湖南各项大政方针多有建树。1922 年投奔孙中山，任全湘讨贼军总司令。1923 年后任广州陆海军大元帅府大本营内政部长、建设部长、湖南省长兼湘军总司令。1925 年 7 月任广州国民政府常委兼军委会常委，国民革命军第二军军长。9 月署理广州国民政府军事部部长。1926 年 1 月被选为国民党第二届中央执行委员会委员，3 月代理广州国民政府主席，4 月任中央政治委员会主席。7 月又代理国民党中央党部主席。1928 年 2 月任南京国民政府主席，至 10 月转任行政院院长等。1930 年 9 月病逝。

一、谭延闿的生平与学养

谭延闿出生于具有深厚文化积淀的家族，其祖父谭世峻，文采品行俱佳，在家乡湘潭开办私塾，人称“九涛先生”。其父谭钟麟（1822—1905），字云觐，号文卿，咸丰六年（1856）进士，历任山西、浙江巡抚，工部尚书，闽浙总督，福州将军，两广总督，文章和政事海内知名。谭延闿从小随其父转徙四方，但每到一处，其父都聘请当地名流宿学对其进行严格而系统的文化教育。据谭延闿回忆说：“丁亥先公方以目疾乞假，每上灯，独坐签押房，使人读公事文牍毕，呼余及亡姊亡弟共坐室隅，各作破题一，或试帖二句，间日互易，皆先公口授。……有时不知书写，则先兄从旁代书之。复诵无讹，则各与钱十文，乃起就睡。”①

谭延闿五岁入私塾，十岁学八股制艺，在高师严父的教读之下，加以天资聪颖，从小就表现出极高的悟性，诗文、书法、制艺俱佳，十二岁时被其父好友翁同龢称为“奇才”，十三岁中秀才，二十四岁中会元，有着扎实的文化底蕴。民国时期多位名人曾回忆，谭延闿记忆力极强，一目十行，过目不忘，掌故极熟，博通古今；又能才思敏捷，下笔成文，出口成章。在其军政生涯中，谭延闿留下了丰富的公牍日记文字，大多文采斐然，情理佳妙。

作为清末的翰林，谭延闿很早就崭露头角，但他没有成为清政府的卫道者，而是顺应时代的潮流，由主张开明专制，到呼吁君主立宪，再到赞

① 徐崇立：《谭祖安先生年谱初编》，中国建设学会总经销 1964 年版，第 11 页。

成民主共和，走上了反清革命的道路。他是孙中山资产阶级革命的重要助手，在党务、政务和军事方面成为民国时期举足轻重的重量级人物。孙中山称其为“一时望人”。时人谢庵的评价比较具体而形象：“谭延闿出身科第，而无富贵骄人之习；身为贵公子，而无轻裘肥马之狂；是名士，而无白眼看人之习；是六朝人，而无嵇、阮之疏放；有谢安救世之怀，而不狎东山之妓；有曾、左匡济之心，而不效其硬干。然则祖安果为何等人乎？则答之曰：彼为一诗书培养之雅人，为一审时度势之政治家。总而言之，可以称为一绝顶聪明之人。”①

谭延闿从王闿运学诗，颇精于诗法，卓然成家。2019年，华中师范大学出版社影印出版《谭组安先生手写诗册》，共四册，包括《慈卫室诗草》《粤行集》《讱庵诗稿》《非翁诗稿》等，共645首。书内多人评论其诗，赞誉有加，如：“妙在纯任天然，不假雕饰，味醇而永，最最难及。”“看似容易，意在深远。用力恰到好处，即平平写过，态度亦佳。是唐诗非宋诗，宋人惟半山能之。……沉潜汉魏，得其神髓，扫去陈迹，力出清新，机杼虽变，胎息自深。施之于古体，则神理弥完；施之于近体，则风味犹上。唐宋作者，莫不如此。”②

二、谭延闿的书法取法对象

马宗霍《书林藻鉴》云：“祖安早岁仿刘石庵，中年专意钱南园、翁松禅两家，晚参米南宫，骨力雄厚，可谓健笔。”③此论就其主要方面而言，尚未能完全说明全貌。谭延闿书法艺术有一个历史发展过程，是受到家学的熏陶，功令科举的影响，父执时贤的引导，由钱南园、翁同龢再上探颜真卿，参阅各家，而始终以颜体雄风为其重要表现形式。

1. 科举功令的影响

谭延闿是清代最后一批科举文人，此时馆阁体书风流丽整洁，法度森

① 谢庵：《我和谭延闿的一段交往》，载《谭延闿传记资料》，天一出版社1985年版，第153页。

② 《谭组安先生手写诗册》，华中师范大学出版社2019年版。

③ 马宗霍：《书林藻鉴》，文物出版社2015年版，第247页。

严，是士子最合适的书法形式。其父谭钟麟书法秀美，健劲畅达，取法赵孟頫，亦参阅各家，其书法对于谭延闿的影响绝不可忽视，虽然谭延闿后期书风与其父颇有不同，但细阅仍可察见其父的蛛丝马迹。

2. 对刘墉书法的临仿

民国政治家雷啸岑曾于1913年亲见谭延闿书法四屏条，即仿刘墉书体。所选《致仲卣二兄》条幅可见仿写之精。谭延闿1924年9月14日所记日记有："尹君慈求吾书《大学》，意欲拟石庵之作，遂磨墨伸纸，悬臂书之。"①刘墉以颜真卿为取法对象，加以变化，温雅圆劲，好用浓墨，官居高品，号"浓墨宰相"。现存谭延闿墨迹中时可发现其仿刘之作，而其行草书中时有浓墨相间，亦可察见其渊源所自。

3. 翁同龢的重要启发

翁同龢是清代学习颜真卿书法的重要代表人物，其书遒劲苍浑，结体宽博，气度雍容，当时上至皇帝、公卿大夫，下至文人学士，都对其十分肯定。谭延闿之父谭钟麟与其交往甚多，或经常互赠墨宝，或书信往来。且将翁字让其诸子临习，又将诸子习作请翁评点，翁同龢致谭钟麟书信中有："三令郎伟器也，其笔力殆可扛鼎。"② 称许久之。1928年7月15日谭延闿自述清代逸闻中有："翁常熟来，好乘马，一日骑遇，值先公出，乃入书室，据案作书。余从帘隙窥之，但见悬臂运笔之状，顷出门上马去，白须拂胸，萦策自如。归视案上，墨犹未干。当时间日既有书札，惜不知检拾，今存者，不逮十一矣。"③ 此则记载形象生动地描述了谭延闿对翁同龢笔法的窥探过程，倾慕之情跃然纸上。翁同龢书法是谭延闿书法的重要启发者，从谭延闿所书大字对联及行书手札中，时时见到翁同龢的运笔和结构影响。"谭延闿自科考之后的书风一改研美透逸为雄厚壮阔，以及作大字时果断的气势，皆是受到翁同龢的启发。"④

① 刘建强：《谭延闿文集》，湘潭大学出版社2014年版，第527页。
② 刘建强：《谭延闿大传》，九州出版社2011年版，第120页。
③ 刘建强：《谭延闿文集》，湘潭大学出版社2014年版，第465页。
④ 吕建凤：《谭延闿书法艺术研究》，曲阜师范大学2018年硕士学位论文，第12页。

4. 钱南园的重要影响

钱南园是清代取法颜真卿书法成绩卓著者，因其人品、官声、书风高度统一，成为学颜者的重要阶梯，清道人李瑞清云："南园先生学鲁公而能自运，又无一笔无来历，能令君谟却步，东坡失色。鲁公后一人而已。"①

谭延闿《题钱南园芜城赋》云：

"自来学颜书者，臃肿钝拙，毫不得其使转之法……而南园于千祀之后，众咻之时，乃能独标心印，岂不异哉？

南园官湖南学政时，尚一以颜家庙碑为依归，后乃恣肆。晚年则以鲁公之神入褚令之室。如此书者，盖未可一二观也。

乾隆中举世习赵、董书。其名者刘、梁、翁、王。然四人者，皆享大年，多暇日，从容肆习，人书俱老，而所诣止此。孰与南园奋起遐陬，独师古哲，无声气击援之盛。又奔走仕宦，穷困孤立，中年摧折，而成就如此卓卓，可不谓豪杰之士也耶？诚使南园得四君之境与年，其将下视宋元而跻晋唐也哉！

南园官不达，天乃纵其书。直节照人寰，固与常人殊。下视元明后，直与颜为徒。冥会当心时，目若无君谟。晚年更险绝，骨立筋蟠纡。豪杰信非偶，岂为时代拘。"②

谭延闿对钱南园书法做过深入研究和刻意临习，他曾着意临摹钱南园楷书和行书《枯树赋》，其临《麻姑仙坛记》以实临为主，意临为辅，亦有钱氏笔意；谭延闿所书《武岭乐亭记》亦可察见其取法《中山松醪赋》之迹象，至于钱南园其他碑帖如《施芳谷序》《洞庭春色赋》《流业篇》等，于谭延闿书法中不时见其影响。因此，钱南园书法是谭延闿取法的极其重要的源头。

5. 杨肇、王闿运与何绍基的影响

有论者说谭延闿早年兼学西晋杨肇，杨肇善草隶，有晋唐之风，谭延

① 李瑞清：《清道人论书嘉言录》，《明清书论集》，上海辞书出版社2001年版，第1529页。
② 谭延闿：《组庵题跋》，《学海》，1943年第7期。

闿当稍阅过而已。谭钟麟十分敬佩王闿运，故为其子取名延闿。王闿运亦书家者流，谭延闿对其书法亦当有所浏览，但主要取法其诗，谭延闿曾手书《湘绮先生诗册》。又，谭钟麟于延闿出生前夜梦何凌汉（谥号“文安”）来访，为延闿取字为“祖安”，何凌汉在谭氏父子心中的位置可见一斑。记载中，有谭延闿曾为何绍基字题跋，又有购置何字的日记。何绍基为清代学颜书大家，且能溯源于篆分，熔铸碑帖，对于谭延闿书法是有参考作用的。

6. 上溯颜真卿为旨归

谭延闿从科举时代正规书法入手，深受父执时贤熏陶，着意于刘墉、翁同龢书法的临仿，用大力钻研钱南园书法，实已得书法之大要。在不断探索临习之中，谭延闿已经感到时贤的不足，如“近见古人墨迹多，乃知常熟实未到古人”①，可知其对于翁同龢书法的不尽满意之处。于是，由此而上探颜真卿，求颜派书法的真正意蕴，成为谭延闿的下一步着力处。颜真卿法帖极多，谭延闿在广泛临习的基础上，主要取法《李元靖碑》《元次山碑》《争座位帖》《祭侄文稿》《颜家庙碑》《郭家庙碑》《自书告身帖》与《麻姑仙坛记》，而特别以研习《麻姑仙坛记》最为用功，最终形成了谭延闿雄强大气、雍容宽博的特有书风。

7. 晚年变法，取法多家

作为知识渊博、博通古今的文化大家，谭延闿在青年和中年时期，对于历代书法各流派是非常熟悉的，只不过重点在专攻颜派一路而已。在其对于颜派书帖广泛临习，确有所成之后，其晚年则有意适当取法其他几家，以求变化。从其日记和其他文字中，可以明确看到谭延闿曾着意临习苏轼《洞庭春色赋》《中山松醪赋》。苏轼的书法取自颜真卿《东方朔画像赞》笔法，具有笔墨酣畅、奇正豪放、侧锋肥笔等特点，亦是学颜而出新意者。谭延闿取法于苏轼的书法，也算是法其所法。

黄庭坚亦为学颜有成，自出新意之书法大家，其特点是长撇大捺，结构多呈放射状。谭延闿对黄书亦曾研究，其少数作品中撇捺形状及运用

① 刘建强：《谭延闿文集》，湘潭大学出版社2014年版，第592页。

“抖笔”法，即受黄书影响。

与钱南园晚年相同之处，谭延闿晚年也取法米芾，曾临习《蜀素帖》，取其秀逸欹侧，以图化颜体之拙硬与平正。米芾遍临古帖，取法多方，融汇而出新意，学古能化，这是钱南园和谭延闿有意研究米书的共同原因。

临《万岁通天帖》。此帖又名《唐摹王氏一门书翰》，内含王羲之、王献之等七人十帖。谭延闿于1926年临此帖，可见其晚年探本求源、融汇晋唐的思想。徐崇立题跋云：“畏公书少时小行楷规摹吴兴简札，旋仿东武（注：指杨肇），三十以后习平原。督师永州以来，临《麻姑坛记》数百通以为日课。尝谓晚近海内作榜书，魄力雄强无出其右者。近更留意行草，于古帖无所不临，不复株守颜法。盖谓学鲁公，远既不能出南园范围，近亦无过瓶斋（注：指谭泽闿），故旁搜博取，不名一体，其谦挹之怀，友于之乐，非人所及。”① 此跋可为谭延闿晚年求变的有力证据。

客观分析谭延闿晚年求变的结果，一是主要表现在其行书手札之中，其书灵动潇洒，使转极活，意境高妙，行云流水，随心所欲，确已达到相当境界；二是谭延闿于求变时，始终以颜书为根基和基本格局，参考苏、米、黄、二王笔法，变而有度，不失其本；三是谭延闿寿仅五十，天不假其年，其变未能尽兴，有些熔铸之处自感尚有未能如意。

三、谭延闿的书法艺术思想

主张崇古通今。与古代许多大书法家相同，谭延闿并未有长篇大论的书法著作，而是散见于日记、题跋、诗文中的零星杂论。其关于书法取法，既有推崇古法的一面，也有通今达变的一面，如孙过庭所谓“古不乖时，今不同弊”（《书谱》）。

谭延闿云：“观古人用笔，乃知今人之非，则艺进矣。”“眼高手低是一病，然恒不自足之心，亦即进步之一端。日计不足，岁计有余，不仅良吏为然也。吾书不足学，学之徒增习气，仍以学古人为宜。”② 取法乎上，

① 湖南图书馆编《湖南文献撷珍》，岳麓书社2015年版，第426页。

② 刘建强：《谭延闿文集·论稿》，湘潭大学出版社2014年版，第403页。

仅得其中。书法之道当溯源前古，讲究源头，何绍基所谓溯源篆分之际，即是以古为鉴。谭延闿上溯颜真卿的书法实践，证明其尊崇古法的可贵之处。

谭延闿为官为人颇称通达，其于书法也如此，他并不主张一味从古法始。前文论述，其学书过程可谓先易后难，起先由馆阁体时风，再到刘墉、翁同龢、钱南园，下了大功夫于清代时贤书家的临习上，有所得再上溯千古而探其源，可谓通达之士。他说："刘、翁、钱、何为有清四家，不可不观其通。今以所印何临《道因》残帙奉赠，足医重坠之病。何书不易学，然不可不知也。"① 足见取法当时，吸收长处，亦为其实践所得。谭延闿又云："今人论诗，宗宋人，不甚以湘绮为然，其实从此法门入手，绝无轻浮浅俗之弊，犹学书当作九宫楷书也。若学成以后，放笔为之，虽自成一家亦可，何必拘拘唐宋之见乎?"② 此处论学诗，不必直取唐宋，先从王闿运开始，亦如书法先从九宫楷书开始，先易后难，先今后古，皆无不可。

实临取形，意临取神。历代书法家成功之道皆是从临摹开始，并终身临摹不断，但依样画葫芦不能成为大家，只有形神兼备，融入己意，方能成为大家。

通观谭延闿书法作品，特别是其大字楷书，更多地表现为实临，初看达到了外形毕肖的境界；不过，仔细对照，谭延闿所临与原帖颇有出入，但是神气则与原帖高度一致，而其行草则更多地表现为遗貌取神，具有自己独特的风格。

谭延闿在其《惕园和诗次韵奉答》云："官奴草草书裙练，付与羊家佐谈宴。只传笔法不传心，举止终羞人家媛。……齐梁浮华晋清净，学古真如镜取影。襟期直与昔贤齐，古意今情一时并。后生濡染百不知，貌合终是形神离。"③ 诗中强调笔法和心法的不同之处，指出后生貌合神离之弊。"学古真如镜取影，"妙在传神，所谓"先当使色片声调同符古人，然

① 刘建强：《谭延闿文集·论稿》，湘潭大学出版社2014年版，第403页。
② 刘建强：《谭延闿文集·论稿》，湘潭大学出版社2014年版，第405页。
③ 刘建强：《谭延闿文集·论稿》，湘潭大学出版社2014年版，第401页。

后乃有意境神韵之可求”。[①] 通过形似达到神似，谭延闿可谓得书法之三昧。

提倡雄浑古拙、正大遒劲，反对甜熟、轻巧、雕饰。旧时科举士子，经过多年临池之功，大都能写出圆熟、流畅、比较规整的字出来。谭延闿经历了这个阶段，但未以此止步，他系统钻研颜派书法，得颜真卿书艺之精髓。谭书从结构上看雄浑宽博，古拙庄严，遒劲有力，给人以正面视人形象，有庙堂之气，雍容大方。谭延闿认为：“古人作书，上不让下，左不让右，盖作书时闻于无见好之心，未尝预为之地也。其拙在此，其高出后人亦在此。颜书明显，小欧亦然，宁上占下地步，左占右地步也。”[②] 其实，挑夫争道，避让穿插，本是书法结构之法，历代书家多有总结详述，谭延闿也知此意，其楷书、行书作品中用此法者亦颇为熟练；其总结和实践“不让”之道，是一种否定之否定，是既知平正之后的务求险绝，非功力老到者难于用之，谭延闿书法是藏险劲于方正之中。

谭延闿反对过于雕饰，尤其主张楷书则楷书，行书则行书，反对楷书中加行书笔意，他说：“南宋以后，榜书碑版微有行书意，赵董诸公悉然，诸城亦不免。正以不能直起直落，假姿致以自饰耳。南宗不如北派以此。”[③] 书家为了稍破楷书之呆板，于楷书中某笔略加行书之意，看起来显得灵活生动，这是古已有之，于今为烈。谭延闿反对此法，直斥千古流弊，可谓空谷足音，令人掩卷深思。

讲究中锋行笔，筋力遒厚。颜真卿楷书将篆书、隶书中锋行笔提高到前所未有的重视程度，处处注意藏锋、回锋，从中年《多宝塔碑》的初具特点，到晚期《麻姑仙坛记》《颜家庙碑》《颜勤礼碑》，已经完全成熟。谭延闿重点以颜氏中晚期碑帖为取法，善用中锋行笔，线条沉稳遒劲，力透纸背，视觉冲击力极强。

又运用中锋、回锋，笔毫往复多次，行笔要求稍慢，尤须注意涩笔，不可轻易滑过。唐韩方明论用笔时说：“夫执笔在乎便稳，用笔在乎轻健，

① 周秋光：《谭延闿集》，湖南人民出版社2013年版，第792页。

② 刘建强：《谭延闿文集·论稿》，湘潭大学出版社2014年版，第405页。

③ 谭延闿：《组庵题跋》，《学海》，1943年第7期。

故轻则须沉，便则须涩，谓藏锋也。不涩则险劲之状无由而生也，太流则便成浮滑，浮滑则是为俗也。”（《授笔要说》）谭延闿《致和庆善函》云：“此后当于撇、捺注意，点、画使转亦须不使光滑。盖太快固令笔畅，太慢亦令笔滞，须使有积点成画之意乃佳。锋尤当使中，不可令一面如刀，一面如锯齿。”① 谭延闿临习研讨有得，方能以此教人。

讲求襟怀高旷，敬天任人。昔人尝有“书如其人”之说，书法确实关乎个人的格局和情怀。谭延闿确有曾左匡济之心，谢安救世之怀，养尊处优而选择反清革命，历经艰难，功勋卓著，位高权重，然后又能退位让贤，辞去国民政府主席，胸襟磊落。其书法绝无取巧、琐屑之处，有正大气象。其取法颜真卿的书艺，也正是学习颜真卿的为人，所谓“襟怀直与昔贤齐”。

在书法成名观上，谭延闿既重视个人努力，又强调眼界和识见，甚至强调天授与天命。人所熟知，谭延闿极重临摹研习工夫，将书法临习作为日课，晚而弥笃。他强调不断临习，以使心手相符，书艺必将大进：“凡学书愈觉拙劣……即愈有进境，盖眼之进每先于手，知不佳，则佳者在后矣。”② 他评价钱南园时说：“南园书笔力横绝，盖少时已然，吾家藏其早年书乐毅十三行可见。知此事本天授，不尽关学力也。”③

他在《刘诸城家书真迹》跋中评价刘墉时说：“石庵先生书以七十后为极诣……精湛圆美中有极朴茂处，甚耐玩索。同时诸名人书非不工，然一览无余，故年虽增而书不进，知此事自关天授矣。”（李言君《谭延闿跋刘诸城家书真迹》）

儒家的处世哲学是尽人事，听天命，所谓“天行健，君子以自强不息”“谋事在人，成事在天”。成功与否付之于天，此为胸襟开阔的旷达之道。事实上，谭延闿与钱南园，其于颜派书法可称为大家，而两人皆短寿，不能人书俱老，古人所谓其间有“数”存焉。

---

① 刘建强：《谭延闿文集·论稿》，湘潭大学出版社 2014 年版，第 405 页。
② 刘建强：《谭延闿文集·论稿》，湘潭大学出版社 2014 年版，第 404 页。
③ 谭延闿：《组庵题跋》，《学海》，1943 年第 7 期。

四、谭延闿书法的历史地位和现实意义

谭延闿通过毕生的书法探索，形成了雍容宽博、遒劲古拙的艺术风格，生当千载之后，重振颜体雄风，在书法史上留下了浓墨重彩，被称为民国书坛第一人，有着重要的历史地位，同时是值得当代书坛认真研究和取法借鉴的代表性人物。

谭延闿书法的形成，有着深远的历史背景和书法流派继承嬗变的学术背景，他能够把握中国历史发展大势，在综合学习归纳历代颜派书家经验基础上，进行不断拓展和提高，成绩斐然。

在中国书法历史上，实际只有两个艺术高峰。一个是被称为“书圣”的王羲之，他创造的瘦硬圆劲、流丽精妙的书风，成为书坛的不祧之祖；另一个即是颜真卿。艺术流派从来就不是单一的，王羲之书风在流传过程中，形成千人一面，也就蕴藏着艺术风格的改革要求，颜真卿正是适应了这个嬗变的历史逻辑，在广泛研讨二王、欧、虞、褚、薛、蔡邕、张旭的基础上，再上探篆隶之源，创为新法。朱长文评论其书法：“点如坠石，画如夏云，钩如屈金，戈如发弩，纵横有象，低昂有志，自羲、献以来，未有如公者也。”（《墨池编》）苏东坡评论云：“诗至于杜子美，文至于韩退之，画至于吴道子，书至于颜鲁公，而古今之变，天下之能事毕矣。”（苏轼《书吴道子画后》）

颜真卿生于唐朝，其时前辈名流众多，传统书风势力极强，二王书法因唐太宗的极力推崇已经成为朝野的共同审美定势，颜真卿的创新并未为当时书坛普遍接受；但是，随着书坛创新的内在需要，以及颜真卿的人品和书品之高，遂逐渐成为有识之士探究取法的对象，唐代柳公权，宋代四大书法家苏、黄、米、蔡，都深研过颜书，各以其意吸收营养，遂能形成各家面貌，其学习讨论传播颜真卿书法之功，不可磨灭，但就其各家整体风格来说，仍未能体现出颜书的正大气象。其后元代至明代，其间只有少数书家如傅山、王铎之流，对于颜真卿书法有所继承，董其昌试图融合王书与颜书为一体，但笔力遒劲远逊颜书。因此，数百年间未能出现足以影响书坛格局的颜派书法大家。

清代书法起初也是由于皇帝的喜好而兴起与递变，康熙喜好董其昌，乾隆欣赏赵孟頫，董、赵书风兴盛了一百余年，到清代中晚期，随着社会的急剧变化而催生书法变革。马宗霍云："清代书法，约分二期，一曰帖学期，一曰碑学期。……嘉道之交，可谓唐碑期……咸同之际，可谓北碑期，讫于宣光，其势力张而未艾也。……至若帖学不囿于赵董，而能上窥钟、王，下掩苏、米；碑学不囿于唐碑，而能远仿秦篆，次宗汉分，斯则所谓豪杰之士，固将移俗而不移于俗者，盖亦有人，自当别论。"①严重的社会危机、新材料金石碑版的大量出土、书法审美自身变化的强烈要求，都是促进书法发展的重要动力，这是谭延闿进行书法创作的历史背景。

谭延闿艺术成就的取得，是站在时贤名流的肩上，全面继承和开拓创新所致，他是清代以后学习颜体最具典范意义、成就最大的代表人物。从清中后期以来，涌现出多位宗颜的代表人物，主要有钱南园、刘墉、何绍基、华世奎、谭延闿、谭泽闿、周介祹等。谭延闿或敬仰推崇，如钱南园的书法为其重要取法渊源，刘墉的笔墨情趣为其所汲取，何绍基为其重视钦佩的书家，翁同龢为其所亲炙与奖掖；或生处同一时期，可以共同探讨，互相促进，如华世奎与谭同为清末民初人物，周介祹为谭两次督湘期间的幕府人物，为其探讨书法的重要朋友，谭泽闿为其胞弟，其书风极为相似，兄弟探讨书法之言多见于信札之中。

以上这些倡导颜体的书家虽然人数并不多，但其社会地位、学识水平和人品都是相当有分量的，因此其社会影响号召力不小。钱南园直声满天下，参劾和珅，号铁面御史；刘墉位列宰辅，多年参与朝政；翁同龢曾任帝师，官阶显赫；华士奎为清末元老，虽思想守旧，而人品高洁；周介祹与谭泽闿同样为人品孤高，性情耿介之士。书如其人，颜体端正谨严、刚劲严肃的形象在以上诸人中多有体现。谭延闿家世显赫，自身一度曾任国民党中央党部代理主席、南京国民政府主席、广州国民政府军事部长，可谓集党、政、军大权于一身。从地位和书学成就诸多方面来比较，谭延闿确实是出乎其类，拔乎其萃，其历史地位与影响力实非他人所能及。

① 马宗霍：《书林藻鉴·书林纪事》，文物出版社2015年版，第192—193页。

谭延闿与这些名流相同之处，一则都是科举正途出身，有功令科名；二则在早期都能写出标准的馆阁体书法；三则中年寻求变化，主攻颜体，学有所得；四则在晚年再求变化时亦有相同之处，如谭延闿与钱南园晚年都参以米芾笔意。在与这些名流所取得的艺术成就比较方面，首先应该肯定谭延闿对于钱、王、何、翁的充分继承，谭延闿是集诸家之大成；其次是具体分析各家之利弊，则刘墉虽为浓墨宰相，书法意蕴不凡，但离颜体之雄强尚有距离；钱沣学颜笔力卓绝，意境高古，但是生硬太过；何绍基书法号称有清第一，虽学颜而融汇诸碑，尤以行草见长，如以正楷大字与谭延闿相比，则何绍基健劲宽博有所不如；周介裪极力学钱南园，高峻雄浑，谭延闿曾有诗句“颜公变法出新意，何逊能诗有世家”予以称赞，但是周介裪亦有生硬略少婉通之弊；谭延闿对其胞弟谭泽闿颇为看重，认为自己当世无过瓶斋（谭泽闿号），不过，谭泽闿书法虽然与乃兄极似，尤其是在有些大字的规整典雅方面更易被大众所接受，但是就风神峻朗、意境安闲等方面来看，兄胜于弟。

谭延闿吸收各家之长，上探千古之妙，站在巨人的肩上，形成既庄穆凝重、雍容宽博、雄健开朗，又休休有容、风神萧散、圆润清雅的艺术特质，成为千载之后重振颜真卿书法的杰出代表，名著于当时，影响于后世。谭延闿书法对当代书法创作具有重要的借鉴意义。

首先，返古开新是艺术发展的一条规律。艺术当然有鲜明的时代性，但是其个性并不是随波逐流，迎合时俗，而是在充分研讨时尚和时弊的同时，应力图上探艺术之源，从而寻求改革时弊之法。谭延闿正是综合时贤之长，也明晰时俗之弊，然后上探千古，通过对于颜真卿的深入钻研，同时熔铸各家，取得了成功。当今中国书法的发展取得了不少成绩，如何更好地向前推进，重视探源，回眸历代名碑法帖，传承丰富的笔墨传统，是十分必要的。

其次，艺术流派的嬗变有着艺术发展的内在规律，它是因为上一种艺术流派的广泛积累和过多的重复运用，从而产生推陈出新的改革要求。清中晚期以后，碑学兴起，颜派书家的出现，正是由于以前几百年来帖学流派的广泛发展，馆阁体大量运用，董其昌、赵孟頫书法风行海内，豪杰之士目击时弊，呼吁改变书风。

应该指出的是，碑学的兴起和发展对于书坛是一种救弊之举，但是百余年来已成泛滥之势，则又成为时弊，康有为“卑唐”之说，今日看来立论过偏，有失客观。当代还远没有传统帖学的深厚积累，少数书家崇碑太过，甚至选择怪癖破烂之碑作为法帖，写出丑书怪札，实不可取。颜真卿书法就其属性来说，既不属于帖派，又不属于碑派，它是深入二王而力求变法，取法北朝的正规碑版而熔铸创新，可谓兼碑帖之两长，足以救当代之弊。谭延闿书风端整，遒劲开阔，雍容有度，且能婉通畅达，风神独特，值得当代书家研习传承，发扬光大。

书法是一门综合艺术，需要有深厚的文化知识背景。中华民族的伟大复兴包括中华民族传统文化的传承与发扬，根植于传统文化的书法艺术的继承与创新，从来是书学永恒的主题。书法是传统文化的精髓，先文人而后书家，书法历来是文人的笔墨情趣。能诗能文，古典精熟，情致高远，方能翰墨传神，这也正是当代书家每感不足之处，值得深思。谭延闿是政治家，也是声名颇著的文人，他有着广博的文化素养，丰富的文人情愫，浓厚的笔墨情趣，创作出的书法作品已成为中国艺术的瑰宝，是当代书家学习借鉴的宝贵遗产。

五、谭延闿书法主要代表作品解析

谭延闿一生笔耕不辍，留下的书法作品数量众多，包括条幅、对联、斗方、扇面、信札，书体包括楷书、行楷、行书等。为便于广大书法爱好者和书法家临习、欣赏和研究探讨，本书收入谭延闿各个时代的具有代表性的作品数十幅，今选择其主要代表作品分析如下。

1. 谭延闿楷书《麻姑仙坛记》

《麻姑仙坛记》全称《有唐抚州南城县麻姑山仙坛记》，为颜真卿撰文并书，唐大历六年（771）立。此碑是颜真卿中晚期（63 岁）作品，风格不同于早期的《多宝塔碑》（44 岁）、《东方朔画赞》（46 岁）；也不同于晚期的《颜家庙碑》（72 岁）、《自书告身帖》（77 岁）。此碑意象深远，高妙清虚，反映出其仕途失意，在任抚州刺史政事之余的求禅向道之心。

从通篇章法来说，字距行距比例不大，不讲求字与字之间、行与行之间的顾盼呼应关系，单字如君子个个独立沉稳，和而不同，整篇充实茂密，真气充溢，豪迈雄强。从结构来说，此碑正面取势，庄严厚重；重心偏下，憨厚沉稳；参法篆隶，运用外拓，转多而折少；健硕遒劲，四角撑满，外密而中疏，余白留于结构之内，古拙凝重。从用笔来说，起笔藏锋逆入，方圆并用，仍以圆笔为主；行笔用涩法，平稳缓行；收笔停顿回锋，藏锋于画，横竖粗浅变化不大，均匀规整；基本笔画极为凝练有力，吞头燕尾，捺笔一波三折，出笔时见金石之味。欧阳修《集古录》曾说："其体法持重，舒和而不局促，《麻姑仙坛记》此碑遒峻紧结，尤为精悍，笔画巨细皆有法。"

谭延闿曾临习颜真卿多种碑帖，而以临习此碑为最勤，据传曾达二百余通。其弟谭泽闿于其所临第一百廿五通之后所作题跋云："先三兄专临《麻姑仙坛记》，盖始于甲寅余兄弟奉母居青岛时。其后乙卯在沪，戊午在郴，书课尤勤。至辛酉买宅塘山，颇有宾从文燕之乐，偶朝起临写数纸，亦尽数十通。此则临成以贻叔平夫婿者，笔意充悦，盖其合作也。自壬戌于役海南，还都白下，政事日繁，遂无复日课。惟最后为过翁书屏八幅第二百廿通，生平临此碑殆止于是矣。"

甲寅为1914年，至壬戌年为1922年，九年期间，谭延闿在此长时间内经常临此碑，同时也临习颜真卿晚期作品如《李元靖碑》《自书告身帖》以资比较。现录《谭延闿日记》所记临碑日记数则，以见一斑。

1914年：

5月30日。午饭，饮一巡。复临《麻姑》两纸。

8月6日。归，临《麻姑》三纸，而吕满至。

11月15日。食粥后，临《麻姑》二纸。

12月7日。余临《麻姑》一纸，《离堆记》一纸。《离堆》笔法与《画赞》相近，东坡即由此夺胎，甚不易学。盖用墨太丰，难于见好也。

12月10日。食粥后，临《麻姑》二纸，墨浸，殊不惬意。

12月23日。食粥后，临《麻姑》二纸，第十九通毕矣。凡八日，日二纸，百二十八字，中间辍课一日，都十五纸，实得字九百也。以旧临碑笔与淑女。

1915年：

1月3日。八时起，临《麻姑》三纸，乃食粥。

2月7日。临《李元靖》二纸，食粥。

2月8日。食汤饭后，临《李元靖》二纸。晚饭有称条面，饮数巡，取《西楼帖》看一过，坡书神奇，有不可到处，当时已訾其不悬腕，何耶？

4月4日。八时起，临《元次山碑》二纸，食粥。

5月13日。临《麻姑》二纸。

8月5日。七时起。临《麻姑》二纸。

8月20日。七时起。余临《告身》二纸。……出至赵裱背、古墨轩，又入商务印书馆，看《天际乌云帖》印本，覃溪密行小字，前后十数题，于友朋有疑似者，辟之不遗余力，且引钱萚石为证。以余观之，不惟苏迹赝也，即元明诸跋亦如出一手，特董跋真耳。

8月27日。八时起。食粥。临《元靖碑》二纸。

10月2日。七时起。临《颜家庙》二纸，十日不作书，荆棘生矣。

10月17日。七时起。临《麻姑》二纸。

11月7日。八时起。临《李玄靖》二纸。

11月10日。八时起。临《玄靖碑》二纸。食粥。

1916年：

3月16日。八时起。临《麻姑》五纸。平日作字太快，今力求慢，然不佳如故。……与曾九谈书画，看碑帖数种，十时乃寝。

4月10日。七时后起。临《麻姑》五纸。

4月19日。七时起。临南园五纸，墨凝，殊不能有兴致。

5月12日。六时后起。临《麻姑》九纸，第六十三通毕。食粥。

5月13日。七时起。临《麻姑》三纸。

5月15日。七时起。临《麻姑》五纸。

5月28日。七时起。临《金天王题字》及《麻姑坛》五纸。

6月24日。七时后起，临《麻》五纸。

唐孙过庭《书谱》论临摹之道说："察之者尚精，拟之者贵似。"谭延闿穷十年之力心摹手追，故能得《麻姑仙坛记》之精髓。细察谭延闿所临，整体上十分接近原作，属实临范围，体现出"如镜取影，务得神似"的主张，但也有谭延闿的去取不同之处。

清人姚孟起说："唐碑最难学，一画有一画步位，一字有一字步位。一画走作为一字累，一字走作为通幅累。"历代临习《麻姑仙坛记》者何止千百人，但都不能如意，而谭延闿在立意、取势、结体、用笔、求变出帖等方面匠心独运，故能成为大家。

谭延闿所临字整体气魄雄伟，宽博雍容，开阔雄健，端正肃穆，顾盼自雄，显示出书者位高权重与气度不凡的特点；用笔亦如原帖中锋行笔，筋力充满，提按顿挫，笔笔送到，苍劲古拙，重现出原作的神采。

谭延闿不同之处在于：结体外拓更为明显，其所作主张的"上不让下""左不让右"观点时有体现；从笔画细细对照来看，实有多处不同，如"折"比原帖用"转"多，钩有钱南园笔意，顿挫更重等等。现举数例以作分析如下：

"縣"字，临字左边大，所谓左不让右。横折处稍方。"系"字上撇稍短，因再长则占左位置。两个"小"字出钩顿挫更大，有钱南园笔意，而钱氏此笔意则来源于颜真卿《告身帖》。

"威"字，神似原帖，存其神而略变其貌，临字比原帖稍扁。点不置于横之上而置于横之右。戈钩末处原帖不清晰，临字以意补充，甚为得体。

"平"字。抓住原帖神质，得其要领。临字上横略短，其势向上，藏锋，回锋。悬针竖力度贯底，细察临字与原帖多有小异变化之处，而并不违背原帖整体精神。

"须"字。得其神采，学而能变。原帖三点成一直线，临字呈左斜之势；左下点顿而右上，长提出，用笔有力；"页"字旁调正，不失原意，调正合理。

2. 谭延闿楷书《枯树赋》

如果说谭延闿所临《麻姑仙坛记》为更多地接近原帖的实临之作，那么其所书《枯树赋》则是熟练掌握颜真卿、钱南园楷书笔画后的创新之作。根据该帖后题跋“壬戌立夏后二日”，可知为壬戌年（1922）在上海所书。此前，1920 年 11 月湖南宣布自治，废除都督，省长由民众公选，实行军民分治，结果赵恒惕胜选，谭延闿结束第三次督湘，赴上海寓居，直至 1922 年应孙中山之邀往广州任职为止。

此帖整体风格是大气磅礴，体势雄强，亦反映落职后书者胸襟开阔、愈挫愈奋的精神面貌。此帖结构端整平正，四周充满，纯以正面示人，绝无半点故作姿态之笔。何绍基论书有云：“写字无奇巧，只有正拙，正极奇生，归于大巧若拙而已。”（《何绍基诗文集》）傅山也主张“四宁四毋”，即“宁拙毋巧，宁丑毋媚，宁支离毋轻滑，宁直率毋安排，足以回临池既倒之狂澜矣”。（《霜红龛集·作字示儿孙》）细观此帖，在正、拙、率直等方面，谭延闿可谓深得其三味，也得力于此前数百遍临习《麻姑仙坛记》以及其他颜派书帖，遂能综合运用，写成佳作。

此帖用笔讲究横平竖直，点画顿挫有力，笔墨饱满，酣畅遒劲。钱南园也写有楷书《枯树赋》，谭延闿此帖亦受钱南园影响，表现在横平竖直及结体方正等方面，但整幅气势、力度，谭延闿显然已经胜出，可谓青出于蓝而胜于蓝。

以下略举例字，以作分析：

“為”字。结体极为端正，三个横折依次排叠，撑住整个字势。颜真卿书此字，用笔有上斜、轻重的变化，谭延闿却无。横折钩于出钩之前提笔向左，再挫而提出，十分有力，此法实受钱南园影响。四点匀称而各具变化。

“魚”字。第一撇短而有力，异于他家用撇稍长，“横折撇”向右下，亦异于平常写法，与下面“田”字极正之势，形成变化之妙。“田”字呈倒梯形，左右竖极为粗壮有力，外围全封闭，而里面一横左右不连接，形成破实留白之妙。下面四点，方向各不同，笔力雄厚，形成下盘极稳之势。

3. 谭延闿楷书联墨

谭延闿一生所书联墨数量很多，其形式以七言联为多，内容多为集古代诗词名句而成，其书体形式有楷书、行楷、行书，其艺术风格有以颜真卿、钱南园笔法为主者，也有参法米芾、苏轼笔法者，也有综合运用各家笔意者，还有个人率性而为者，联墨足以反映谭延闿艺术的各种风貌。

“武公之诗是曰抑，老子所宝首在慈”此联，上下联句分别出自《诗经》和《老子》。此联墨书体，主要是楷书，书写时间为民国十九年（1930）春月，离其去世只有半年，可称为其晚年代表作品。作品取法仍以颜真卿、钱南园、翁同龢为主，气魄雄阔，用笔老到，墨色亮丽，入纸颇深，运笔稳、实而具自然之势。“武”字戈钩，“之”字、“是”字捺，“子”字钩并不刻意为之，顺势带出，可见其晚年笔意与前期稍有不同。但是，尽管其晚年书法有各种变化，仍始终保持其颜、钱内核的书法特质，此副联墨也即是最好的证明。

4. 谭延闿楷书《贺君家传》

《贺君家传》为湘潭袁思亮撰文，谭延闿书碑。此碑文书法典雅清丽，秀美温纯，为谭延闿前期的代表作。从其结体用笔中，可以窥见其一生书法的基本元素，不同的是风格与所临《麻姑仙坛记》和《枯树赋》的极具颜氏雄健刚强、法度森严之艺术特征，形成明显的差别，一望而知。在用笔方面，有赵孟頫笔法，均匀而流畅，提按顿挫无过重之笔，秀逸中和、研美纯熟成为其主要特点。唐孙过庭《书谱》云：“初学分布，但求平正；既知平正，务追险绝；既能险绝，复归平正。”谭延闿书法的历史轨迹也经历了否定之否定的发展变化过程：其前期作品平正工整，典雅流丽；其后力追颜氏之源，而形成古拙遒劲之体；既成雄健刚强之体，又融入婉通温丽之笔法，归于自然。纯阳不生，纯阴不成，阴阳相合，用于书法，其道大倡。

5. 谭延闿行书《王湘绮诗册》

《王湘绮诗册》于民国二十五年（1936）由中华书局出版印行。据书内黎承福题签“《畏公书湘绮先生诗册》戊辰暮春”及谭延闿书后自题“十七年”推算，全诗书于1928年作，属于谭延闿晚年作品。谭延闿后记云：“民国十五年秋从子仲煇得此纸广州，求临永禅师真草千文，未敢下笔。顷散帙得之，亦忘前诺，乃写所忆湘绮翁诗数篇，无意于书，或偶有数字佳耳，十七年。”

此时，谭延闿书法实已大成，求变而旁参他家，无意于书而稍有自得之感，实为书家难得佳境。细观此帖，全篇形象生动，游刃有余，字里行间表现出书家心境开阔、静逸安闲，而又心机活泼的状况。从书法特征来看，仍保留了颜派书法的结体与用笔方法，但不着意于用力顿挫，而多表现为使转自然。米芾流畅灵动、沉着痛快的用笔被广泛而熟练地运用，而刘墉的浓墨与苏东坡的重墨用法时见于此，使得全篇大小错落，浓淡相间，气血通达，一任自然。

熟练地运用“使转”，是从写好楷书到写好行书的关键所在。谭延闿长年习楷，深知此理，故其行书参法米芾，颇得要领，能达到实而能虚、正而能圆、刚健而能婉转的艺术境界。谭延闿在从楷书到行书的探索中，取得了很好的成绩，但是谭延闿行书在参法米芾时，仍保留基本端正的字形，未能过多地取法米芾的欹侧长势。

谭延闿的《张孝女诗为福修道人作》行书作品，风格与此诗相同，亦为精妙之作。

6. 谭延闿行书尺牍《致邠斋》

谭延闿行书主要也取法颜真卿、钱南园、翁同龢等，他曾临写《争座位帖》，也临写钱南园行书《枯书赋》，对于颜派行书了然于心，运用于笔。此帖作于乙丑年（1925），整幅作品宽博雄健，笔力开张，气息通贯，用墨浓淡、粗重相间，用笔厚实而能率意潇洒，点画遒劲而收放自如，体现出学古求变的创作心理。谭延闿晚年参法米芾、苏东坡、黄庭坚，亦曾多次临习此数家之作，并主要运用于行书创作。此帖中多处明显有米氏笔墨意态，特别是“连字”的左下倾之势。而其中多处长撇可见黄庭坚笔意。艺术是综合的，谭延闿以宗颜为原则，既保留其固有优势，又能略参诸家之长，晚年行书已达到风神潇洒的境界，此幅作品可看成其典型代表。但是，正如谭延闿自述“上希苏米，然不能也”，寿命的天定阻止其继续探索。谭延闿取法米芾应确有所成，而取法苏、黄，因寿命有限还未能如意。

“太极”之辩：周敦颐哲学的内在张力及其过渡性

张　恒*

摘　要：关于周敦颐哲学的形态，学界历来有宇宙论与存在论两种不同的主张，二者争论的焦点在于周敦颐哲学中的本原性概念“太极”究竟是“理”还是“气”。如果单看图（《太极图》）或文（《太极图说》《通书》）的局部，上述两派观点的确都能找到支持自身的证据，但这种诠释造成了周敦颐哲学不能自洽的分裂。事实上，从历史话语、哲学范式与价值诉求三者相结合的视角来考察，可以发现周敦颐哲学展现了一种从经验宇宙论跃向思辨存在论的努力，尽管两种范式的共存证明它是一种不成熟的“过渡”形态，但这种努力却使他成为名副其实的理学开拓者和奠基者。

关键词：周敦颐；宇宙论；存在论；太极；动静

一、问题的提出

作为士人的周敦颐生前已因善于断案、长于诗文、人格高尚、胸怀洒落而获得了“光风霁月”（黄庭坚语）的美誉，然而作为学者的周敦颐真

---

* 张恒，哲学博士，山东社会科学院国际儒学研究院助理研究员。

基金项目：山东省社会科学规划研究一般委托项目“儒学流派研究”（20CWTJ12）。

正暴得大名、成为"理学开山"却是身后百余年的事情了。在周敦颐"走向""理学开山"的过程中，程颢、程颐兄弟功不可没——尽管二程对于曾师从周敦颐一直轻描淡写乃至有时讳莫如深——一方面，他们将周敦颐最重要的作品《太极图》《太极图说》《通书》传了下来①；另一方面，他们作为理学最重要的开拓者、奠基者使周敦颐"师以徒显"。正是以二程为早期理学的重要"坐标"，朱熹建立起了从孔、孟到周、程的理学系谱："独以河南两程夫子尝受学焉，而得孔、孟不传之正统，则其渊源因可概见。"② 朱熹之后，无论是《宋史》还是《宋元学案》，都将周敦颐视为宋代理学的不二"开山"。③

然而，也正是上述"制造""理学开山"的过程，使周敦颐及其作品、思想充满了争议。自文献而言，由于周敦颐的作品在其生前并未得到足够重视，而在其身后又无法得到确证，《太极图》的来源、版本及其与道教、佛教相关图式的关系以及《太极图说》《通书》的版本等问题向来存在争议；而自哲学而言，由于周敦颐作品版本不一，后来儒道各家又以不同观

① 尽管《二程集》并未提及《太极图》《太极图说》《通书》等著作，但这些作品确曾由二程传于弟子门人。如关于《太极图》，朱震曾说："右《太极图》，周敦实茂叔（周敦颐原名周敦实，字茂叔——引者注）传二程先生。"参见朱震：《太极图》，载《周敦颐集》，陈克明点校，中华书局2009年版，第137页。关于《通书》，祁宽曾说："《通书》即其（指周敦颐——引者注）所著也。始出于程门侯师圣，传之荆门高元举、朱子发。宽初得于高，后得于朱。又后得和靖尹先生所藏，亦云得之程氏。今之传者是也。"参见祁宽：《通书后跋》，载《周敦颐集》，陈克明点校，中华书局2009年版，第119页。朱熹亦曾指出："（周敦颐——引者注）所著之书，又多散失。独此一篇（指《通书》——引者注），本号《易通》，与《太极图说》并出程氏，以传于世。"参见朱熹：《通书后记》，载《周敦颐集》，陈克明点校，中华书局2009年版，第49页。当然，除了程门，周敦颐终老的"九江故家"亦有周敦颐著作传世，如祁宽就曾从此处得到过《通书》，不过该本未附《太极图》。参见祁宽《通书后跋》，载《周敦颐集》，陈克明点校，中华书局2009年版，第119页。此外，朱熹"被命假守南康"时亦曾从周敦颐故家得到一些著作资料。参见朱熹：《再定太极通书后序》，载《周敦颐集》，陈克明点校，中华书局2009年版，第48页。

② 朱熹：《通书后记》，载《周敦颐集》，陈克明点校，中华书局2009年版，第49页。

③ 如《宋史》言："孔子没，曾子独得其传，传之子思，以及孟子，孟子没而无传。两汉而下，儒者之论大道，察焉而弗精，语焉而弗详，异端邪说起而乘之，几至大坏。千有余载，至宋中叶，周敦颐出于舂陵，乃得圣贤不传之学。"参见脱脱等撰《宋史道学传序》，载《周敦颐集》，陈克明点校，中华书局2009年版，第85页。《宋元学案》亦言："孔、孟而后，汉儒止有传经之学，性道微言之绝久矣。元公（周敦颐谥号——引者注）崛起，二程嗣之，又复横渠诸大儒辈出，圣学大昌……若论阐发心性义理之精微，端数元公之破暗也。"参见黄宗羲原著、全祖望补修《宋元学案》卷十一《濂溪学案》上，陈金生、梁运华点校，中华书局1986年版，第482页。

念重新整理、诠释这些作品，今人便对周敦颐的哲学思想产生了较大分歧，其中尤以周敦颐哲学形态问题为著，亦即其哲学体系究竟属于宇宙论（cosmology）还是存在论（ontology）。

主张“宇宙论”者如侯外庐、邱汉生、张岂之等学者，他们在《宋明理学史》中曾经指出：“周敦颐在《易通》里论述的宇宙论，与其在《太极图·易说》里论述的宇宙生成论基本一致，不过更加详细……宇宙的本原是太极，或者叫作乾元，它是万物和性命之所由产生。”① 陈来也持类似观点，他认为：“周敦颐的宇宙发展图式是：太极→阴阳→五行→万物。宇宙的原初实体为太极元气；太极元气分化为阴阳二气；阴阳二气变化交合形成五行；各有特殊性质的五行进一步化合凝聚，而产生万物。”② 主张“存在论”者如张祥龙则认为“太极非物，纯神尽妙”，《太极图》首先不应作宇宙论的解释，而是应看作意义发生的结构。③ 杨立华也认为，太极不是元气，不能从质料的角度来理解，“诚”和“太极”都有本体论的意义，是万物本体和万物本根的意思。④

如众所知，“宇宙论”与“存在论”致思取向迥异：前者倾向于揭示宇宙的时空结构及万物的生成本原，后者则致力于揭示宇宙的逻辑结构及万物的超验本原。从上文引述的两派观点来看，学界之所以会在周敦颐哲学形态上存在“宇宙论”与“存在论”的分歧，根本原因在于他们对周敦颐哲学的本原概念“太极”做了全然不同的解读：若认为“太极”是“气”（“元气”），是宇宙万物所由产生的实体性质料，如此周敦颐哲学便属于“宇宙论”；若认为“太极”非“气”，而是宇宙万物的超验本原，如此周敦颐哲学便被归入“存在论”。

其实，单看《太极图》或者《太极图说》《通书》的局部论述，上述两派观点均能找到支持自身的证据，可谓各有道理。但是，拘泥于局部和

① 侯外庐、邱汉生、张岂之主编《宋明理学史》（上），人民出版社1997年版，第71页。

② 陈来：《宋明理学》（第二版），华东师范大学出版社2004年版，第39页。

③ 参见张祥龙：《拒秦兴汉和应对佛教的儒家哲学：从董仲舒到陆象山》，广西师范大学出版社2012年版，第273页、第270页。

④ 参见杨立华：《宋明理学十五讲》，北京大学出版社2015年版，第51页、第45页。

细节却也容易执于一偏，从而错失准确理解周敦颐的契机。本文认为，若想全面、准确地理解周敦颐，须采取史思结合的进路，从整体上把握周敦颐哲学的话语源流、思维范式与价值倾向，而其中的关键——同时也是学界争议的焦点——即在于准确判定“太极”的内涵与实质。

二、“元气”与“实理”之辩

“太极”是理解周敦颐哲学的关键，但从文本来看，在周敦颐本就为数不多的传世文献中，“太极”（图式及文字）出现的次数并不多，其中《太极图》中只有图式，《太极图说》有文字四见，《通书》有一见：

无极而太极。太极动而生阳，动极而静，静而生阴。静极复动。一动一静，互为其根；分阴分阳，两仪立焉。阳变阴合，而生水、火、木、金、土。五气顺布，四时行焉。五行，一阴阳也；阴阳，一太极也；太极，本无极也……①

五行阴阳，阴阳太极。四时运行，万物终始。②

单看这几处图式与文字，实难对周敦颐的“太极”观念做出形态判定。为避免判定的盲目性，有必要先对《太极图》及“太极”概念的源流做一简要考察。

关于《太极图》的来源，学界一直聚讼纷纭，笼统地说有“外传”与“自作”两种观点。主张“外传说”的学者大多认为《太极图》源于道教人士的传授，如朱震就持这样的观点。③ 主张“外传说”的学者中还有一种观点认为《太极图》源于佛教人士寿涯。主张“自作说”的学者以朱熹

① 周敦颐：《太极图说》，载《周敦颐集》，陈克明点校，中华书局2009年版，第3—5页。

② 周敦颐：《通书·动静》，载《周敦颐集》，陈克明点校，中华书局2009年版，第28页。

③ 朱震曾指出：“濮上陈抟以《先天图》传种放，放传穆修，修传李之才，之才传邵雍。放以《河图》《洛书》传李溉，溉传许坚，坚传范谔昌，谔昌传刘牧。修以《太极图》传周敦颐，敦颐传程颢、程颢。”参见朱震《进周易表》，载《周敦颐集》，陈克明点校，中华书局2009年版，第137页。朱震曾从学于谢良佐，还曾从侯仲良处得到过《通书》，且与胡安国交往深厚，而谢、侯、胡三人皆是二程弟子或再传弟子，且侯还曾亲自拜会过周敦颐，朱震所说应有一定可信度。今有学者不认可朱震的记述，如周建刚即援引吾妻重二的观点，认为朱震《汉上易传》关于周敦颐《太极图》源自陈抟的说法是谬说。参见周建刚：《周敦颐与邵雍思想异同辨》，《哲学研究》2017年第9期。

为典型，他曾专门针对朱震的观点予以驳斥："及得《志》文考之，然后知其（指《太极图》——引者注）果先生之所自作，而非有所受于人者。"① 毛奇龄认为，《道藏》的《上方大洞真元妙经图》之一《太极先天之图》或即是周敦颐《太极图》的出处，经文中"唐明皇御制序"等字样显示该图或在宋代以前即有。对比《太极图》与《太极先天之图》可以发现，一方面二者的确在形式结构、话语体系等方面高度近似，另一方面二者也的确在局部存在着差异。也许更加妥帖的说法是：周敦颐受到过道教或其他图式的影响或启发，然后在此基础上修改或创发形成了《太极图》。②

值得注意的是《太极先天之图》所附注解③，其中"太易之神""太始之气""太初之精""太素之形"等表述与汉代纬书《易纬》关系密切。《易纬·乾凿度》曾言："昔者圣人因阴阳，定消息，立乾坤以统天地也。夫有形生于无形，乾坤安从生？故曰有太易，有太初，有太始，有太素也。太易者未见气也，太初者气之始也，太始者形之始也，太素者质之始也。气形质具而未离，故曰浑沦。浑沦者言万物相浑成而未相离。视之不

---

① 朱熹：《太极通书后序》，载《周敦颐集》，陈克明点校，中华书局2009年版，第45页。《志》乃指潘兴嗣为周敦颐所作墓志铭，其中指出周敦颐曾"作《太极图》《易说》《易通》数十篇"。参见潘兴嗣：《周敦颐墓志铭》，载《周敦颐集》，陈克明点校，中华书局2009年版，第91页。

② 冯友兰亦曾表达过类似观点，他说："第一个讲宇宙发生论的新儒家哲学家是周敦颐……在他以前很久，有些道教的人画了许多神秘的图，以图式描绘秘传的道，他们相信得此秘传的人便可成仙。据说周敦颐得到了一张这样的图，他予以重新解释，并修改成自己设计的图，以表示宇宙演化过程。"参见冯友兰：《中国哲学简史》，涂又光译，北京大学出版社2010年版，第219页。还有学者指出，周敦颐不仅受过道教《先天图》的启发，还受过佛教《阿赖耶识图》的启发，即《太极图》有佛道二教双重渊源。参见张立文：《宋明理学研究》，人民出版社2002年版，第103—104页。当然，也有学者质疑《先天图》并非诞生于宋代以前，认为其有可能出自周敦颐以后的道家。

③ 该注解二百余字，现全录如下：粤有太易之神，太始之气，太初之精，太素之形，太极之道，无古无今，无始无终也。故"《易》有太极，是生两仪，两仪生四象，四象生八卦，八卦定吉凶，吉凶生大业"。言万物皆有太极、两仪、四象之象，四象、八卦具而未动，谓之太极。太极也者，天地之大本耶？天地分太极，万物分天地。人资天地真元一气之中以生成长养，观乎人，则天地之体见矣。是故师言气极则变，既变则通，通犹道耶？况"反者道之动"。盖"有物混成，先天地生，寂兮寥兮，独立而不改，周行而不殆，可以为天下母"。母者道耶？至矣哉！道之大也！无以尚之。夫道者，有清有浊，有动有静，但凡其人行道也欤，则生神矣，夫或躬废大方，则届于其亡信哉！参见《周敦颐集》，陈克明点校，中华书局2009年版，第134—135页。

见，听之不闻，循之不得，故曰易也。”[①] 从“太易”到“太初”是“气”从无到有的过程，而从“太初”到“太始”再到“太素”是从“气”到“形”再到“质”的过程。统而言之，宇宙经历了从无到有、从气到形质的化生过程。就此而言，尽管《太极先天之图》的注解与《易纬》的表述不尽一致，但二者以“气”解释宇宙化生的思路是相同的。所谓“人资天地真元一气之中以生成长养”，“天地真元一气”（“元气”）也就是“太极”；同时，作为“母者”“道者”的“太极”“有清有浊，有动有静”，这些经验性的特征也表明“太极”被当作了经验性的理解。这种以“太极”为天地万物实体质料性本原的观念，实际上即是一种宇宙生成论的观念。

道教用于内丹修炼的《无极图》[②] 也有与上类似的观念，这幅形式结构与《太极图》几乎完全一致、但各层内涵迥异的图式，需自下而上观看：最下圈层为“玄牝之门”（对应《太极图》“万物化生”），这里产生“祖气”；“祖气”向上提升，至上一层“炼精化气、炼气化神”（对应《太极图》“坤道成女、乾道成男”）；炼化而成的“微芒之气及出有入无之神”需进一步上贯于五脏六腑，于是至上一层“五气朝元”（对应《太极图》“水火木金土”）；接下来“水火交媾而为孕”，于是至上一层“取坎填离”（对应《太极图》“阴静阳动”），以结成圣胎；最后，“炼神还虚、复归无极”（对应《太极图》顶层圆圈），修炼成仙。[③] 不难发现，在这一修炼体系中贯穿五层结构始终的同样是“气”。

集中体现在《太极先天之图》《无极图》中的“以气解易”“以气论丹”等观念并不是偶然的，而是有其久远的历史传统。“太极”一词最早或出自《庄子·大宗师》：“夫道有情有信，无为无形……在太极之先而不为高，在六极之下而不为深，先天地生而不为久，长于上古而不为老。”

① 林忠军：《易纬导读》，齐鲁书社2002年版，第81—82页。

② 有学者认为《无极图》也是由陈抟所传，如《宋元学案》曾经指出，《太极图》源于陈抟刻于华山石壁上的《无极图》，该图源自河上公。参见《宋元学案》卷十二《濂溪学案》下，第514—515页。但也有学者认为《无极图》是周敦颐之后才出现的。

③ 参见《宋元学案》卷十二《濂溪学案》下，第515页。

从语境来看，“太极”与“六极”相对，当是表征空间的概念。而对后世影响最大的“太极”用法出自《易传·系辞上》：“《易》有太极，是生两仪，两仪生四象，四象生八卦，八卦定吉凶，吉凶生大业。”单看这几句话，“太极—两仪—四象—八卦”的结构是在描述画卦揲蓍的流程；但若结合《易传》其他表述如“刚柔相摩，八卦相荡。鼓之以雷霆，润之以风雨；日月运行，一寒一暑。乾道成男，坤道成女。乾知大始，坤作成物……”（《系辞上》）等，便能看出《易传》揭示宇宙万物化生原理的努力，不过这种揭示有其含混性、不明确性，从而使其文本具有了一定的诠释空间。由汉至唐，学者对《周易》的诠释主要基于“气论”的解释框架，亦即将“太极”理解为构成宇宙万物的实体性质料——“气”，如郑玄说：“极中之道，淳和未分之气也。”① 孔颖达说：“太极谓天地未分之前，元气混而为一，即是太初、太一也。”② 成玄英说：“太极，五气也。”③ 既然“太极”是“气”，自“太极”而至“万物”便是一个“一气化生”的过程，这种“宇宙生成论”的解释进路流布甚广、影响深远，周敦颐前后《太极先天之图》《无极图》等“以气解易”“以气论丹”等观念与实践即以此为理论基础。

以上大费周章地讨论《太极图》的源头、衍流以及“太极”概念的历史发展，意在说明“气化生成论”是“太极”诠释史上极为重要的传统。以此为理论框架，周敦颐的哲学形态确能获得一种阐释的可能性。现结合朱熹版《太极图》对这一可能性略加申述：

《太极图》第一层是一个无标识的圆圈，《太极图说》解释为“无极而太极”。这一关键命题因有多种异文而在学术史上充满了争议：其一，目前通行版本为“无极而太极”，该版本由朱震所传、为朱熹所推重；其二，“临汀杨方得九江故家传本”言“无极而生太极”④；其三，朱熹自洪

① 黄寿祺、张善文撰《周易译注》，中华书局2016年版，第501页。

② 王弼注、孔颖达疏《周易正义》，卢光明、李申整理，北京大学出版社2000年版，第340页。

③ 郭象注、成玄英疏《庄子注疏》，中华书局2011年版，第137页。

④ 朱熹：《通书后记》，载《周敦颐集》，陈克明点校，中华书局2009年版，第50—51页。

景庐处所借国史言“自无极而为太极”①。如果搁置程朱学派的“前见”，其实很难看出三种异文有什么实质性的区别，它们皆可表达一种从“无极”到“太极”的生成结构：无极→太极。接下来，《太极图》第二层取《参同契》“坎离匡廓，运毂正轴”之义，形成右“坎”左“离”的《坎离图》或谓《水火匡廓图》，“坎”“离”外侧分别标识“阴静”与“阳动”。第三层取《参同契》“三五与一，天地至精”之义，形成“水”“火”“木”“金”“土”构成的所谓《三五至精图》。第四、五两层与第一层一样，均为空白圆圈，其中第四层自右至左标识“坤道成女”“乾道成男”，第五层标识“万物化生”。对照《太极图说》可见，“宇宙生成论”的诠释进路在这里依然行得通：作为“元气”的太极首先在动静变化中一分为二，即阴阳二气；阴阳二气交感化合而产生水、火、木、金、土五种更加具体的质料，即所谓五行；五行出而时空流转、男女化成、万物化生，由此构成了生生不息的现实世界。

以上分析显示，以“宇宙生成论”进路对《太极图》进行诠释是可行的，在这一进路下，“无极→太极→阴阳→五行→万物”的结构揭示的是作为宇宙万物本原的“元气”从无到有、从一到多的化生过程，这个过程展现了周敦颐对宇宙万物之生成原理的思考。在这个意义上，侯外庐、邱汉生、张岂之、陈来等学者以“宇宙论”解释周敦颐哲学不无道理，甚至主张周敦颐哲学属于“存在论”的学者也不得不承认这一点，如张祥龙曾指出：“把《太极图》解释为宇宙论，那就是说宇宙万物是怎么从太极依次演变出来的，表面上看来也合理。”“这个图有一种生成的意思。”②

尽管如此，就此断定周敦颐哲学属于“宇宙论”还是太鲁莽了，至少朱熹就不会完全同意这一点，今人反对这一观点的亦不在少数。朱熹在诠释《太极图说》时曾说：“‘无极而太极。’非太极之外，复有无极也。”③此即反对将太极、无极视为二物。又说：“太极，形而上之道也；阴阳，

① 朱熹：《记濂溪传》，载《周敦颐集》，陈克明点校，中华书局2009年版，第89页。

② 张祥龙：《拒秦兴汉和应对佛教的儒家哲学：从董仲舒到陆象山》，广西师范大学出版社2012年版，第270页、第271页。

③ 朱熹：《太极图说解》，载《周敦颐集》，陈克明点校，中华书局2009年版，第4页。

形而下之器也。”① 此即将太极与阴阳作了形上与形下的区分。还说：“自其末以缘本，则五行之异，本二气之实，二气之实，又本一理之极。”② 这就非常明确地表达了“释极为理”的意思。而且，作为“理”的“太极”是“实理”而非“空理”，如朱熹说：“圣人之所以圣，不过全此实理而已，即所谓‘太极’者也。”③ 又说：“实理自然，何为之有！即‘太极’也。”④ 一言以蔽之，朱熹认为周敦颐所谓“太极”不是“元气”而是“实理”，周敦颐哲学的重点不在于推原宇宙万物的经验生成，而在于解析宇宙万物的逻辑结构。张祥龙、杨立华等学者也主要是基于这样一种观念而将周敦颐哲学归入了“存在论”。这样一种诠释进路行得通吗？两种诠释进路相比哪种更具解释力？这是下文将重点探讨的问题。

三、从“另一种动静”看“太极”

按照《太极图》与《太极图说》前半部分所展现的“无极→太极→阴阳→五行→万物”结构，“太极”与“万物”之间的第一个关键环节是“阴阳”，而“阴阳”的出现或存在与“太极”存在状态的变化——“动静”密切相关，所谓“太极动而生阳，动极而静，静而生阴。静极复动。一动一静，互为其根；分阴分阳，两仪立焉”。根据这一解释，“太极”先“动（而生阳）”，后“静（而生阴）”，然后“动”“静”互根、变化不已，于是有了阴阳、五行、万物。照此看来，“动静”似有先后，亦即具有时间性，“太极”也因此成为处于时空流变之中的质料，亦即是“生成论”意义上的宇宙本原。

然而，这并非周敦颐关于太极“动静”属性的全部解释，在《通书》中他亦对此做过集中论述：

动而无静，静而无动，物也。动而无动，静而无静，神也。动而无动，静而无静，非不动不静也。物则不通，神妙万物。水阴根阳，火阳根

① 朱熹：《太极图说解》，载《周敦颐集》，陈克明点校，中华书局2009年版，第4页。
② 朱熹：《通书解》，载《周敦颐集》，陈克明点校，中华书局2009年版，第32页。
③ 朱熹：《通书解》，载《周敦颐集》，陈克明点校，中华书局2009年版，第15页。
④ 朱熹：《通书解》，载《周敦颐集》，陈克明点校，中华书局2009年版，第16页。

阴。五行阴阳，阴阳太极。四时运行，万物终始。混兮辟兮！其无穷兮！①

周敦颐特意区分了两个概念——"物"与"神"。"物"的特点是"动而无静，静而无动"，也就是说，"物""动"之时必然不"静"，"物""静"之时必然不"动"。于"物"而言，"动"与"静"是彼此对立、不可并存的两种状态。这一点非常容易理解，因为这完全符合人们在日常生活中对经验事物的认识，当然也算不上是周敦颐或者其他哪位哲学家的创见。然而，经验归经验，能从经验性的"动静"之中看出哲学的意味，就非哲学家而不能了，这一点早在先秦道家那里就已发其端倪，如老子曾说：

致虚极，守静笃，万物并作，吾以观复。夫物芸芸，各复归其根。归根曰静，是谓复命。复命曰常，知常曰明。不知常，妄作，凶。知常容，容乃公，公乃王，王乃天，天乃道，道乃久。没身不殆。（《老子·十六章》）

老子认为，万物唯有"致虚极、守静笃"方能"复命"，进而实现不偏不彰、不皦不昧、不温不凉之"常"态，再进而包通万物（容）、荡然公平（公）、无所不周（王）、与天合德（天）、体道大通（道）、永无穷极（久）。可以说，"静"（虚静、清静）是老子找到的天地万物最为本根的生存方式，相比之下"躁"（动、妄作）便需要摒弃。老子这种思维方式在《大学》文本中亦有所体现，所谓"物有本末，事有终始，知所先后，则近道矣"；至于"物之本"，《大学》与《老子》一样，也强调"静"的重要性、本根性，所谓"知止而后有定，定而后能静，静而后能安，安而后能虑，虑而后能得"。如果说《大学》的主旨在于"先本后末"，则《老子》的主旨便在于"崇本息末"②，"本—末"思维可说是先秦以降儒道两家共同的本原追问方式和哲学思考方式。

王弼继承了传统的"本—末"思维方式，如他在注《老子》第十六章

① 周敦颐：《通书》，载《周敦颐集》，陈克明点校，中华书局2009年版，第27—28页。

② 王弼曾对老子思想作过精准的概括："《老子》之书，其几乎可一言而蔽之。噫！崇本息末而已矣。观其所由，寻其所归，言不远宗，事不失主。"参见王弼：《老子指略辑佚》，载王弼著、楼宇烈校释《老子道德经注》，中华书局2011年版，第205页。

时说："以虚静观其反复。凡有起于虚，动起于静，故万物虽并动作，卒复归于虚静，是物之极笃也。"① 但是在其他地方，王弼又表现出了试图超越"本—末"思维的努力，如他在注释《周易》复卦时说："复者，反本之谓也。天地以本为心者也。凡动息则静，静非对动者也；语息则默，默非对语者也。然则天地虽大，富有万物，雷动风行，运化万变，寂然至无是其本矣。"② "动息则静"，即"动""静"相对；"静非对动者也"，即"静"并不与"动"相对；这里似乎出现了矛盾，实则不然。王弼以注释《老子》《周易》等著称，但其哲学主旨与这些文本并不完全一致，而是主张"崇本举末"，具体到"动静"问题上，他主张以静为本、动静并举，"动息则静，静非对动"实际上正是要贯彻这样一种哲学主张，亦即使"静"从经验性的动静关系中超拔出来，使其获得一种非经验性的本原地位。然而王弼英年早逝，未能建构起成熟、完善的哲学体系。

相比王弼，周敦颐对"动静"的思考与言说都更为详备，也展现出了更高的哲学追求，这集中体现在他所说的"神"上。回到上文所引《通书·动静》，周敦颐认为"动而无静，静而无动"的"物"是"不通"的，只有"神"才能"妙万物"，即"神"与"物"比更胜一筹。"神"是一种怎样的存在呢？周敦颐说："动而无动，静而无静，神也。动而无动，静而无静，非不动不静也。"这世界上有"不动不静"或"又动又静"之物吗？经验世界中当然没有，因为从语言与逻辑角度而言，a≠非a，"动"与"无动"自然不能同时成立，"静"与"无静"亦然。若要使"动而无动，静而无静"成立，则必须对"动""静"作出含义或层次上的区分。以"动而无动"为例，周敦颐显然是在强调"动"的"无动性"，若将第一个"动"字理解为经验性的"动"，则"无动"就不能理解为与经验性的"动"相对的经验性的"不动"（"静"），而只能理解为一种非经验性的"静"。同理，"静而无静"也只能作此种理解，即经验性的"静"中蕴含着一种非经验性的"动"。合而言之，即是朱熹所谓"动

① 王弼著、楼宇烈校释《老子道德经注》，中华书局2011年版，第39页。

② 王弼：《周易注》，载王弼著、楼宇烈校释《王弼集校释》，中华书局1980年版，第336—337页。

中有静，静中有动”①。经验性的“动静”限于“形”“象”而非有即无、非此即彼，故周敦颐说“物则不通”；非经验性的“动静”则不必限于“形”“象”而可遍在或动或静的万物之中，故周敦颐有“神妙万物”之言。

周敦颐之所以能够解决王弼未竟的课题，主要在于其思维方式的革新，亦即通过对经验世界的“超越”，在“经验性动静”之上找到了超越性的依据。当然，在周敦颐这里，“非经验性动静”并非与“经验性动静”完全隔膜的另一种存在，而是就呈现于“经验性动静”之中，即如朱熹所说，“神则不离于形，而不囿于形”②。就此而言，周敦颐哲学又不同于西学如柏拉图哲学意义上的“存在论”，后者“理念”作为本原实为一种概念性的存在。

如果说王弼发现了传统“本—末”思维的问题，属于“破旧”，则周敦颐可以称得上是“立新”，因为他的致思取径已然展现出了“体—用”思维范式的特点，尽管他还未像后来的二程、朱熹那样清晰使用“体用”话语。就“动静”问题而言，“太极”之体是非经验性动静亦即超越性动静，“太极”之用是“神”感而遂通、妙应万物的状态。当然，受道家、道教及传统哲学经验性思维的影响，周敦颐仍以“静”为“太极”之体，“圣人主静”“诚者不动”等观念皆是对“静”的强调，但此“静”已是空有经验之名而无经验之实。

关于周敦颐的“体—用”思维，还可再举一例。《通书·思》曾言：“《洪范》曰：‘思曰睿，睿作圣。’无思，本也；思通，用也。几动于彼，诚动于此。无思而无不通，为圣人。不思，则不能通微；不睿，则不能无不通。是则无不通，生于通微，通微，生于思。”③ 此处周敦颐揭示了两种“思”：一种是“经验之思”，没有这种“思”就不能“通微”，也就不能“无不通”（或谓“思通”），最终不能实现“睿”与“圣”；还有一种是

① 朱熹：《通书解》，载《周敦颐集》，陈克明点校，中华书局2009年版，第27页。

② 朱熹：《通书解》，载《周敦颐集》，陈克明点校，中华书局2009年版，第27页。

③ 周敦颐：《通书·思》，载《周敦颐集》，陈克明点校，中华书局2009年版，第21—22页。

“非经验之思”，它超越于经验的思与不思，周敦颐称其为“无思”。在周敦颐看来，“无思”是“体”（他仍谓之“本”），“思→通微→无不通（思通）”的过程是“用”，圣人“无思而无不通”的状态或境界正是在“体—用”意义上而言的。

需要指出的是，周敦颐的“体—用”思维很可能受过佛教的启发。以“动静”为例，早在周敦颐之前佛教就已经对这一问题有所言说，如僧肇曾言：“夫生死交谢，寒暑迭迁，有物流动，人之常情。余则谓之不然。何者?《放光》云：法无去来，无动转者。寻夫不动之作，岂释动以求静，必求静于诸动。必求静于诸动，故虽动而常静；不释动以求静，故虽静而不离动。”① 法藏亦有“动时正静，静时正动”之言。这些“即动即静”的观念实际上就是“体—用”思维的体现。当然，在佛教那里，动静之“体”不是实在之物，而是“缘起性空”，周敦颐哲学在这一点上与之有着明显区别，亦即作为动静之“体”的“太极”是实在的，它超越于物又不离于物。

总而言之，周敦颐“太极”的特点不在于其“动而无静，静而无动”的一面，即不在于其作为“物”的一面，而在于其“动而无动，静而无静”的一面，亦即作为“神”的一面。若“太极”为“物”，则它是宇宙万物的生成本原——“元气”，“元气”在时空中变化流行，有生有灭；而作为“神”的“太极”则不限于时空，它是宇宙天地的逻辑本原与万物化生的逻辑依据。在这个意义上，朱熹将其解释为“实理”是成立的。

“物则不通，神妙万物”显示周敦颐已然认识到“太极物论”的局限性，而试图在此基础上构建“太极神论”，这展现了一种从宇宙论跃向存在论的努力。当然，如前所述，出于对现世的肯认，周敦颐又赋予“太极”以不离于物的实在性，这也是周敦颐“存在论”哲学的特点。对此，周敦颐还有一段重要论述：“二气五行，化生万物。五殊二实，二本则一。

① 僧肇：《物不迁论》，载僧肇著、张春波校释《肇论校释》，中华书局2010年版，第11页。

是万为一，一实为万。万一各正。小大有定。”① 也就是说，作为“体”的“太极”并非经验定在之一物，而是逻辑地遍在于宇宙万物之中，是谓“是万为一，一实万分”。后来二程说“万理归于一理”，朱熹说“物物有一太极”，当皆是周敦颐上述观念的发展。

四、太极即诚，纯粹至善

李泽厚曾援引王夫之的话说，“宋自周子出而始发明圣道之所由，一出于太极阴阳人道生化之终始”，并认为这句话很好地点明了由宇宙观到伦理学的哲学结构是周敦颐被尊为理学开山祖的道理所在。② 不得不说，王夫之与李泽厚的观察是敏锐的。于周敦颐而言，对“形式”的探索（无论是“无极→太极→阴阳→五行→万物”的生成结构还是“太极无极、神妙万物”“是万为一，一实万分”的逻辑结构）充其量只是其哲学体系的“半壁江山”，对“内容”的揭示才是其哲学建构的终极目的。而所谓“内容”，也就是“太极”所蕴含的价值属性。

每一个有现实关怀的学者都会针对时代问题提出自己的病理分析与解决方案，生活于北宋中期的周敦颐正是这样的学者，他曾在《通书》中这样写道：

古者圣王制礼法，修教化，三纲正，九畴叙，百姓大和，万物咸若。乃作乐以宣八风之气，以平天下之情。故乐声淡而不伤，和而不淫。入其耳，感其心，莫不淡且和焉。淡则欲心平，和则躁心释。优柔平中，德之盛也；天下化中，治之至也。是谓道配天地，古之极也。后世礼法不修，政刑苛紊，纵欲败度，下民困苦。谓古乐不足听也，代变新声，妖淫愁怨，导欲增悲，不能自止。故有贼君弃父，轻生败伦，不可禁者矣。③

这段文字意在申明制礼作乐的重要性，在周敦颐看来，古代制礼修

① 周敦颐：《通书·理性命》，载《周敦颐集》，陈克明点校，中华书局2009年版，第32页。

② 李泽厚：《中国古代思想史论》，生活·读书·新知三联书店2017年版，第204页。

③ 周敦颐：《通书·乐上》，载《周敦颐集》，陈克明点校，中华书局2009年版，第28—29页。

法、乐声淡和，于是德盛治至、百姓安乐，后世不修礼法、乐声妖淫，于是政刑苛紊、百姓困苦。值得注意的是，周敦颐特别指出了一种社会现象——“贼君弃父、轻生败伦”，并认为其有“不可禁”之虞。但凡有一些传统文化常识即可明白，周敦颐的这一批评是指佛教而言，因为佛教最主要的主张正是放弃人伦、出家出世。周敦颐既然批评佛教“贼君弃父、轻生败伦”，显然是不认可其价值观念的。不过相比韩愈等人，周敦颐的高明之处在于他的批评并未流于“就事论事”的“口舌之争”，而是试图从根本上为儒家价值观念建立哲理依据。在《太极图说》的后半部分，周敦颐这样说道：

惟人也，得其秀而最灵。形既生矣，神发知矣，五性感动，而善恶分，万事出矣。圣人定之以中正仁义，而主静，立人极焉。故“圣人与天地合其德，日月合其明，四时合其序，鬼神合其吉凶”。君子修之吉，小人悖之凶。①

“惟人得其秀而最灵”化自《礼记》，《礼记·礼运》有言：“人者，其天地之德，阴阳之交，鬼神之会，五行之秀气也。”也就是说，从“气论”角度而言，人较物更加完满。此处周敦颐实际上也是在申说人在宇宙中的“高贵”地位，这一点亦可在《太极图》中得到印证：相比“万物化生”圈层，“乾道成男、坤道成女”圈层要高一个等级。人禀五行之秀气而形神兼备后，便感知外物而生喜、怒、欲、惧、忧“五性”（参见《大戴礼记·文王官人》），善恶由此判明，万事由此发生。至此，周敦颐在“太极→阴阳→五行→万物”结构基础上又构建了一个“太极→阴阳→五行→人（形神）→五性→善恶→万事”的复杂结构。在这个新的结构中，一方面“太极”下贯到了人间，亦即“太极”被确立为人间秩序（人伦）的本原，从而具有了伦理意味；另一方面，周敦颐从“气论”角度谈“人性”，揭示了人性（五性、善恶）以气禀为依据的发生机制，从而为道德修养提供了可能。从哲学史的角度来说，后来张载、二程等人从

① 周敦颐：《太极图说》，载《周敦颐集》，陈克明点校，中华书局2009年版，第6—7页。

“天命之性”“气质之性”两个维度论性的思路，至少在周敦颐这里就已发其端绪。

作为具有伦理意味的本原，“太极”即是“人极”，所谓“圣人定之以中正仁义，而主静，立人极焉”。“人极”之立需要“定之以中正仁义”、需要“主静”，而这些都只有圣人堪以担当，所以周敦颐在工夫论上追求的终极目标便是成贤成圣、与天合德，所谓“圣希天，贤希圣，士希贤”[①]。何为圣人，如何才能成为圣人？在《通书》的开篇几章，周敦颐大书特书的正是这些问题，如他曾说：

寂然不动者，诚也；感而遂通者，神也；动而未形、有无之间者，几也。诚精故明，神应故妙，几微故幽。诚、神、几，曰圣人。[②]

周敦颐在此指出了成圣的三个要素：诚、神、几。其中尤为重要的是“诚”，所谓“诚者，圣人之本”[③]；有时周敦颐甚至直接以“诚”为“圣”，所谓“圣，诚而已矣”[④]。作为“寂然不动者”的“诚”，显然不是经验意义上的“不动”（或“静”），如果一个人乍见孺子将入于井而既无怵惕恻隐之心也无出手相助之行，那他岂不成了机械的经验主义者，又怎么能称得上是“诚”呢？作为“寂然不动者”的“诚”，实为上文曾提到的“另一种静”，亦即具有一定超越色彩的“静”。可见，周敦颐所谓“诚”绝不仅仅是经验性的，而是有其超越性。正是在这个意义上，朱熹说“诚即所谓太极”[⑤]，有学者用“太极—诚”的表述表达“诚即太极”的观念也是有道理的。[⑥]

作为“太极”的“诚”不仅是“寂然不动者”，同时还是“纯粹至善者”，也就是说，它不仅是形式上的本原，也是价值上的本原。周敦颐说：

① 周敦颐：《通书·志学》，载《周敦颐集》，陈克明点校，中华书局2009年版，第22页。

② 周敦颐：《通书·圣》，载《周敦颐集》，陈克明点校，中华书局2009年版，第17—18页。

③ 周敦颐：《通书·诚上》，载《周敦颐集》，陈克明点校，中华书局2009年版，第13页。

④ 周敦颐：《通书·诚下》，载《周敦颐集》，陈克明点校，中华书局2009年版，第15页。

⑤ 朱熹：《通书解》，载《周敦颐集》，陈克明点校，中华书局2009年版，第13页。

⑥ 参见杨柱才：《道学宗主——周敦颐哲学思想研究》，人民出版社2004年版，第240页。

“‘大哉乾元，万物资始’，诚之源也。‘乾道变化，各正性命’，诚斯立焉。纯粹至善者也。”① 来自《通书》首章的这几句话非常值得注意，“至善”观念源出《大学》：“大学之道，在明明德，在亲民，在止于至善。”如何算是“至善”？“为人君，止于仁；为人臣，止于敬；为人子，止于孝；为人父，止于慈；与国人交，止于信。”《大学》中“至善”的用法基本上代表了宋代以前中国传统思想文化中的“至善”观念，即它是一个人在经验生活中所应达到以及所能达到的最高级别的道德境界。作为指涉道德实践的概念，“至善”是一种经验的、“有对”的存在，亦即其前可加一个“非”字。相比之下，周敦颐所谓作为“寂然不动者”的“至善”便不是一种经验的、“有对”的存在，而是一种超越的、绝对的存在。

基于“诚”之“寂然不动”“纯粹至善”两大特点，便可以更加容易地理解周敦颐“诚为圣本”以及成圣三要素等观念。正因为“诚”具有“寂然不动”“纯粹至善”的特点，它“无为不妄”“无善无恶”，是湛然正定的价值本原。周敦颐说“诚”是“五常之本”“百行之源”正是此意，即仁、义、礼、智、信等伦常以及人间各种品德品行无不源出于“诚”。能始终保持“诚”的生存状态，非圣人而谁？在这个意义上，周敦颐“诚为圣本”的观念得以证成。当然，人无往不处于生活之流，当人与物相接，“寂然不动”之“诚”便要“言动变化”，“纯粹至善”之“诚”便要“善恶分途”。一言以蔽之，“诚”要流行发用而下贯万事万物。如何才能避免“言动变化”滞于物，又如何防止“善恶分途”陷于恶？对于前者，周敦颐给出的答案是“神”，所谓“感而遂通”；对于后者，周敦颐给出的答案是“几”，所谓“动而未形、有无之间”。能始终保持“诚、神、几”，也就成为圣人了。

需要指出的是，周敦颐关于成圣三要素的论述实际上正是其“体—用”思维的体现。周敦颐说：“动而正，曰道。用而和，曰德。匪仁，匪义，匪礼，匪智，匪信，悉邪矣。邪动，辱也；甚焉，害也。故君子慎

① 周敦颐：《通书·诚上》，载《周敦颐集》，陈克明点校，中华书局2009年版，第13—14页。

动。"[①]"诚"寂然不动，是为"体"；"几"动而未形以及"神"感而遂通是为"用"；依"诚"之"体"而起的"神""几"之用自然正而不邪、和而不乱。而这道与德不是别的，正是儒家的核心价值观念——仁、义、礼、智、信，正如周敦颐所说，"圣人之道，仁义中正而已矣"[②]。

当然，在现实生活中能时时处处保持"诚、神、几"状态的人毕竟不多，普通人难免"感而不通""动而不善"，要想成圣便须费一番道德修养的工夫。传统儒家论道德修养，或强调内在修养，如孟子主张"率性"，亦即通过存养扩充恻隐、羞恶、辞让、是非"四端"之心实现仁、义、礼、智"四德"之性；或强调外在修养，如荀子主张"教化"，亦即以"师法之化""礼义之道"实现"化性起伪""积善成德"；或强调内外兼修，如汉唐董仲舒、扬雄、韩愈、李翱等人试图调和孟荀两条路线，以避免道德修养执于一偏。内外兼修的致思取向极具价值，但很难说汉唐学者在这个问题上取得了真正的成功，因为在"本—末"范式下内外兼修不可能真正实现。

周敦颐的道德修养工夫论正是要解决上述理论困境，他说："君子乾乾，不息于诚，然必惩忿窒欲，迁善改过而后至。乾之用其善是，损益之大莫是过，圣人之旨深哉！'吉凶悔吝生乎动。'噫！吉一而已，动可不慎乎！"[③] 这几乎可看作周敦颐工夫论的"纲领"，即一方面强调内在"不息于诚"的工夫，另一方面强调外在"迁善改过"的工夫。由于"诚"是伦理本原，"不息于诚"的内在修养便因此具有了超越意义，可谓修养之"体"；"迁善改过"的外在修养更多是就认识论而言，可谓修养之"用"。"内修为体、外修为用"的修养工夫体系的建立，标志着周敦颐解决了汉唐学者"内外兼修"的理论困境。后来张载、二程等理学家在工夫论的建构上大抵延续了周敦颐的路子，他们共同形成了独具特色的理学修养工夫论。

---

① 周敦颐：《通书·慎动》，载《周敦颐集》，陈克明点校，中华书局2009年版，第18页。
② 周敦颐：《通书·道》，载《周敦颐集》，陈克明点校，中华书局2009年版，第19页。
③ 周敦颐：《通书·乾损益动》，载《周敦颐集》，陈克明点校，中华书局2009年版，第38页。

五、余论

周敦颐哲学形态的判定问题是一个极具哲学意义与哲学史意义的真问题，解决这一问题的关键是全面、准确地理解其本原性概念——“太极”。单看“太极”话语的历史渊源以及《太极图》的结构，周敦颐哲学的确具有宇宙生成论的色彩，但如果就以此为周敦颐哲学定性，不仅失之武断且几乎抹杀了周敦颐哲学的历史贡献，因为若论宇宙生成论，汉唐部分学者在精微性或创新性上可能要远远超过周敦颐。“文”“图”结合的分析方法可以进一步论证周敦颐“太极”概念的存在论色彩，尤其是其“动静”“神妙万物”“是万为一，一实万分”等特点，在经验性的“本—末”范式基础上生发出了“体—用”思维范式，而这正是典型的存在论思维。周敦颐哲学体现出了一种从宇宙论向存在论跃升的努力。在“体—用”范式下，周敦颐哲学中的“太极”是形而上者，无形无象，而“无极”只能是对它的一种修饰。与此同时，“太极”又须借助形而下者如二气、五行、万物而存在，以避免陷入绝对的虚空，这是周敦颐哲学形态的一大特点。但需要指出的是，这样一种思路暗伏着“二元论”的危机，随着理学家将这一思路推向极致，理学也最终走向了它的另一面。

游步瀛与开国元帅的建军大业

田　智*

摘　要：游步瀛，又名步仁，笔名铁血余生、铁血。1903 年 10 月生于湖南宝庆县（今邵阳市隆回县金石桥镇丰云村）。1923 年 4 月加入中国共产党，6 月从湖南省立农业专门学校农本科肄业。1924 年 3 月，游步瀛由中共湘区委员会选送投考黄埔军校，5 月以优异的成绩考入黄埔军校第一期，在第 1 队学习，成为党组织自己着手培养的第一批军事干部。游步瀛作为我党最早从事革命武装活动的老战士，与后来成为开国元帅的朱德、陈毅、聂荣臻、贺龙、徐向前、刘伯承等一道为创建一支受中国共产党独立领导的人民军队贡献了自己应有的力量。

关键词：游步瀛；建军大业；黄埔军校

中国共产党到第一次国共合作创建黄埔军校时，“才开始懂得军事的重要”①。中共一方面选派大量优秀党员、团员和革命青年投考军校，开始着手培养自己的军事干部，另一方面派周恩来、恽代英等直接参与办学和具体军事实践活动。他们在黄埔军校建立起的政治思想教育工作制度、党代表制度和政治部制度等，直接运用在国民革命军中，为中共建军和治军

* 田智，湖南省社会科学院科研处副处长，哲学博士。

① 毛泽东：《毛泽东选集》（第 2 卷），人民出版社 1991 年版，第 547 页。

提供了借鉴。

一、与徐向前同队，在韶关共同护卫孙中山大元帅督师北伐

游步瀛，又名步仁，笔名铁血余生、铁血。1903年10月生于湖南宝庆县（今邵阳市隆回县金石桥镇丰云村）。1923年4月加入中国共产党，6月从湖南省立农业专门学校农本科肄业。1924年3月，游步瀛由中共湘区委员会选送投考黄埔军校，5月以优异的成绩考入黄埔军校第一期，在第1队学习，成为党组织自己着手培养的第一批军事干部。

1924年5月5日，黄埔军校第一期500名新生入校，游步瀛、徐向前（象谦）、蒋先云等135名学员被分在第1队。开学后不久，中国国民党筹划北伐，为方便大元帅孙中山军事指挥调度，在广东北的韶关设大元帅大本营。孙中山电令校长蒋介石选调军校第1队学生作为孙中山在韶关督师北伐的护卫队。

根据孙中山行前提议，9月13日，正在参加军事训练的黄埔军校第一期第1队的游步瀛、徐向前等全体135名学员接到命令，随孙中山及其夫人宋庆龄乘列车赴韶关督师北伐。孙中山一行在第1队学员游步瀛等的全程护卫下，于下午4时安全抵达韶关车站。抵韶后，孙中山的专车停在韶关车站，宋庆龄及随行人员被安排住宿于韶关车站北侧一栋两层小楼。游步瀛、徐向前等第1队学员居住在附近临时搭建的几个竹棚内，每次派4名学员到专车附近担任警卫，其余大部分时间仍从事军事训练。9月20日，孙中山在韶关南校场举行北伐誓师大会，第1队学员作为大会卫队。

游步瀛、徐向前等第1队全体学员还全程护卫了孙中山在韶关的公务活动。9月21日，孙中山携夫人宋庆龄，以及苏联顾问鲍罗廷夫妇和随行人员、邓彦华率领的卫士队，从火车站大本营出发，在南门码头乘船前往西河坝，到芙蓉山视察，随后转赴莲花山及东河各高点要隘巡视防务，其间，还专门指示黄埔军校第一期第1队学员在莲花山进行攻防演习。9月29日，孙中山在韶关南校场主持各界人士赞助北伐大会，第一期第1队学员再为护卫队，一部分学员随侍孙中山身边，一部分学员按照大会指定的警戒位置，护送与会者入场和维护大会外围秩序。10月2日，孙中山陪同

北洋政府奉派的专使许世莫乘专列赴马坝游览南华寺，游步瀛、徐向前等学员奉大本营命令作为卫队负责护送事宜，直至专使晚间驱车返回韶关车站。10月10日上午，在韶各军举行庆祝武昌起义13周年暨北伐军阅兵典礼，苏联舰艇官兵与黄埔军校第一期第1队学员比邻而列，并率先列队经过主席台请大元帅孙中山检阅，嗣后还参加联欢晚会、观看文艺演出。10月底，第1队学员随侍孙中山先生回到广州，旋即返校。11月毕业后，游步瀛留校政治部任干事、连党代表。徐向前留任第二期入伍生副排长，第一次东征途中升任排长。

1925年夏，广州国民政府成立党军，（党）军、（黄埔军校）校分离，徐向前离开了黄埔军校，分配到河南第二军第六混成旅，先后任教官、参谋、团副。游步瀛升任宪兵营营党代表，参加第二次东征，后在黄埔同学会工作至1926年底到武汉叶挺部任师参谋处长。徐向前于1926年春随第六混成旅转战河北保定，被奉军截断后路，转移向山西途中队伍溃散，而暂时回到五台县老家。不久便经天津、上海，于11月达到北伐军占领的武汉，在武汉军校学兵团担任少校队长，参加平叛夏斗寅。1927年6月的一天，徐向前接到党的“交通”递来的“找毛泽东”的纸条，他打听到革命军和警卫团都开到了九江，于是他奔往九江，落脚张发奎的第二方面军司令部当参谋继续找毛泽东。8月3日得知共产党在南昌举行了起义，随后，张发奎下达了“共产党员三天之内保护，三天以后不负责任”的最后通牒，徐向前连夜离开九江前往武汉找党组织，随后达到上海，被中央军委机构派往广州参加发动广州起义，开启了中国共产党独立领导革命战争、创建人民军队的新阶段。①

二、游步瀛同党直接掌握的第一支武装力量铁甲车队赴广宁

1924年11月，大元帅府成立了“建国陆海军大元帅府铁甲车队”。1924年冬，中国共产党从黄埔军校抽调一批党员、团员作为骨干，组建陆海军大元帅府铁甲车队，这是中共直接掌握的第一支约150人的武装力量。

① 黄瑶、阎景堂主编《中国十元帅》（下卷），四川人民出版社1993年版，第685—696页。

1925年底，党代表廖仲恺令政治部派伍翔、伍文生、冷相佑、郭德昭、刘畴西、余程万、罗焕荣、游步瀛、潘学吟等9名下级党代表，随同铁甲车队赴广宁从事宣传，[①] 他们向群众发放由共产党员彭湃、周士第、赵自选主编的《广宁日刊》，宣传革命道理。通过正月初二的“农兵新春同乐会”“1月21日的纪念列宁逝世1周年大会”加强了与农民的革命感情，帮助农民群众提高阶级觉悟。1926年1月26日，陈炯明军向虎门侵入，广州革命政权决定分三路东征讨伐陈炯明。黄埔军校教导第1、2团和学生军由蒋介石、周恩来率领。2月1日，第一次东征开始。连队党代表游步瀛参加了第一次东征，他争当敢死队长，亲率敢死队员攻进淡水城，获大元帅金牌勋章。10月初，他任东征军宪兵营营党代表，参加二次东征。1926年7月，他任黄埔同学会总务科科员兼文书股股长，10月任宣传科科长，在北伐后方舆论战场冲锋陷阵，极大地鼓舞了革命士气。1927年初，游步瀛由粤派往武汉北伐前线，湖北省军委书记聂荣臻安排他到十一军叶挺部任二十五师参谋处长。1927年4月游步瀛随部继续北伐，平叛夏斗寅叛乱。北伐战争中，以共产党员和共青团员为骨干的叶挺独立团有着“铁军”的声誉，经过援助国民党的广东战争和北伐战争，党已掌握了一部分军队。

三、聂荣臻安排游步瀛到叶挺部工作，南昌起义中并肩战斗

1925年9月上旬，聂荣臻从苏联回国到达上海，中央组织部主任陈独秀宣布叶挺、聂荣臻、熊雄等12人留南方到黄埔军校工作，一星期后，聂荣臻、熊雄等乘轮船到广州。9月中旬，聂荣臻被安排到黄埔军校任政治部秘书，协助主任邵力子、副主任鲁易，直接领导政治部的组织和宣传两个科工作。因7月时（党）军、（军）校就已经分离，此时周恩来已离开黄埔军校去担任第一军政治部主任兼第一师党代表，忙于准备第二次东征。此时的游步瀛正在党军工作，也忙于准备二次东征，与刚到黄埔军校的聂荣臻擦肩而过。

中山舰事件后，聂荣臻离开黄埔到广东区军委工作。这是党内成立的

① 中国第二历史档案馆供稿《黄埔军校史稿》（第七册），档案出版社1989年版，第17页。

第一个“军委”。随后，党在鄂、湘、浙、苏、豫、陕、沪、渝、赣等地地方领导机构中设立了军事部或军委或军事特派员等。1926 年 5 月 1 日，聂荣臻参加了叶挺独立团北伐先遣队在广州召开的团连以上干部会议。北伐开始后，聂荣臻奉广东区党委军委命令担任军委特派员，到北伐军做组织联络工作，向带兵的同志传达中央和军委指示，帮助解决困难问题或反映给军委。由于当时陆路不便，聂荣臻由水路至上海经武汉、岳阳到了长沙联络上叶挺独立团等部队。9 月攻占贺胜桥后，聂荣臻从长沙经汀泗桥赶到贺胜桥。革命军占领汉口、汉阳后，聂荣臻到了武昌城下，住叶挺的团部，经常往来于武汉三镇。11 月攻占武昌后，聂荣臻随先头部队进城在中和里组建湖北省委军委，分配已毕业的四期学生和安排共产党员工作。因四军张发奎部伤亡急需补充人，聂荣臻重点分派了不少党员，如把林彪分到了叶挺独立团当见习排长三个月，把由粤派往武汉的游步瀛安排到十一军叶挺部二十五师任参谋处长。后还经手分配了朱德、陈毅、刘伯承、邓小平等的工作。

1927 年“四一二”反革命政变后，中央派聂荣臻和李立三赴上海了解情况，直到“五大”前回武汉参加会议。聂荣臻到达武汉时，“五大”已经闭幕，叶挺刚指挥镇压了夏斗寅叛变。7 月中旬中央在武汉开会决定南昌起义，周恩来指定聂荣臻、颜昌颐、贺昌组成前敌军委，聂荣臻为书记，任务是先去九江通知同志们做好准备。聂荣臻于 7 月 20 日在九江叶挺司令部参加了中央负责人碰头会，随后在九江到各部队传达给各部队负责同志任务和准备工作。聂荣臻在驻马回岭的二十五师七十三团、七十四团侦察连、七十五团三个营组织发动了两三天，扩大范围传达起义，多次与游步瀛等进行个别或集体谈话，动员做好起义准备。

8 月 1 日南昌举行起义，聂荣臻与周士第等将七十三团、七十四团侦察连、七十五团三个营急速开进南昌，与主力汇合。随后起义军进行整编，聂荣臻任十一军党代表，军长叶挺、副军长蔡廷锴，领导二十五师师长周士第、党代表李硕勋、参谋长游步瀛；林彪升任二十五师七十三团第三营第七连连长，许光达任二十五师七十五团第三营第十一连排长（三河坝战斗中代理连长）。8 月 30 日会昌战斗，聂荣臻和周恩来、叶挺、刘伯承在一个山头上指挥二十四师、二十五师、二十军激战。聂荣臻指示周士第、李硕勋、游步瀛好好地进行战斗动员，党员、团员要起模范作用，保证完成战斗任务，打下会昌。胜利占领会昌城后，军长叶挺、党代表聂荣臻以十一军名义传令嘉奖二十五师及该师领导人周士第、李硕勋、游步仁等。①

四、游步瀛与陈毅武汉匆匆相遇，率陈毅从宜黄打到三河坝

1926年底，游步瀛由粤到武汉在叶挺部二十五师任参谋处长时，陈毅还在四川万县做党的工作。1927年5月，陈毅从四川到武汉，组织部把他分到叶挺部当兵，后遇军委的颜昌颐，将其情况向湖北军委书记聂荣臻报告，聂荣臻就把陈毅分配到正缺人的武汉分校做党的工作，担任党委书记，公开身份是准尉文书。此时，游步瀛正随二十五师继续北伐中。5月中旬夏斗寅叛变，武汉军校奉命改编为中央独立师开赴前线，陈毅率部配合叶挺的二十四师在武昌附近纸坊、土地堂一带击溃夏斗寅部。“七一五”汪精卫公开“分共”叛变革命后，准尉文书陈毅曾一度隐蔽在郭化若任连长的炮兵连，后又转移到肖劲任连长的特务连。7月下旬，军校被张发奎编为第二方面军的教导团。8月2日，教导团随张发奎“东征讨蒋”，获知共产党已在南昌举行起义，4日行到九江时，张发奎缴了教导团的械。陈毅与共产党员、特务连连长肖劲一起化装成百姓，从九江出发，几经周折，于8月6日晚赶到南昌得知起义军已经南下，陈毅与肖劲至8日在抚州赶上了部队，见到前敌委员会书记周恩来、军事参谋团参谋长刘伯承，报告了教导团的情况。周恩来、刘伯承让陈毅、肖劲去联系当时一支自称“农民建国军”的赣东武装，但未联络上，反被哨兵抓住。陈毅和肖劲脱身后，于8月10日在宜黄再次追上起义军。

周恩来与参谋团诸同志交换意见后，亲自安排陈毅到第二十五师七十三团任团指导员。起义军在宜黄稍作休息后，继续南下。陈毅所在的七十三团在周士第、李硕勋、游步瀛的领导下，历经会昌战役，一路打到三河

① 黄瑶、阎景堂主编《中国十元帅》（下卷），四川人民出版社1993年版，第770—773页。

坝。在三河坝地区，二十五师及第九军教育团奉命留守，由第九军副军长朱德指挥。在惨烈的三河坝战役的相持阶段，游步瀛奉朱德命令，亲率七十三团团长黄浩声、指导员陈毅率部进行反攻，激战中，游步瀛不幸腹部中弹负重伤，被陈毅派人将继续坚守笔枝尾山阵地指挥战斗的游步瀛强制抬下火线，送到师指挥所。后随部撤出三河坝，转移到饶平县的三斗坑、天上峰、水牛子、下祠地区。10 月 7 日早晨，朱德、周士第、陈毅来到全德学校做好开会的准备工作。李硕勋召集团级以上干部（有名可考者约 24 人）全部到全德学校开会。游步瀛因负重伤未能参加讨论。据饶平当年在场的老赤卫队员回忆口述，会议开始之前，李硕勋和陈毅特地到高阳楼众间看望游步瀛并征求他的意见。游步瀛身体虚弱但意志坚定地说："同志们……要继续革命啊！我服从……服从组织的决定。"7 日晚，部队在饶平十多位农军向导的带路下越过饶平、平和交界的柏嵩关，游步瀛由于伤势过重，壮烈牺牲。①

五、刘伯承率领游步瀛起义、攻打会昌，命令其扼守三河坝

1927 年 4 月，杨森派兵围困刘伯承的泸州起义军，经武汉吴玉章的一再呼吁，武汉国民政府于 5 月任命困守泸州孤城的刘伯承为民国革命军暂编十五军军长，16 日，刘伯承从龙透关走出包围圈，历经重重困难，经大足、达县到达西安，再经郑州于 7 月 11 日达到汉口，向武汉中央政府报告。武汉中央口头嘉奖后没了下文，刘伯承便后向军委会请了"病假"，跟随南昌起义前敌委员会书记周恩来东下九江、南昌，参与南昌起义的组织发动工作。7 月底，刘伯承奉命到二十军，协助南昌起义总指挥贺龙拟定起义计划等。游步瀛等按照刘伯承的周密安排举行南昌起义。8 月 1 日南昌起义成功，9 日成立革命委员会，下设参谋团，具体领导起义军，刘伯承任参谋长。8 月 25 日，参谋团在瑞金召开会议，一致同意刘伯承提出的起义军攻打会昌的战斗方案。战斗打响后，刘伯承随周恩来到叶挺部队指挥，经激烈战斗，游步瀛等起义军按照刘伯承参谋长的指示和战斗命

① 黄瑶、阎景堂主编《中国十元帅》（下卷），四川人民出版社 1993 年版，第 502—509 页。

令，取得了胜利。经艰苦转战，起义军于9月18日到达大埔县。参谋团决定游步瀛所在的二十五师由朱德率领留守三河坝。刘伯承下达命令，要求游步瀛所在的二十五师及二十军扼守三河坝，掩护起义军达到东江地区。①

六、贺龙指挥游步瀛南昌起义、留守三河坝，转战步瀛家乡

1927年6月，独立十五师师长贺龙率“钢军”从河南班师回汉，受到各界热烈欢迎，独立十五师扩师为军，贺龙升任二十军军长。不久后，贺龙以“东征讨蒋”名义将二十军部队拉出武汉，先后在鄂城、大冶、石灰窑一线集结。汪精卫公开叛变革命后，贺龙在大冶召开了连以上军官训话会，率部于7月23日进入九江。中共中央政治局委员、武汉政府农民部长谭平山在九江饭店拜会贺龙，热情交谈交换南昌起义意见，贺龙表示完全拥护，一切听党的指挥。7月26日，贺龙率部进抵南昌，军部设子固路中华圣公会内。7月28日，周恩来代表前敌委会委任贺龙为起义军总指挥。31日夜，贺龙以总指挥的名义，命令游步瀛等各起义部队进入战斗准备。8月1日凌晨2时，贺龙与周恩来、叶挺、朱德、刘伯承等领导起义部队，从凌晨2时战到6时，大获全胜。2日上午成立中国国民党革命委员会，下设参谋团，具体负责指挥起义军南下广东。随后，聂荣臻、周士第率领起义部队二十五师赶到南昌。3日，贺龙以代总指挥的名义发布了《告全体官兵书》。

按预定计划，起义成功后，游步瀛及所在部队执行贺龙总指挥的南下命令，担任纵队后卫任务。起义军一路艰苦南下，根据情况变化，贺龙总指挥命令游步瀛所在的二十五师和二十军在留守三河坝，由朱德指挥，掩护主力继续南下。游步瀛在惨烈的三河坝战役中腹部负重伤，但他塞肠坚守在笔枝尾山阵地，后在转移福建平和途中壮烈牺牲。②

贺龙获知三河坝战役损失也很惨重，痛心表示绝不甘心，一定要重整旗鼓。8年后的1935年12月，贺龙率红二、六军团长征东进时，由溆浦

---

① 黄瑶、阎景堂主编《中国十元帅》（下卷），四川人民出版社1993年版，第314—316页。
② 黄瑶、阎景堂主编《中国十元帅》（下卷），四川人民出版社1993年版，第410—417页。

经老鹰坡进入隆回小沙江兰草田及金石桥罗公湾、黄金井一带，司令部设于游步瀛老家金石桥五罗芦基湾陈家大院。贺龙在五罗村指挥鸭田战斗，痛击反动武装，沉重地打击了反动武装的气焰，为红军挥师前进赢得了时间，从而顺利西行北进。

七、朱德率领游步瀛扼守三河坝、掩护主力军、保续革命种

南昌起义胜利后，朱德任第九军副军长，率第九军于8月3日作为南下广东的先头部队从南昌出发。经艰苦转战，游步瀛等起义军于9月18日到达大埔县。参谋团决定游步瀛所在的二十五师由朱德率领，扼守三河坝，掩护起义军达到东江地区。

留守三河坝的起义军在三河坝对岸的东汶部一带布防。第九军军部和第二十五师师部联合在一起，组成指挥部，设在东汶部的笔枝尾山东南边的一个小山头里。朱德和二十五师师长周士第、党代表李硕勋、二十五师参谋长游步瀛等同志经常在这里分析战情，研究作战行动，部署各部如何开展战斗。

10月3日拂晓，钱大钧趁韩江上大雾弥漫，组织了更大规模的进攻。双方对峙中，龙虎坑高地上，参谋长游步瀛见形势危急，便主动向朱德、周士第、李硕勋请战，获准后，游步瀛一头扎进了大雾中。黄昏时分，游步瀛带着第七十四团的那一支预备队赶到第七十五团阵地，人数虽不多，但生力军一投入，将士们大为振奋。一个反冲锋，再次杀退敌人夺回了阵地。① 随后参谋长游步瀛又折回梅子崃附近，组织七十三团团长黄浩声、政治指导员陈毅反攻，展开肉搏战，在指挥战斗中，游步瀛腹部中弹受重伤，但他塞肠继续坚守笔枝尾山阵地指挥战斗，后因伤重被团政治指导员陈毅强制抬到后方②，随指挥部行动。

二十五师在朱德指挥下激战三昼夜，撤出三河坝后转移到饶平县的三斗坑、天上峰、水牛子、下祠地区，保存有生力量两千人，在饶平附近的

---

① 赵琪：《八月一日·南昌起义卷》，解放军出版社1996年版，第293—295页。

② 中国人民政治协商会议、广东省梅州市委员会学习和文史资料委员会编《梅州文史》（第16辑），2003年，第110—112页。

茂芝乡与从潮汕撤出的第 3 师余部会合。10 月 7 日，朱德在茂芝全德学校召开了部队和机关团以上的干部会议——茂芝会议。游步瀛因伤势过重，未能出席讨论会。[①] 7 日晚，部队在饶平 10 多位农军向导的带路下越过饶平、平和交界的柏嵩关，经过柏嵩关时，游步瀛由于伤势过重，壮烈牺牲。待达到福建平和附近时，朱德下令将身体已经冰凉的游步瀛埋葬在九峰（平和老县城）以西的一个山坡上。随后，朱德率部经江西转移到广东北部，后转入湖南南部，最后转战到井冈山与毛泽东率领的工农革命军第一军第一师会合，后来发展成为红军的主力。

游步瀛作为我党早期从事革命武装活动的老战士，与后来成为开国元帅的朱德、陈毅、聂荣臻、贺龙、徐向前、刘伯承等一道为创建一支受中国共产党独立领导的人民军队贡献了自己应有的力量。

① 参见黄瑶、阎景堂主编《中国十元帅（上卷）》，四川人民出版社 1993 年版，第 18—20 页。

崇实求理：罗泽南道统思想探讨

胡长海*

摘　要：罗泽南的道统思想呈现出宗本程朱，容纳桐城派文道观以及重视湖湘学经世致用的学术特征。罗泽南强调儒家之道自尧舜禹汤以至于程朱的道统传承谱系，排斥陆王，凸显其宗本程朱的学术底色。在道的内涵上，他强调君臣父子等伦理以及修齐治平的儒家理想。在文道关系上，罗泽南主张文以载道，肯定经典以及文章对传承儒家之道的作用。他还批判佛老之学沦儒家伦理于虚空之地，反对词章功利之学丧绝身心性命之道。需要指出，罗泽南认为阳明阳儒阴释，篡改朱子之说，以佛老异端篡夺儒家正宗。罗泽南强调儒家之道的实理内涵，主张文以载道，批判异端都凸显出其求实求理的学术特点。

关键词：罗泽南；道统；程朱；异端；阳明

罗泽南作为近代湖湘学代表，理学经世派人物，其学术思想颇具经世致用的湘学特点以及宗本程朱的学术基底。曾国藩认为罗泽南："以诸生提兵破贼，屡建大勋。朝野仰叹，以为名将，而不知其平生志事裕于学者久矣。"① 足见其事功之外，还有致力于学术探究。后世学者指出"他一方

---

* 胡长海，四川师范大学四川文化教育高等研究院副研究员，四川成都，610066。

基金项目：国家社会科学基金重大项目"中国道统思想研究"（17ZDA010）阶段成果。

① 曾国藩著，唐浩明点校，《曾国藩全集》，岳麓书社1995年版，第3055页。

面在学术上固守程朱理学门户，极力批判王学；另一方面又深受湖湘地区经世致用学风的影响，面对晚清社会政治和经济的重重矛盾，以卫道为己任，走上了经世的道路。"①《清史稿》点出其学术"体用兼备，一宗程朱"②的学术特点，钱基博则指出"泽南以宋儒之理学治兵。"③可见罗泽南学术思想宗本程朱，又重视经世致用。其道统理论充分体现宗本程朱与经世致用的学术特征。罗泽南道统思想强调尧、舜、禹、汤，以至于二程、朱熹的传承谱系，排斥陆王的道统地位。在道的内涵上，强调道的本体地位及其儒家伦理的实践内涵。同时，罗泽南受桐城派影响，指出文以载道，肯定经典以及文学对传承道统的价值，认为"无文则道无所寄，无道则文无所本"④。此外，他还辟异端而崇正学，指出"管商之功利、佛老之虚无、俗学之训诂词章、陆王之阳儒阴释"⑤皆是异端。具体上，他批判佛老丧绝三纲五常，沦儒家礼义于虚空之地；批判功利俗学盛行遮蔽儒家之道；他还强调心学乃是禅学，阳明阳儒阴释，以佛家之说夺儒家正宗。罗泽南道统思想彰显程朱理学底色，以及重视经世致用的学术旨趣。

一、"有宋诸儒，发尧舜之薪传"

罗泽南肯定儒家道统思想，强调儒家之道的传承自有谱系。他指出："唐虞以降，传道统者数圣人……尧舜性之也，全此身之道者也。汤武反之也，体此身之道者也。禹皋伊旦，孔曾颜孟，存此身之道者也。……有宋诸儒，发尧舜之薪传，续孔孟之微脉，圣贤之道益以大明于天下。"⑥罗泽南看来，儒家圣人之道传承在于数位圣人，指出尧舜乃全身之道，汤武乃体身之道，禹皋伊旦，孔曾颜孟，存身之道。而宋代诸儒阐发尧舜之道，继承孔孟之学，推动儒家之道大明于天下。罗泽南的道统谱系是自尧、舜、汤、武、禹、皋、伊、旦以至于孔、曾、颜、孟，进而传于宋代

---

① 罗泽南撰，符静校点，《罗泽南集》，岳麓书社2010年版，第3页。
② 赵尔巽著，《清史稿》，中华书局1976年版，第11948页。
③ 钱基博著，《近百年湖南学风》，湖南师范大学出版社2018年版，第17页。
④ 罗泽南撰，符静校点，《罗泽南集》，岳麓书社2010年版，第52页。
⑤ 罗泽南撰，符静校点，《罗泽南集》，岳麓书社2010年版，第85页。
⑥ 罗泽南撰，符静校点，《罗泽南集》，岳麓书社2010年版，第51页。

诸位儒者。论述宋代道统的传承上，罗泽南说："宋儒挺生，以兴起斯文为己任……濂溪，圣之继者也。明道，圣之绍者也。伊川，圣之翼者也。紫阳，圣之成者也。……后之学者，探宋儒之精微，跻孔孟之堂奥，使尧舜、禹汤、文武、周公之道灿然大明。"① 罗泽南强调圣人之道传承关键在于宋儒，颜曾思孟后儒学之道荒芜，正是宋儒的阐发推动儒家之道的再度光明。具体而言，他认为濂溪，圣之继者也。明道，圣之绍者也。伊川，圣之翼者也。紫阳，圣之成者也，肯定周敦颐、二程、朱熹的道统地位，后世之儒不过绍承宋儒阐明儒家之道。罗泽南还强调圣人之道传承寄于世运盛衰，他说："圣贤道大德盛，一出则可以赞天地之化育，造万民之福祉。惟当天地之运隆盛欲兴，急需一个人出来为之位育，因而得位行道，以成天下之文明，此尧舜禹汤、文武周公所以行道于天下也。至春秋战国时，天地之气运已闭塞了，所以孔、孟仆仆列国，终不获展其所学，此固时运之盛衰使然，非人力所可为者。濂洛关闽不得行道以复三代之盛，亦世运之所致与?"② 他指出儒家从尧舜禹汤、文武周公以至于濂洛关闽的道统能否阐明皆系于时运之盛衰。在此，罗泽南尤其强调周敦颐阐明道学的地位，指出："濂溪生千载之后，崛起南服，建图著书，圣道复明，其阐发道义之言，无不与孔孟若合符节者，此心此理尽人同然也。"③ 以此凸显周敦颐宋代道学的开山之祖地位。

在儒家之道的内涵上，罗泽南强调道的本体地位，指出道不生不灭，不随世事变迁。他说："险易者殊涂，道无往不存也；雨旸者异候，道无时不在也。"④ 又说："阴阳异位，道无往而不存也；动静殊时，道无往而不在也。"⑤ 即是说，儒家之道无处不在，不因险易、阴阳、动静等变化而消亡。同时，他强调："道乎无声无臭，纲维二五，根柢万化。……分而为健顺，判而为五常。"⑥ 认为儒家之道是万物生生之根本，儒家人伦乃根

① 罗泽南撰，符静校点，《罗泽南集》，岳麓书社2010年版，第205—206页。
② 罗泽南撰，符静校点，《罗泽南集》，岳麓书社2010年版，第283页。
③ 罗泽南撰，符静校点，《罗泽南集》，岳麓书社2010年版，第297页。
④ 罗泽南撰，符静校点，《罗泽南集》，岳麓书社2010年版，第70页。
⑤ 罗泽南撰，符静校点，《罗泽南集》，岳麓书社2010年版，第190页。
⑥ 罗泽南撰，符静校点，《罗泽南集》，岳麓书社2010年版，第189页。

基于圣人之道。他强调儒家之道与天地永恒，即人而道存。他说："覆载有遐迩，道不以遐迩而或殊也；运会有古今，道不以古今而或异也；寒暑有递变，道不以递变而加损也；人物有消息，道不以消息而存亡也。……天地有尽，大道无尽，道即天地而存，道不随天地而毁也。……即人而道存也。亦不必求诸人也，即吾身而道存也。"① 显然，儒家之道乃具有本体内涵，是生发万物的根本。所以，他强调："天地之道未尝一日亡于天下也。"② 而儒家之道又分体用，无时无刻不体现在具体事务之中。他指出："人受天地之中以生，无一理之不具于心者，道之体也；率其性之本然，发之于日用事物之间者，道之用也。"③ 因此，儒家之道与事务合一，"天下无事外之道。"④ 罗泽南还指出道存在于具体事务之中，尤其是落实在人伦道德之中。他说："语父子则极其亲，语兄弟则极其爱，语夫妇则极其别，语朋友则极其信，语君臣则极其敬也。……人道也，即天道也。"⑤ "小而饮食起居，大而君臣、父子、夫妇、昆弟、朋友，以至于齐家、治国、平天下，莫不因时制宜。"⑥ 同时，他指出儒家圣人之道既分体用，便有精粗、虚实、内外之别。他说："大道之蕴，至深至微，得其粗必穷其精，得其表必穷其里。"⑦ "天地之道，曰'诚'而已矣。太虚，虚也；理，至实也。"⑧ "今夫为学之道，果何如哉？内以成己，外以成物而已。"⑨ 究其根本，罗泽南阐发宋儒体用一源的思想，强调儒家之道的本体地位，又主张儒家之道无所不在，充斥于人伦日常之中，凸显儒家之道贯通万事万物之中。

---

① 罗泽南撰，符静校点，《罗泽南集》，岳麓书社 2010 年版，第 206 页。
② 罗泽南撰，符静校点，《罗泽南集》，岳麓书社 2010 年版，第 201 页。
③ 罗泽南撰，符静校点，《罗泽南集》，岳麓书社 2010 年版，第 50 页。
④ 罗泽南撰，符静校点，《罗泽南集》，岳麓书社 2010 年版，第 91 页。
⑤ 罗泽南撰，符静校点，《罗泽南集》，岳麓书社 2010 年版，第 194 页。
⑥ 罗泽南撰，符静校点，《罗泽南集》，岳麓书社 2010 年版，第 172 页。
⑦ 罗泽南撰，符静校点，《罗泽南集》，岳麓书社 2010 年版，第 89 页。
⑧ 罗泽南撰，符静校点，《罗泽南集》，岳麓书社 2010 年版，第 189 页。
⑨ 罗泽南撰，符静校点，《罗泽南集》，岳麓书社 2010 年版，第 191 页。

二、“夫文者，所以载道者也”

关于文道关系，柳开曾指出：“古文者，非在辞涩言苦，使人难读诵之，在于古其理，高其意，随言短长，应变作制，同古人之行事，是谓古文也。”① 韩愈也说：“愈之所至于古者，不唯其辞之好，好其道焉耳。”②桐城派文道观是对唐宋古文家文道观和理学家文道观的融合③。罗泽南深受桐城派影响，“是桐城派之嗣响”④，也强调文以载道。他指出：“士之不能明道者，以今日之士皆文章之士；士之不能行道者，亦以今日之士皆文章之士。非文章之士之不欲明道、行道也，惟徒习夫记诵词章之学，则不复求乎身心性命之学。不求乎身心性命之学，则道遂不能明而不能行。夫文者，所以载道者也。无文则道无所寄，无道则文无所本。”⑤ 他认为儒家之道依据文章得以传承，文所以载道，无文则道无所寄，无道则文无所本。儒家之道得不到传承，根本在于文章之士沦为记诵词章之学，不复身心性命之学。在此，罗泽南表彰唐宋以来的文学之士，指出韩愈、欧阳修乃孟子之后不可多得之文，而李杜中更凸显杜甫忠君爱国之心。由此，他评判文章之根本在于以道德生发文章，这关乎儒家道统脉络的传承。他强调：“盖文为载道之器，道即为作文之基也。……三代以下，以文章自命者多矣。昌黎起八代之衰，庐陵塌五季之陋，莫不以文章为己任。迄今读其所作，要皆于道有所得者，始能炳著于古今。韩之《原道》《佛骨表》《送浮居文畅》及《与孟尚书》等书，识见卓越，孟子而后不可多得。欧阳子之文不让昌黎，而其议论亦多于道有所见。唐诗李杜并称，而杜终胜于李，亦以其忠君爱国之意，时时流露于楮墨间。可见古今来文章之可传者，要必其言之有物，而后为人之所不忍弃。苟无关于世道人心，即其纵横雄宕足以推倒一时，亦不足以垂诸后世，其本未裕故也。是故孟子之

① 柳开撰，李可凤点校，《柳开集》，中华书局2015年版，第11页。

② 韩愈撰，马其昶校注，《韩昌黎文集校注》，上海古籍出版社1986年版，第176页。

③ 赵建章著，《桐城派文学思想研究》，北京图书馆出版社2003年版，第60页。

④ 王志军著，《南岳道教文学思想概论》，湘潭大学出版社2016年版，第242页。

⑤ 罗泽南撰，符静校点，《罗泽南集》，岳麓书社2010年版，第52页。

学，由道德发而为文章者也，故其片言只词，悉关道脉。”① 罗泽南认为文以载道，要言之有物，反对脱离儒家之道而追求文辞华丽，指出文章脱离道德则儒家之道不可得而传焉。罗泽南深受传统文道观念影响，重视文学著作对道统的传承与阐发作用。

需要指出的是，罗泽南认为儒家之道根本还在经典，而儒家经典也是文的重要内涵。他指出：“五经者，圣道之所寄也。《诗》以言性情，《书》以道政事，《周易》备阴阳之消长，《春秋》明治世之大法，《周官仪礼》，古先王之制度文为备载其中，读其书可以明圣人之道，明其道即以晰吾心之理。”② 显然，他重视五经在传承儒家道统中的意义。他还说：“圣人之道，身心性命之道也。其文杂载于《诗》《书》《礼》《乐》《易象》《春秋》，其理散著于视听言动、君臣、父子、昆弟、夫妇、朋友。”③ 不难看出，罗泽南重视五经的地位，主张经所以传道。而与五经取得同样地位的四书也具有传承道统的同等地位，他说：“如《诗》《书》《易象》《春秋》《大学》《中庸》《论语》《孟子》诸书，并悬诸天地而不磨者，以其言皆道德之精微、人生之实用，非若后世文章之士，徒夸其藻思已也。”④ 他指出：“道之在天下……尧舜禹汤、文武周孔，皆所谓躬凝此道，而立人极之准者也。《易》《书》《诗》《礼》《乐》《春秋》，四子之言，皆所以阐明此道，而揭人极之归者也。”⑤ 罗泽南还尤为重视《中庸》，指出君臣、夫妇、兄弟之道皆寄于中庸：“《中庸》言道，推本于天命之原，是盖明道之所以为道，实吾性之固有……盖为父、为子，自有父子之道，尽其道，则太极之理见于父子也；为君、为臣，即有君臣之道，尽其道，则太极之理见于君臣也；为夫、为妇，自有夫妇之道，尽其道，则太极之理见于夫妇也；为兄、为弟，自有兄弟之道，尽其道，则太极之理见于兄弟也。”⑥ 他强调要传承圣人之道务必从《中庸》入手做格致修身功夫。

---

① 罗泽南撰，符静校点，《罗泽南集》，岳麓书社2010年版，第97页。
② 罗泽南撰，符静校点，《罗泽南集》，岳麓书社2010年版，第258页。
③ 罗泽南撰，符静校点，《罗泽南集》，岳麓书社2010年版，第74页。
④ 罗泽南撰，符静校点，《罗泽南集》，岳麓书社2010年版，第52—53页。
⑤ 罗泽南撰，符静校点，《罗泽南集》，岳麓书社2010年版，第187页。
⑥ 罗泽南撰，符静校点，《罗泽南集》，岳麓书社2010年版，第50页。

他说："做到曾子之格致诚正修，《中庸》之明善诚身，孟子之知言养气，以至宋儒之所以上承道统者，莫不从这里做工夫。"① 究其根本，罗泽南主张道在经典，重在躬行践履。他说："古圣贤嘉言懿行，微义奥旨，莫不载在典籍，纪诸编册。读其文者，自宜身体而力行之，以不负其所训。见孝子之书，则思我之所以事父母。见忠臣之书，则思我之所以报君国。植纲常，扶名教，正品行，厚风俗，凡有关于世道人心，无不为之维持。"② 他主张读书以明道，而五经四书之外还要重视宋代儒者之言，他说："吾辈读书不可不博，又不可不精。不博则识见太隘，无以窥大道之全体；不精则泛滥无归，无以探大道之底蕴。……以四子之书为宗旨，以六经为菽粟，以宋五子之言为尺度，寻其源委，晰其本末，平心玩索，以求至理之所在。"③ 可见，罗泽南既受到宋明理学的影响，强调儒家之道以理学得以传承的理念，还受到清代桐城派熏陶，重视文以传道的学术思想。

三、"异端之徒不绝，圣贤之道不行"

要传承儒家圣人之道，发明圣道于天地之间务必辟异端邪说。罗泽南继承儒家辟异端的传统，批判佛老、俗学等异端，进而彰明儒家圣人之道。唐鉴称其"斥阳明之顿悟，探伊洛之渊源，孜孜焉以崇正学、辟异端、正人心，明圣教为己任。"④ 罗泽南指出："异端之徒不绝，圣贤之道不行。佛老并起，邪说诐行盈天下。寂灭清净，乱正道也；遗君弃亲，畔人伦也；鲜居寡处，绝生机也；佛阁道院，竭财力也。农工商贾皆为有用于世，佛老在天下非徒无益而又害之矣。禁僧道，庐寺观，而后天下之人知正教矣。"⑤ 他认为辟儒学异端重在抵制佛老，批判佛老丧绝儒家伦理，又浪费社会资财，因而要禁僧道寺观，然后天下归于正途。显然，罗泽南指出阐发圣人之道目的在于"扶纲常、传圣学、位天地、育万物"。他说：

① 罗泽南撰，符静校点，《罗泽南集》，岳麓书社2010年版，第269页。
② 罗泽南撰，符静校点，《罗泽南集》，岳麓书社2010年版，第77页。
③ 罗泽南撰，符静校点，《罗泽南集》，岳麓书社2010年版，第88页。
④ 唐鉴著《西铭讲义》，咸丰七年长沙刊，第1页。
⑤ 罗泽南撰，符静校点，《罗泽南集》，岳麓书社2010年版，第200页。

“凡扶纲常、传圣学、位天地、育万物，莫非分内当为之事，亦莫非尽人所能为之事，本至健者也。然而天地之大，古今之久，求其能尽乎此者不可多得，其故何哉？物欲害之故也。盖人之一心，至妙也；天下之物欲，至众也。人惟内有所主，始不为物欲之所侵夺。否则物之势大，我之力微，鲜不为其所屈。是故富贵之念炽，则舍道德而慕纷华矣。声闻之情急，则忘内行而务外著矣；安佚之意生，则厌检束而喜放荡矣；利害之见起，则隳气节而事趋避矣。外此而管商之功利、佛老之虚无、俗学之训诂词章、陆王之阳儒阴释，又从而摇之、乱之、阻抑之、陷溺之。”① 罗泽南认为圣人之道不行关键在于内无所主，为物欲牵引，因而贪慕荣华，弃绝内修，追求安逸，计较厉害，而异端不过是外在作用。所以，罗泽南认为外圣人之道便是异端，所谓异端不仅是功利之学、佛老之学，还包括词章之学，以及阳明学。需要强调的是，罗泽南批判阳明学阳儒阴释，以此判定其为异端，肯定程朱之学的正统地位。这也凸显“谨守程、朱之正轨”②的学术风尚，以及对儒学异端观的发展，和对阳明学的纠正。

具体而言，罗泽南批判佛老弃绝仁义礼智。他说：“老氏绝去生理，专守清静，谓道在太极之先，而溯乎元始者以尊之，仁义礼智皆弃之而不用。二氏之说愈近理而愈乱真，高明者恒溺之焉。”③ 他指出佛老的根本问题在于弃绝儒家人伦之礼：“礼也者，所以昭天地之节者也。天高地下，万物散殊，圣人因之以定天下之典礼。……是皆顺天理之自然，以即人情之安。弃礼而言道，老子之道也。”④ 他指明，阐明儒家圣人之道，在于上有礼而下有学，他说：“向使天下后世之士，尽能学先生之所学，求合乎仁义中正之道，以之修身则身修，以之治世则上有礼下有学，又何至贼民纷起，重贻斯世之忧也哉？”⑤ 而佛老弃绝三纲五常，毫无礼义，学者以佛老之说混为儒家之道，启导人伦沦丧。他指出：“至如释老之教，弃三纲、

① 罗泽南撰，符静校点，《罗泽南集》，岳麓书社2010年版，第85页。
② 何桂珍撰，刘怀忠、何磊主编《何桂珍文集》，云南人民出版社2001年版，第5页。
③ 罗泽南撰，符静校点，《罗泽南集》，岳麓书社2010年版，第46页。
④ 罗泽南撰，符静校点，《罗泽南集》，岳麓书社2010年版，第198页。
⑤ 罗泽南撰，符静校点，《罗泽南集》，岳麓书社2010年版，第81页。

绝五常，已显叛乎大道矣。今曰：‘释之为释，老之为老，皆是道’，试问道在三纲五常之中乎？抑亦舍三纲五常别有所谓道乎？……混佛老于吾儒之中，吾见天下之人，皆相率而入于佛老矣，以佛老之道即吾儒之道也。且将以吾儒之道，犹有所不及于佛老也。灭五常、弃三纲，非此言启之也哉？"① 所以，罗泽南批驳佛老异端根本在于强调儒家人伦之礼，重视三纲五常的重塑，以此区别儒家与佛老。佛老则弃绝人伦，将儒家之道沦落于虚空之地。他说："仙佛者灭此真实之理，而陷溺于虚空，日用伦常所以尽去之而不顾也。"② 又说："至谓儒者之教，与仙家长生久视诱人入道、佛家之出离生死诱人入道，彻上彻下原自一贯，是不仅圣人之道无异于佛老之虚无，而其所以自私自利者亦与之无别矣。"③ 他认为佛老之教"去君臣、弃父子、离夫妇兄弟"④，批评佛老"失之虚阁空寂，无有乎家国天下。"⑤ 罗泽南批驳佛老根本落实在以儒家人伦之实，反对佛老之虚寂。

此外，自程朱之学列为官学后，科举功利之学盛行。儒者对此多有批判，罗泽南指出："盖自圣道不明，俗儒之学盈天下。天下之士不尽力于词章，即凝心于记诵。"⑥ 他认为，儒家之道不彰在于功利俗学充盈天下，沦落于记诵词章。他批判儒者以词章为务，丧失对儒家之道的持守。他说："儒者之学，岂徒以务词章、邀利禄已哉？读书谈道，当以圣贤之言，体贴到身心上。致知以明其理，力行以践其道。明体达用，方是圣贤真实工夫。否则，俗学耳。"⑦ 罗泽南将俗学与异端并举，指出："尚词章，务记诵，身心之学不事讲求者，弃天者也。矜夸诈，逞机变，崎岖反侧，不即乎义理之安者，欺天者也。急功利，图近效，补苴欢虞，无复远大之模者，亵天者也。崇尚虚无，厌弃礼注，仁义礼智悉视为后起之数者，逆天者也。梦幻天地，微尘法界，君臣、父子、夫妇、昆弟之伦一切弃之不顾

① 罗泽南撰，符静校点，《罗泽南集》，岳麓书社 2010 年版，第 299 页。
② 罗泽南撰，符静校点，《罗泽南集》，岳麓书社 2010 年版，第 231 页。
③ 罗泽南撰，符静校点，《罗泽南集》，岳麓书社 2010 年版，第 232 页。
④ 罗泽南撰，符静校点，《罗泽南集》，岳麓书社 2010 年版，第 284 页。
⑤ 罗泽南撰，符静校点，《罗泽南集》，岳麓书社 2010 年版，第 236 页。
⑥ 罗泽南撰，符静校点，《罗泽南集》，岳麓书社 2010 年版，第 76 页。
⑦ 罗泽南撰，符静校点，《罗泽南集》，岳麓书社 2010 年版，第 118 页。

者，叛天者也。以讲习为支离，以事物为外累，言顿悟、言心宗，超凡人圣，不事下学者，贼天者也。……俗学不默，异学不熄，欲求立乎其极，是欲之闽越而趋陇蜀也。安望其能至也哉。”① 罗泽南以天为标准，批判词章功利之学是弃天而已。显然，罗泽南认为圣人之道之所以不行，乃是因为世人沦于功利俗学，丧失道德本心于词章之中，因而俗学不去则异端不熄，儒家之道难以彰显。他还批判俗学鄙陋，虽言及孔孟之道，实则内无所主，而外丧礼法，难以培养圣贤之才。他指出："俗学卑陋，治术驳杂，语以孔孟之道，则群惊以为高，语以三代之政，则众疑以为迂，苟非有定见、有定力，鲜不为其所屈者。”② “夫记诵之学，以询外夸功为务，而不体之于身心，实一无所觉也。词章之流，铺陈古人之糟粕，而遗至道之精微，是于梦中说梦也。厌格物穷理之功，而惟恃此心之良知以自试于人伦日用、家国天下之间，谓可以悉合乎矩镬，是率天下之人蔑视圣经、荡轶礼法，同归于大梦也。”③ 显然，罗泽南植根于传统儒家思想，主张求实求理，反对追求词章功利之学。

需要指出的是，阳明学及其流弊遭到后世儒者的批判。罗泽南将阳明之学与佛教学说并举，认为阳明学实乃阳儒阴释之辈，批判其为异端之学。他崇尚程朱之学，将陆王心学与儒家之道对立："孔孟程朱之说既明，佛老陆王不可得而蔽。”④ 他指出："阳儒阴释之辈，又从而蛊坏之，矜言顿悟，不事讲习，身心国家之要遂无复有寻求。而讲论者，不知人察天地之气以生，理即从而赋之，万事万物之理莫不具于一心。惟其错于形气之私、滞于见闻之小，是以此心之所知者有所蔽而不能尽。”⑤ 罗泽南所指乃阳明之学，他从几个方面指出阳明学弊端。首先，罗泽南批判阳明“无善无恶”之说乃佛教之理论。他说："佛经三藏十二部五千四百八十卷，一言以蔽之，曰无善无恶。吾谓阳明《传习录》《大学问》论学诸书，亦可

① 罗泽南撰，符静校点，《罗泽南集》，岳麓书社2010年版，第205页。
② 罗泽南撰，符静校点，《罗泽南集》，岳麓书社2010年版，第290页。
③ 罗泽南撰，符静校点，《罗泽南集》，岳麓书社2010年版，第76页。
④ 罗泽南撰，符静校点，《罗泽南集》，岳麓书社2010年版，第285页。
⑤ 罗泽南撰，符静校点，《罗泽南集》，岳麓书社2010年版，第76页。

以一言蔽之，曰无善无恶。……千言万语阐明致良知之旨，究皆发明无善无恶之旨，阴实尊崇夫外氏，阳欲篡位于儒宗也。"① 他认为无善无恶是佛教之语，阳明借用阐明儒家之道，实则以佛教篡夺儒家。其次，无善无恶也论及人性，阳明无善无恶实与佛教、告子之说相同，冲击孟子性善之说。他指出："孟子曰性善，荀子曰性恶，杨子曰善恶混，告子曰性无善无不善，佛氏谓性无善恶、能生善恶。其说之不同，如冰炭之不相入……阳明皆是之，何哉？……固主乎告子、佛氏，而又兼取荀、杨，以破孟子性善之说耳。"② 此外，罗泽南还批判阳明对朱子学说的篡改，指出："今之阳儒阴释，则直以圣贤之道折入于佛老之中。是故孔孟之言不敢直诋之也，则创为一说以解之，谓孔孟之道即吾之道也；朱子之言可以直诋之也，斥朱为洪水而不惜，毁朱为猛兽而不顾。……当时之推尊朱子者至也，一日举而辟之，无以杜天下之口，乃录其言之与己相似者，著为《朱子晚年定论》……今观其书，有于全文中摘录其一段，而首尾之异己者去之矣，有朱子中年之书，指为晚年者矣。……夫朱子之道，孔孟之道也；格致之旨，孔孟之嫡传也。孔孟之精微，非朱子无以发；濂洛之蕴奥，非朱子无以明，扫功利，排佛老，摧陷肃清，义精仁熟，此功直在万世也。孔子之圣，不以无人议而有加；朱子之道，不以有人言而或损。乃欲以佛老之虚寂，毁圣贤之功修，曾何伤于日月乎？"③ 显然，罗泽南将阳明篡改朱子学说的原因也归于其佛教的本质。罗泽南将心学归于禅学，他批评说："阳明之所谓圣学者，心学也，即禅学也。……阳明舍实有之至理，而慕渺茫之虚见，其所以推尊颜子者，正所以厚诬颜子耳。"④ "阳明之学，言顿悟者也。……以佛氏之邪说定圣人之品诣，佛之道是，则孔子之道非，虽拟之为九千镒，犹是阳明之过誉矣。"⑤ 他还将后世学者沦于佛老之说的根源归于阳明之影响，指出："凭恃智巧，逞弄聪明，侮先圣，薄六

① 罗泽南撰，符静校点，《罗泽南集》，岳麓书社2010年版，第209页。
② 罗泽南撰，符静校点，《罗泽南集》，岳麓书社2010年版，第211页。
③ 罗泽南撰，符静校点，《罗泽南集》，岳麓书社2010年版，第267页。
④ 罗泽南撰，符静校点，《罗泽南集》，岳麓书社2010年版，第268页。
⑤ 罗泽南撰，符静校点，《罗泽南集》，岳麓书社2010年版，第270页。

经……非阳明有以启之也哉!”① 批驳阳明心学流弊，重视儒家实然伦理，既是对心学流弊的纠正，也凸显其宗本程朱的学术特点，更彰显其求实求理的经世学风。

四、结语

罗泽南道统思想植根于晚清学术背景之中，具有深刻的时代烙印，凸显宗本程朱以及重视经世致用的学术特征。嘉道年间程朱理学复兴，“文教昌明，而闇然为为己之学，兢兢焉谨守程、朱之正轨。”② 受此影响，罗泽南道统论强调尧舜禹汤以至于程朱的传承谱系，强调程朱的道统地位，排斥阳明学说。其对道阐释上也多绍述程朱，强调道的伦理内涵以及其本体地位。同时，作为桐城派影响下的湘乡文派代表，其学术又深受桐城派影响，主张文以载道，强调文学以及经典对传承和阐发圣人之道的作用。此外，身为湖湘学代表，其学术思想又凸显求是求理的经世致用地域文化特征，主张儒家之道的实然伦理内涵以及修齐治平的天下关怀，主张“以宋儒之理学治兵”③，将理学与军事需要相结合。正是基于其程朱理学立场以及经世致用的学术特征，他强调黜异端而明正道，批判功利俗学以及佛老、阳明学的虚空寂灭，丧绝对儒家伦理的躬行践履。需要指出的是，罗泽南将阳明指为阳儒阴释，批判阳明篡改朱子学说也是其宗本程朱的重要体现。而罗泽南道统思想融合程朱理学、桐城派文学以及湖湘学派经世特征，也凸显出“‘学术多元化’一语才是对晚清学术格局的最好概括”④的时代学术特征。

---

① 罗泽南撰，符静校点《罗泽南集》，岳麓书社2010年版，第271页。

② 何桂珍撰，刘怀忠，何磊主编《何桂珍文集》，云南人民出版社2001年版，第5页。

③ 钱基博著《近百年湖南学风》，湖南师范大学出版社2018年版，第17页。

④ 龚书铎主编《清代理学史》，广东教育出版社2007年版，第393页。

湘学文献

何绍基致晚清诗人吴观礼信札考

王贞华*

摘　要：何绍基是清代著名的诗人和书法家，他的诗文、书法对后世影响深远。本文通过对何绍基致晚请诗人吴观礼的八通信札的考释，梳理二人交往的情形，可见何绍基对吴观礼诗词、书法的影响。

关键词：何绍基；吴观礼；信札

吴观礼（1833—1878），字子儁（子俊），号圭庵，浙江仁和（今属杭州）人，道光二十九年（1849）举人，由举人捐纳得刑部员外郎，同治三年（1864）入左宗棠幕府，助其镇压捻军、回民起义，以功荐授陕西候补道，加布政使衔。同治十年（1871）中进士，选庶吉士，授编修，光绪元年（1875）充四川乡试副考官，有《圭庵文集》《读鉴随录》《使蜀日记》及《圭庵诗录》传世。

吴观礼本来是何绍基三弟何绍祺的女婿，何绍基道光三十年（1850）十月十二日日记云："昨日得九月十八日京信，其日系为彤云姪女缔姻于杭州吴孝廉观礼。"① 咸丰七年（1857）夏，彤云殁于京廨。何绍基非常赏识吴观礼，将爱女韶云许配给他。何绍基在为吴观礼之父吴怀宝所作的

* 王贞华，重庆市文联副秘书长、文艺工作部主任，中国书法家协会会员、中国文艺评论家协会会员。

① 清道光三十年至咸丰元年《何道州日记》手稿复印件。

《封朝议大夫吴君晋斋墓志铭》中云："以吾女韶云为继室，间关数年，至是始得成礼，时癸（为）［亥］春正月也。"① "癸亥"即同治二年(1863)，此年何绍基有诗《癸亥春正月二十日，为吴郎子俊与小女合卺之辰，积雨乍晴，满天星斗，喜而有作》云："荆布虽难效古风，诗书芳润满帘栊。漫夸得婿才名盛，差幸传家孝友同。天外来帆良愿慰（婿于客冬由浙至湘），雨馀合卺快晴融。循陔共侍双亲健，闲暇还听唱和工。"②又有诗《吾女韶云结褵吴氏，老怀欣慰，诗以示之》云："儿未回家女适人，老年怀抱易伤神。且从客舍开甥馆，缓卜山庄恰比邻（婿家同住丰元坝）。笠屐尚欣吾矍铄（余将有岭南之游），齑盐须念母勤辛。闲中莫厌频赓和，乐事循陔正好春。"③ 欣喜之情，溢于言表。

我在梳理何绍基的信札资料时，发现其致吴观礼的信札八件，时间跨度有十多年，信中所谈虽然多是家常事、家常语，但从中可以看到何绍基对吴观礼的关爱和期许，这些信札无论是研究何绍基还是研究吴观礼，都是非常珍贵的资料。现略作考释如下：

一

子儁贤姪如面，每得儿辈来札，曲挚悉尽，纫慰无量。鹤庄来，询知近状尤慰也。春试非遥，惟望提步词垣，努力努力，凡事自尽其所当然，若都说有命则大家闲着过日子，可乎？时事万难，然大局自适，计明年当一律肃清矣。仆到陕来借寓旧镇署，回忆川中协署，可谓一笑。西偏隙院，冻竹瘦花颇甚盼雪，因与儿姪辈谭艺访碑，足滋寒趣，官场酬应落落，比在蜀自如多矣。都中浙友与仆契者最多，何时复聚，日切殷盼耳。附去十六金为销寒兼馈岁，淡薄勿哂。顺问谭报佳安并姪女好。十一月廿夜，基顿首。④

从信中"仆到陕来借寓旧镇署，回忆川中协署，可谓一笑"等语可

① 何绍基《何绍基诗文集》，岳麓书社2008年版，第923页。
② 何绍基《何绍基诗文集》，岳麓书社2008年版，第512页。
③ 何绍基《何绍基诗文集》，岳麓书社2008年版，第512页。
④ 《蝯公残墨》，日本书道蛟龙会2006年出版，第64页。

知，此信作于咸丰五年（1855）十一月廿日。当时何绍基在四川学政任上谪官，一大家人行到西安，暂住镇军闲署。信中“鹤庄”即蒋启勋，字鹤庄，湖北安陆府竟陵人，内阁学士兼礼部侍郎蒋立镛孙，咸丰十年（1860）庚申恩科进士，授吏部主事，历任河南道御史、镇江、苏州知府、湖南衡永郴桂兵备道。蒋启勋也是何绍基的侄婿，在日记中时有提及。关于吴观礼的近况，何绍基是通过询问前来西安的蒋启勋得知的。“春试”即会试，因为在春季举行，又称春试。何绍基鼓励吴观礼努力攻书，参加来年的会试，并希望他“提步词垣”。信中还谈到了自己在西安的生活状况，“与儿姪辈谭艺访碑，足滋寒趣，官场酬应落落，比在蜀自如多矣”。谈及浙中的友人，何绍基是很有感情的。他曾随侍父亲何凌汉视浙学，广交江南才俊，后来他每次到杭州，都要和朋友们一起游玩、逛书肆、赏金石书画等，在日记中多有记载。最后，何绍基给了吴观礼十六两银子“销寒兼馈岁”，可见对他是颇为看重的。

二

儁、闇如面，余于卅日下船，初二到岳城卡上，问不着踪迹，陵砚亦然，甚为惦念。初三日后一路风报，遂于二砚口司官处起旱到嘉鱼，十六日至鄂垣臬署，雪后奇冷，拟作十日盘桓，因熟人太多也。不想□香（先公进学门生）廿三日来接，片刻过江，晚饭后上“飞似海马”船，廿四五鼓开行，夜泊九江，今日廿五夜不肯泊，说丑初可到南京。同舟友人多到南京者，余亦遂约同上岸。大约可等到黎明上岸，从容再往镇江、苏沪。中丞未回苏，打算何时由上海来耶？中丞回经，或者闇姪有造化。吾儁婿绍兴之行已定计否？昨见与桂桂信，知其大略，真无可奈何之事。余舟中得诗不少，老兴可知。无□挂念，踞转作此一字告慰。蜀典试双星到湘，闻仍踰岭春风，复动此事，愈出愈奇矣。前寄两书，荫老俱寄回湘了。廿五日初二刻，蝯叟书。①

从信中乘“飞似海马”船到南京等情形可知，此信作于同治三年

① 《名人翰札墨迹》第20册，艺文印书馆1976年出版，第9—11页。

（1864）十月廿五。当时何绍基由武汉乘船去南京，在船上给吴观礼写了这封信。信中概述了此行所到岳阳、陵矶、嘉鱼、武汉、九江等地的情形，到南京后打算再去镇江、苏州、上海等地。信中所言“中丞”应指时任江苏巡抚的李鸿章。是年，他率领淮军配合曾国藩兄弟率领的湘军一举攻占南京，并先后收复苏州、常州等地，受封一等肃毅伯，赏戴双眼花翎。从信中语意揣测，“闇姪”是有求于李鸿章。何绍基此行诗兴大发，写了很多诗，后来集为《金陵杂述四十绝句》。曾见何绍基在此年十二月十六将《金陵杂述四十绝句》抄送其四弟何绍京，有跋云：“兹将往焦山寻平斋，湘寓想时有信，在武昌得儁郎信，已早到上海，此时想已转苏州也”①，与此信相关联。“蜀典试双星”即当年典四川乡试的考官，查同治三年（1864）四川乡试正考官为胡家玉（1810—1886），字小蘧，南昌新建人，道光二十一年（1841）探花，授翰林院编修，是何绍基的好友，在其日记中时有提及，故在信中提及。“荫老”即唐际盛，字荫云，湖南善化（长沙）人，唐方煦子，因办团练、劝捐输、设局筑炮台、造战船镇压太平军有功，累保授荆州知府，迁道员，晋湖北按察使。何绍基的家信多是托官府的朋友以折差传递。

三

儁郎、闇姪如面，杭州过年后即当来苏，昨日晤少翁，情话颇洽，亦甚盼吾姪之来。吾不能久居此，望眼悬悬也。镇江一信收到否？子儁事如何？可一洗清否？吾除夕到此，住平斋处甚适，惟闲屋太少，不便同住，然同住想亦多不便。草草数字，专等见面为嘱，初三日，蝯叟书。②

何绍基在咸丰七年（1857）冬到杭州看望他的弟弟何绍祺，并在杭州过年。初读此信似作于其时，但与后面“吾除夕到此，住平斋处甚适”情形不合。据何绍基咸丰七年（1857）冬的日记记载，他是在当年十二月廿

① 钱松：《何绍基年谱长编及书法研究》，南京艺术学院2008年博士学位论文。

② 《蝯公残墨》，日本书道蛟龙会2006年版，第66页。

八到杭州金刚寺巷寓，非除夕，也不是住“平斋”处。“平斋”即吴云（1811—1883），字少甫，号平斋，晚年号退楼、愉庭，祖籍归安（今浙江湖州），官至镇江、苏州知府，是清代金石家、书画家，是何绍基好友。据何绍基词《水调歌头》注曰：“甲子除夜到吴门，住吴平斋抱罍室。”“甲子”即同治三年（1864），当时何绍基游览了南京，由扬州、镇江到苏州，住吴云处。“少翁”应指李鸿章（1823—1901），字渐甫、子黻，号少荃（泉），与曾国藩、张之洞、左宗棠并称为“中兴四大名臣”，当时任江苏巡抚。“情话颇洽，亦甚盼吾姪之来”与前一封信的“中丞回经，或者闇姪有造化”相照应。由此看来，“杭州过年后即当来苏”乃笔误，此信作于同治四年（1865）正月初三。

四

肖农世兄于初五日得晤，关念甚至，旋送到吾郎、姪来信，极慰！尚有内幕可靠，吾亦不急于望其即来，如来时且宜弗出看风色。一两日内欲望再行谒商也。平翁处新年酒兴字兴好，勿念。绍兴之行如何？草草数字，问旅佳不尽。湘信竟杳然。立春日书。①

此信笺墨、书法与前信如出一辙，应作于同时。从“尚有内幕可靠，吾亦不急于望其即来，如来时且宜弗出看风色”等语揣测，何绍基在为闇姪谋划前途。“一两日内欲望再行谒商也”，与谁谒商？应该是李鸿章。“平翁处新年酒兴字兴好”与前信“住平斋处甚适”相照应，“绍兴之行如何”与第二封信“吾儁婿绍兴之行已定计否”相照应。此信作于同治四年（1865）立春日（正月十一）。

五

儁郎如面，昨得廿八日杭州来书，因知鼎姪已由靖江回昆凌，乃无一字到沪，何也？丰寓有信甚慰，湘中及都寓皆不得其一字，即谓老翁当归，又何妨滥费少少笔墨耶？真不可解。人都劝我写字要笔资，老年窘状，不

① 《蝯公残墨》，日本书道蛟龙会2006年版，第67页。

能不犯既衰之戒，不想笔劳而资不速集，致成留滞，日间已截止来纸，但了案头残债，即可往浙吴。幼丹已闻讣，闽贼已趋潮州，江右或不至警动，浙省可无设防否？前闻芗泉病假，半月即出，为与新抚不洽，果否？蓉初如何得意？当继雪门而起，将来到浙不过一两日即行，或不至再有牵滞。蔡丈事闻可了矣，想亦集资为难也。数行问近适，一切面谈，不及缕缕。四月七日，蝯叟书。①

从信中在上海写字等语可知，此信作于同治四年（1865）四月初七。此年初春，何绍基由苏州去上海，住了五十多天，结识了丁日昌等人。他在信中云："人都劝我写字要笔资，老年窘状，不能不犯既衰之戒，不想笔劳而资不速集，致成留滞，日间已截止来纸，但了案头残债，即可往浙吴。"这是研究何绍基笔墨应酬、润笔收入等情形的珍贵资料。当时上海已是非常繁华的商业重镇，商业气息浓郁，何绍基此行的润笔收入，在随后到的两封家书中说得很明白。同年四月廿五日其家书云："上海一住五十日，写字取笔资不为所得，然靠不住，以所托银号忽闭也。"其同年七月其致何绍京的信中希望儿子何庆涵在京当差，计划让儿媳携诸孙北上，并进一步在信中明确表示："此次沪上笔资足资盘费，惟必须淮间捻匪肃清，方可放心。"可见尽管"所托银号忽闭也"，但此行所获仍然非常丰厚。"芗泉"即蒋益澧（1825—1874），湘乡人，字芗泉，湘军的后起之秀，时任浙江布政使，何绍基与其交好，对其评价很高（详见拙文《武略精奇经百战，吏材精敏冠诸贤——从何绍基致蒋益澧的信札说起》）。"幼丹"即沈葆桢（1820—1879），字幼丹，福建侯官（今福建福州）人，是何绍基道光十九年典福建乡试时选拔的人才，后来成为晚清名臣。"蓉初"即余祚馨，字蓉初，湖南武陵人，举人，候补知县加知府衔，先后任湖南嘉禾、浙江兰溪、广东揭阳等县知县，是何绍基长孙何维朴的岳父。"雪门"即许瑶光（1817—1881），字雪门，号复斋，湖南善化（长沙）人，道光二十九年（1849）拔贡，历任桐庐、淳安、常山、诸暨、仁和等县知县，有循声。

① 《名人翰札墨迹》第20册，艺文印书馆1976年版，第15—16页。

六

儁郎如面，自得沪信后未再得书，何时抵闽？所作何事？季帅相待如何？自家如何安顿？甚为悬念。闇姪五月后不来一音，常案曾否出去？身体若何？举家悬念，不惟老母萦心也。如何如何？湘中城乡均平适如昨，惟敬叟老态颇增，眠食均减，兴致不佳，不似老蝯消摇自在。回湘后见新得一女一孙，甚堪娱笑，惟芗泉处带来绍酒渐次告竣，止余吾郎所存二坛未开，然亦新春告罄矣。此事真闷人耳。丰坝开小园，比芋园为胜，好在都是天然景致，不加人力。吾女侍奉清佳，老少均欢适度日。时事欲了未了，江浙初静，其后大难，粤东军情不振，湘境未能撤防，黔事不可闻，吾省西防日内又稍紧矣。夏秋辛热，后忽然又早寒，八月廿外即著棉衣也。这两日又暖起来，或者是雪信耶？十二日吾斋消寒初集，首唱一诗，因李次青辑《国朝先正事略》已得五十卷，足补吾从前史官之憾，沛然成篇，想已吾子儁乐闻也。浙乡试录到，知又村、玉泉、少牧、竹厓各隽一子，仲英未得见，岂未入社耶？梅花消息自因军务歇作，回思春初苏、沪之游，何日复践诸君之约耶？桂儿说归未归，性情疲缓，世间太平宰相都是一般皮味。子愚说哥哥看世上人无非性缓者，可笑叹也。子备忽付家信来，因附草一纸，惟千万珍摄，十月廿五，蝯叟书。①

查《东洲草堂诗钞》，何绍基同治四年（1865）有诗《十月十二日约黄海华、胡恕堂、张东墅、杨性农、罗研生、李次青小集吾斋，为消寒第一集。次青见示所辑国朝先正事略，感叹有作》，可知此信作于同治四年（1865）十月廿五。此年四月廿，何绍基离沪赴浙，四月廿四到杭州，在浙江布政使蒋益澧处住了半个月，临行蒋益澧赠何绍基绍酒若干，与此信“惟芗泉处带来绍酒渐次告竣”相照应。“季帅”即左宗棠（1812—1885），字季高，湖南湘阴人，晚清政治家、军事家、民族英雄，与曾国藩等人并称“晚清中兴四大名臣”。此时吴观礼已入左宗棠幕府。“芋园”是何绍基的亲家、两江总督李星沅在湖南长沙的私家园林，“丰坝”是何

① 《名人翰札墨迹》第20册，艺文印书馆1976年版，第1—4页。

绍基和吴观礼居家之地，说新开的小园胜过芋园，多少有点敝帚自珍的意思。“吾女”即吴观礼的夫人韶云，可见何绍基当时的日子过得不错。家事谈完谈国事、时事，这是何绍基书信的惯例，字里行间不无忧虑。“又村”即邵灿（？—1862），字耀圃，号又村，浙江余姚人，道光十二年（1832）进士，授翰林院编修，历任漕运总督、河道总督、浙江督办团练大臣等职。“玉泉”即潘曾玮（1818—1886），字玉泉、季玉，吴县（今苏州）人，潘世恩之四子，荫生，历官刑部郎中，后闲居在苏州，以书画诗酒陶冶性情，何绍基对其有“清能澈骨豪逾静，澹欲无言少已多”的评价。“少牧”即熊少牧（1795—1878），字书年，号雨胪，湖南长沙人，道光乙未举人，官蓝山训导，候选内阁中书，工诗文，名满湖湘，何绍基与其“辛卯、乙未两次同年”，相交情深，时有诗词唱和。“竹庄”即谭廷襄（？—1870），字竹庄，山阴（今绍兴）人，清道光十三年（1833）进士，历任刑部主事顺天府尹、刑部侍郎、湖广总督、都察院左都御史、刑部尚书、吏部尚书等职。“仲英”即吴恒（1826—1895），字仲英，号颂音，晚号鹤翁，仁和（今杭州）人，曾任松江海防同知，嗜金石，善书画。

七

儁郎如面，久不得书，甚念念。王若翁来湘，问悉在闽光景，与季帅如此相得，知己感恩二者集之，信为奇缘！感迻秦中之行，理应同往，惟目下季帅有北觐一节，似宜趁此回湘省亲，赶上前程并无耽阁，克庶请假五月，即若留后路，粮台亦非匆促可办，且此刻回事渐松，夷情方紧，季帅一定西征恐亦未必也。年来尊慈健适合，子备近因坟山事有不适，日来已愈。三婕久不适，近日却好起来。长沙风气，坟山事最为累赘，前年回龙坡被人盗墓，去腊九子岭被人伐树，俱不过一告示了事。近日檀木岭事子备愤愤殊甚，然亦何能透办？久远事情亦未宜得罪邻社，反生轇葛。湘中虽说初安，日后殊难设想。前次来书急欲东旋，亦复谈何容易，何不来湘一商乎？小桥翁姥今年俱病，药囊不离，子敬衰态日增，用心愈烦，鼎姪八月后无消息，吉凶莫卜。联姪来往两乡，仆仆可怜。仆今年两次抱恙，桂儿病逾百日，近始复元。端云于九日夭化，老怀剧恶，自春初曾孙不育外，群稚相机婴疾，秋来始清也。刻集事因桂病耽延，年底尚未竣事。今日得都信，已得雪矣，而湘中冬干方甚。鄂垣星使已北行否？豫捻闻半入秦，粤西有肃清之说，芗泉初政甚动听，近多疵议，去浙真可惜也。闻道翎喜音，可贺可贺！韶女住城将匝月，回乡不久隔日必有信到至。钟钟近日耳聋如乃翁，奈何奈何！惟珍啬万万，不尽。蝯叟，十一月廿八夜。①

左宗棠于同治五年（1866）八月十七接上谕，调任陕甘总督。从信中“感迩秦中之行，理应同往”等语可见，此信作于同治五年（1866）十一月廿八。对于吴观礼颇得左宗棠赏识，何绍基是很欣慰的，他希望吴观礼能在左宗棠率队西征之前回湘一趟。谈及家中琐事，一大家子显然过得不易。“子备”即吴观礼的弟弟，为坟山事生气不适。吴观礼想接家眷回浙，在当时的境况下谈何容易？“小桥翁姥”即何绍祺夫妇，多病体衰。何绍基新生的女儿夭折，其父子又先后生病，刻诗集尚未完成，孙子何维朴又耳聋，无可奈何。信中再次谈到了对时事的关注和对老朋友蒋益澧的忧心。

八

士逢知己，为国宣劳，尚复何说？惟闽中人来问及吾僒郎光景，都说身子不甚结实而好劳特甚。左帅精神，仿佛一切皆独任烦剧，以致夜间少眠，令吾十分系念。闻风雷归来，精采可想，慰何如之？前路辛劳方长，但宜以静淡闲适待事物之至，庶乎壮盛之年益得强固耳（家信宜勤寄）。十日之期展出五六日亦可，天气如此，乃来不及也。手此问子僒贤婿如面。十三日晨起，蝯书。②

从内容看此信时间比上一封信稍后，是劝吴观礼在外不要太操劳，要劳逸结合，字里行间满是关切之情。

吴观礼十六岁中举，可谓少年得志，但直到同治十年（1871）才考中进士，真不容易。他在京师与张之洞、张佩纶、陈宝琛等人交往尤为密

① 《名人翰札墨迹》第20册，艺文印书馆1976年版，第5—8页。
② 《名人翰札墨迹》第20册，艺文印书馆1976年版，第17页。

切，由于他年龄较长，经历也很丰富，曾入左宗棠幕府，参与平定新疆之役，较早涉入军国大计，有政治抱负，有幕僚经验，又有文学才华，所以最得大家信赖。在2016年12月上海人民出版社出版的《张佩纶家藏信札》中，有吴观礼与张佩纶的往来信函、文翰217件，可见他们当时交往之密切。章士钊后来将吴观礼与张佩纶、陈宝琛并称“翩联三士壮同光”，① 可想见吴观礼当时的风采。可惜吴观礼于光绪四年（1878）赈灾染疫身亡，未能像他的几位友人一样干出一番更大的事业。

吴观礼去世后，张之洞作《挽吴圭庵观礼》诗云：“识君日浅见君心，两疏忧时壮翰林。交遍公卿无诡合，久更戎马转湛深。怜才曾叫巫咸篴，敦旧亲调子敬琴（君典蜀试，有绵竹杨生高才不遇，君深自咎责，至于下泣。谢麟伯前辈病殁，君经纪其丧）。使府三良同一厄，秦川呜咽陇云阴（君与麟伯及张兵备树茭，皆为恪靖伯荐辟入幕，期月内并卒）。”② 高度评价吴观礼的人品、学识、才情以及他的戎马生涯，对他英年早逝表示惋惜和痛心。陈宝琛和张佩纶为吴观礼编辑刊印《圭盦诗录》，由陈宝琛亲笔手写并作序，张佩纶作跋。吴观礼在当时朋辈中的影响力之大，可想而知。

何绍基与吴观礼的交往，应该是道光三十年（1850）吴观礼与其侄女彤云缔姻以后。咸丰二年（1852）七月，何绍基母丧服阙回京，初六到家，当天日记云：“晚饭与载芬、蒨园及侄婿吴子儁同坐。”③ 随后，其日记时常提及吴观礼，关系非常亲密。十九，“今日为二娣做五十岁生日，内外略有客，有清音。李九、吴婿盘桓竟日。”④ 廿日，“吴婿来同早晚饭。”⑤ 廿三，“吴婿来，课以南岳开云诗，甚佳。”⑥ 廿六，“吴婿来，又同晚饭，课诗。”⑦ 此年吴观礼十九岁，何绍基亲自指导他作诗，评价其

① 汪辟疆：《光宣以来诗坛旁记》，辽宁教育出版社1998年版，第39页。
② 张之洞：《张文襄公诗集》卷二，扫叶山房民国十五年石印本第154—155页。
③ 陈红彦、樊长远整理《张叔未日记（外六种）》，凤凰出版社2020年版，第394页。
④ 陈红彦、樊长远整理《张叔未日记（外六种）》，凤凰出版社2020年版，第395页。
⑤ 陈红彦、樊长远整理《张叔未日记（外六种）》，凤凰出版社2020年版，第395页。
⑥ 陈红彦、樊长远整理《张叔未日记（外六种）》，凤凰出版社2020年版，第396页。
⑦ 陈红彦、樊长远整理《张叔未日记（外六种）》，凤凰出版社2020年版，第396页。

“甚佳”，对其寄予厚望。此后，何绍基一直对吴观礼青睐有加，时时在日记和家书中提到吴观礼，对其关怀备至。尤其是同治九年（1870）何绍基应曾国藩、丁日昌之邀，赴吴门主苏州、扬州书局，校刊《大字十三经注疏》，寓苏州金狮桥巷，“适吴氏女（韶云）随婿（吴观礼）随侍母在苏，相见欢甚”。[①] 此年四月十一，何绍基有《四月十一日雨生中丞饷鲜荔支并晶盘见贶，用坡韵奉谢二篇》云：“未须日啖三百颗，五十有五骊龙珠。”注曰：“适吴子俊婿自沪归，亦携荔来，共得此数。”[②] 吴观礼《圭庵诗录》有《外舅示四月十一日用东坡韵谢江苏抚部饷荔支诗奉和》云：“东洲先生家道州，使节闽粤西至涪。乘轺遍历产荔处，不比坡公儋惠游。湘东晚课门弟子，每睹时艰轸疮痏。翩然杖履来江南，卿士欢迎奉人瑞。酒酣诗思纷萌芽，消夏得地餐更加。”[③] 吴观礼又有《东坡生日集外舅寓斋谨赋》云：“今之坡老蝯臂翁，平生梗概将毋同。陈笠屐图拜鞠躬，酒脯罗列簋有饛。恍陪觞咏黄楼东，语我旧事意态雄。凤台官阁甥馆中，诗思斗落如长洪。”[④] 岳父在古代亦称“外舅”，因此吴观礼两处皆以“外舅”称何绍基。他对何绍基丰富的人生阅历、多彩的艺术生活充满了敬意，他们在一起谈论旧事、唱和诗词、交流书画，情深意长。同治十年（1872），何绍基有诗《六月六日吴姻母六十寿，寄怀子俊，兼示令弟子备》云：“花翎兵备早扬誉，翰苑新承御笔除。难得萱堂周甲庆，恰逢芸馆拜庚初。清华奉职宜将母，事业无边要读书。舞彩阿连方北望，鳞鸿颇觉近来疏。”[⑤] 此时吴观礼已中进士，何绍基对其更是赞不绝口。

吴观礼后来能够成为晚清有影响力的诗人和书法家，与何绍基的关爱和影响是分不开的。从陈宝琛亲笔抄录在《圭庵诗录》的二百七十首诗看，吴观礼诗以唐宋为法，古体宗乐府，七律专学老杜，斐然成家。其诗才情激越，纵横驰骋，与何绍基一脉相承，而何绍基得东坡之豁达、山谷

① 何庆涵：《眠琴阁遗文·先府君墓表》，载《近代中国史料丛刊》第95辑，第9页。
② 何绍基：《何绍基诗文集》，岳麓书社2008年版，第607页。
③ 吴观礼：《圭庵诗录》，清光绪五年篑斋校刻本，第33—34页。
④ 吴观礼：《圭庵诗录》，清光绪五年篑斋校刻本，第36—37页。
⑤ 何绍基：《何绍基诗文集》，岳麓书社2008年版，第625页。

之执拗，吴观礼有边塞诗的苍凉，境遇不同而诗风自异。

就书法而言，曾见吴观礼所题“明德堂”，颇得何绍基神韵。据说吴观礼书法得何绍基之女、其妻子韶云真传，从何绍基在家书中多次提到，可知韶云是善书画的。咸丰六年（1856）七月下旬何绍基家书云：“韶儿亦令学画。”① 咸丰七年（1857）五月何绍基家书云：“韶韶尚画兰写篆否?”② 同治九年（1870）十月十九何绍基家书云：“子儁日下怎样？韶韶字大长进，有见用功未?”③ 海崇源艺术品拍卖有限公司2003春季艺术品拍卖会中国近现代书画专场，有徐树铭、徐康、蒋节、金鉴、吴观礼、李鸿裔书法六条屏，其中吴观礼临《争座位帖》，明显受何绍基影响，书写时间应与其他几位同时，在同治庚午年，即同治九年（1870）。近年来吴观礼的书法时常在各拍卖会上露脸，颇受藏家追捧。

何绍基曾为吴观礼写过不少书法作品。西泠印社2010年春季艺术品拍卖会中国书画古代作品专场，有何绍基行草书东坡诗词四条屏，款曰：“丁巳春杪都寓大风，漫书为子俊贤侄倩笑视。东洲居士何绍基。”“丁巳”即咸丰七年（1857），此年三月初一，何绍基自济南起程入京，初九日到京师米市胡同。此间何绍基为吴观礼书此四条屏，字形大小随之，非常轻松随意，有点游戏的味道，在其书法中也算别格。同年六月，何绍基有为吴观礼画兰的扇面，现藏于重庆市博物馆，另一面以小楷录黄庭坚诗，款曰：“丁巳六月，同人集慈仁寺拜山谷生日，余分韵得‘旅’字，起语云‘坡翁与涪翁，生日别寒暑。涪诗令人怆，坡诗令人煦。方知造化穷，正赖文章补。’今立秋已多日，偶写此二诗，汗如雨下，吾言盖误矣，且与子儁侄倩商之，蝯叟。”不但吴观礼书法受何绍基影响，从《圭庵诗录》中张佩纶题跋的书法看，显然也受何绍基的影响很大，可见何绍基书法颇受后辈推崇。

---

① 童曼之主编《何绍基墨迹》（三），湖南美术出版社1996年版，第28页。

② 童曼之主编《何绍基墨迹》（三），湖南美术出版社1996年版，第52页。

③ 何绍基信札手稿，中国嘉德2018春季拍卖会“笔墨文章——信札写本专场”。

小莽苍苍斋藏湘军人物信札释读

毛 健*

摘 要：“小莽苍苍斋”是田家英的书斋名。清末湖南名士谭嗣同的书斋名为“莽苍苍斋”，田家英因对其仰慕，而称自己的书斋为“小莽苍苍斋”。田家英在繁忙工作之余坚持收集清代学者墨迹，经后人整理出版《小莽苍苍斋藏清代学者书札》，其中有多种晚清湘军人物如曾国藩、彭玉麟、郭嵩焘、李元度等的书信，这为研究湘军人物的思想、学术和事功，提供了重要的文献史料。

关键词：湘军；曾国藩；彭玉麟；郭嵩焘；李元度

小莽苍苍斋是田家英的书斋名。田家英仰慕湖南名人谭嗣同，谭嗣同书斋名为“莽苍苍斋”，因此田家英称自己的书斋为“小莽苍苍斋”。田家英（1922—1966），原名曾正昌，四川成都人。1937 年赴延安参加革命，任马列学院中国近代史教员。自 1947 年起任毛泽东秘书，参与《毛泽东选集》一至四卷的编辑工作及中华人民共和国第一部宪法的起草。田家英学术修养为世人称赞，但很少有人知道他在繁忙工作之余坚持收集清代学者墨迹。至 1966 年，田家英的藏品已达千余件，年代从明朝末年至民国初

* 毛健，湖南省社会科学院历史文化研究所助理研究员。

年，跨越三百余年，涉及人物五百余人。[1] 其收藏清人手札之丰富，蔚为大观。经后人整理出版《小莽苍苍斋藏清代学者书札》，其中不乏多位晚清湘军人物的信札，这对研究湘军人物的思想、学术和事功，提供了最原始的文献史料。

一、曾国藩致多隆阿

礼堂尊兄大人麾下：十一日午刻接初十申刻手缄，具审布置得宜，力维全局，曷任佩慰。弟前日悬念霆营，极为焦灼，又拟分兵寄居蒋营，帮助打仗，又欲蒋、唐两军以次递札而西，其时尚未知精选右营、中营已移于小池驿也。此时小池各营垒俱已稳固，惟南路尚单，麾下拟以黄泥港之营陆续进札，以护粮道，前敌即恃以无恐，非惟鲍、蒋二军之幸，亦楚皖全局之幸也。惟麾下兵勇夫役，连日修营打仗，过于疲乏，此后宜大休息，静以待动，不可再出寻贼开仗。金、余各军门已出水吼岭至河口一带，固是夹攻妙着，然亦宜卷塘进札，步步为营，乃臻稳固。尊处探报，王家牌楼、银朱塔等处盘踞之贼甚少，应请麾下致信金、余二君，即从银朱塔等处入手，庶距小池驿不远，此间亦令太湖各军进扎罗溪河，以通金军之气耳。专泐复请捷安。不备。愚弟曾国藩顿首。十一日酉刻。（十二日到）

外金太守信一函乞付妥便速递为荷。

按，该信函反映的是咸丰十年（1860）湘军东进安徽攻击太湖县太平军发生的小池驿战役，体现了曾国藩以静制动、步步为营的稳妥谨慎的作战指挥思想。结合相关文献史料可知，该信函应写于咸丰十年（1860）正月十一，曾国藩在当日收到前线将领多隆阿的来信，知悉其军事部署，虽然对多隆阿布置得宜表示敬佩，但内心仍然极其焦虑不安，此时鲍超率领的湘军精锐霆字营被数万太平军团团围困，处于非常危险的境地。曾国藩立刻回信给多隆阿，指示其进行战略战术上的安排，同时调遣各路军队进

① 曾自：《父亲田家英的清史缘》，载《小莽苍苍斋藏清代学者书札》，人民文学出版社2013年版，第5页。

行增援。《曾国藩日记》当天记道："早出，巡视营墙。饭后清理文件，复胡中丞信，寄金逸亭信，与季弟信，见客四次。中饭后又复季弟信。是日辰刻接多、蒋二信，言鲍营粮路颇通，为之欣慰。傍夕闻金军至王家牌楼，十二日可开仗，尤为慰喜。夜，接鲍信，言贼围鲍营甚急，又极焦灼。夜发胡中丞信一件，金逸亭、鲍春霆信各一件。竟夕不眠。"① 日记内容与信函多相契合，唯细节上略有出入，日记记载曾国藩收到多隆阿的信函为正月十一辰刻；回复多隆阿的信中称收信时间为当日午刻。在小池驿战役中，湘军霆字营深陷险地，危险重重，此战关系湖北、安徽整个战局，亦关系湘军的生死存亡，尽管曾国藩与胡林翼调兵遣将部署妥当，但曾国藩忧心忡忡，可谓惶惶然不可终日。《曾文正公年谱》载：咸丰十年(1860)庚申，"正月，公在宿松大营。贼酋陈玉成大股由安庆上犯小池驿，围扑鲍超营甚急。公与胡公林翼调派各营援之。飞札调萧启江一军驰回援皖。每遇寒风雪雨、沉霾阴曀之晨，则终日惶然，以前敌为虑。二十五日，多隆阿、鲍超大破贼于小池驿。二十六日，击破贼垒七十余座，克太湖、潜山两县城，贼卜窜。"②

信函中的"礼堂尊兄大人"，即是多隆阿（1817—1864），字礼堂，呼尔拉特氏，属满洲正白旗人。以骁骑校被征入关，从僧格林沁镇压太平军。咸丰十年（1860），会湘军大举围皖攻桐城，与陈玉成战于挂车河。多隆阿与湘军名将鲍超齐名，有多龙鲍虎之誉。《清史稿》载：咸丰十年(1860)正月，"贼移垒罗山冲、白沙畈，与城贼互应。多隆阿定计以大围包裹援贼，以伏兵横截城贼，令步队诱敌，马队骤起围击。唐训方钞其后，朱品隆扼其右，鲍超遏其前，自率马步冲突陷阵，贼大败。次日，分军三路，鲍超等东出小池驿，朱品隆等西趋罗山冲，多隆阿自居中路，见贼屯袤广二十余里，陈玉成踞罗山冲，尤为悍贼所聚，列队进攻，为贼阵所压，遂督中西两路效力攻山，奋呼直上，贼始败窜。鲍超亦由小池驿连破四路之贼，合队追奔，同攻贼垒，乘风纵火，贼栅、贼馆顷刻延烧，大

① 《曾国藩全集》(十七)，岳麓书社2011年版，第7页。

② 黎庶昌：《曾文正公年谱》，载熊治祁编《湖南人物年谱》(二)，湖南人民出版社2013年版，第741页。

小营垒百余，一律平毁。金国琛等沿山兜击，贼前后受敌，夺路狂窜，连夜追剿，擒斩无算。城贼闻败，宵遁，伏兵四起，截杀未逸者，尽数歼之，即日克复太湖，乘胜追贼至潜山城下，亦克之。"①

信函中所指的霆营，为湘军将领鲍超统率的霆字营。鲍超（1828—1886），字春霆，四川奉节人。咸丰四年（1854），以川勇投湘军，升至参将。后至长沙募勇，所部号"霆军"，在湖北、江西、安徽与太平军作战，历官湖南绥靖镇总兵至浙江提督。鲍超率领的霆军在小池驿战斗中首当其冲，身陷重围牺牲最大，以其坚忍不拔的意志与太平军激战，将湘军"扎硬寨打死战"的精神发挥到了极致。鲍超"（咸丰）九年十二月，进壁小池驿。时曾公驻宿松，胡公驻英山，公与多隆阿公争赴前敌，多公欲退，公不可，曰：'东南半壁安危在此一举。'乃下令军中，夜半秣马厉兵以待师出。请所向，公曰：'惟吾马首是瞻。'于是衔枚疾走十余里，闻四面刁斗声繁且急，公勒马顾诸将曰'若试看此何地也。'天将曙，共辨识，乃在贼垒丛杂中，咸相顾失色。公曰：'勿怖，吾与若等同受国恩，当以死报。'皆感奋涕下，争效死。公手先然巨炮，声震若雷。贼睡酣，忽闻炮声，惊起，见公军，共嗤为自临绝地，围益坚。公望见伪英王黄盖羽葆，立马指挥，直赴之，贼阵乱。后者继进，呼声震天，莫不以一当百，遂破贼七十余垒，克太湖、潜山。当是时，霆军之名闻天下。天子褒功，加提督。"②

蒋营，湘军将领蒋凝学率领的军队。蒋凝学（1810—1878），字先民，号之纯，湖南湘乡人。以治乡团起家，从湘军罗泽南部，在湖北、江西与太平军作战，累升至同知。咸丰八年（1858），会攻九江，擢知府，继克麻城、黄安，擢道员。咸丰九年（1859），从多隆阿会攻太湖。咸丰十年（1860），解鲍超之围，授盐运使衔。《清史稿》载：咸丰九年（1859），"移屯黄州罗田，会攻太湖。十二月，陈玉成大举来援，凝学移军龙家凉亭，与鲍超小池驿之军为犄角，留四营遏太湖东门，城贼出，击退之。十

① 赵尔巽：《清史稿》卷四百九《多隆阿传》，中华书局2010年版，第11978页。
② 朱孔彰：《中兴将帅别传》，向新阳校点，岳麓书社2008年版，第128页。

年正月，鲍营被围急，凝学进援，甫拔营，贼大队来抄，凝学挥军截击，多隆阿率马队应之，战竟日，擒斩二千余。乘胜攻罗山，冲贼垒，诸军合击，贼大溃，加盐运使衔。”①

信函中的“唐”，指湘军将领唐训方（1809—1877），字义渠，衡阳常宁人，道光二十年（1840）举人。咸丰三年（1853），曾国藩创建水师，唐训方领副右营，改入陆军。咸丰四年（1854），随曾国藩、彭玉麟出征。咸丰五年（1855），随罗泽南援江西，屡立战功，擢为知府。咸丰十年（1860），赴粮道任，随后升按察使，再擢湖北布政使。同治元年（1862），授安徽巡抚。同治三年（1864），署湖北巡抚，授直隶布政使。《清史稿》载：咸丰九年（1859），“会攻太湖，贼围鲍超于小池驿，多隆阿不能救，令训方移军近鲍营为接应。甫至，筑垒未就，为贼所乘，乃退屯新仓。十年，解军事，赴粮道任。”② 《中兴将帅别传》对此有比较详细的记载：“九年冬，陈玉成纠捻党数十万屯潜、太，曾文正驻宿松，胡文忠驻英山，以多隆阿、鲍超、蒋凝学等合二万人攻潜山之小池驿，以公一军遏太湖城贼。鲍军当前敌，贼日夕环攻，死伤山积，多公移己右军入鲍垒，俾鲍左军少休，而令公移屯鲍、蒋两军间。公筑垒甫四尺，贼已至，公恐其乘多军也，苦战良久，多军不能救，乃退屯新仓。是役也，公虽挫，众军赖之。胡公因檄道员金国琛将八千人出山后，大捷于潜山之天堂。公会诸军击贼罗山冲，斩级三千，禽渠帅二十有七。明日，分三道合攻，平垒、馆数百，俘斩八千，太湖、潜山贼弃城遁。公以久劳，引疾求归，胡公疏请赴粮道任，诏可。”③

信函中的“金”指金国琛（1822—1879），字逸亭，江苏江阴人。咸丰五年（1855）投赴湘军罗泽南部，从战赣、鄂，擢知县。咸丰八年，随部攻下九江，入皖攻夺太湖、潜山、桐城、舒城。咸丰九年（1859）赴援湖南宝庆与石达开部作战，后在安徽战场阻击陈玉成东援之军。其率援军解救鲍超的相关战事见于《清史稿》：“其冬，胡林翼、曾国藩规皖，精兵

① 赵尔巽：《清史稿》卷四百三十二《蒋凝学传》，中华书局2010年版，第12325页。

② 赵尔巽：《清史稿》卷四百三十二《唐训方传》，中华书局2010年版，第12324页。

③ 朱孔彰：《中兴将帅别传》，向新阳校点，岳麓书社2008年版，第169页。

猛将萃于潜山、太湖。陈玉成纠众数十万，结捻匪龚瞎子围鲍超于小池驿，救兵迭失利。先是林翼以国荃行军善规地势，令率十四营冒雪趋天堂备援。至事急，乃出高横岭，屯仰天庵，俯视贼营，皆在目中。贼骤见旗帜，大惊。十年正月，贼乘雾登山来犯，国荃挥军突起蹦之，合山下军奋击，斩馘逾万，乘胜克潜山、太湖。林翼疏陈：'非鲍军之坚忍，不能久持；非国荃之出奇制胜，不能转危为安。'论功，擢道员。"① 金国荃在小池驿战斗中表现得有勇有谋，他率领的援军为解救鲍超霆军起了关键作用，《中兴将帅别传》对金国荃率领湘军解鲍超之围的过程有较为详细的记录："是时，伪英王陈玉成纠众数十万，结捻匪龚瞎子围鲍军数十重，日夜与官军战。贼循潜山西、太湖东连营百里。胡公、曾公一日一书相谋议，令君与余君际昌将奇兵九千人，卷旗䓪山出天堂，图夹击，为山内之军，鲍公超等为山外之军。君自除夕入山，冒雨雪行十日至高横岭，望官军、寇垒皆在目中。正月乙亥，贼来攻，败之。君屯仰天凸，贼乘雾登山，我军突起蹦之，礫其酋，遂合山外军夹攻，斩馘二万，为楚军入皖第一大战云。鲍军之被围也，垒中炮丸雨下，帐如敝网，断汲水一日，微君救，几不振，及开壁门相见，军士欢声如雷。遂克太湖、潜山，擢道员，加布政使衔。"②

信函中的"余"指余际昌（？—1863），字会亭，湖北谷城人，咸丰初加入清军，因军功升至守备，署抚标右营游击，受到湖北巡抚胡林翼的赏识和提拔。咸丰十年（1860）正月，余际昌协同金国荃率领湘军支援鲍超，并与各路援军协同夹击太平军，并乘胜收复太湖、攻克潜山。论功升为副将，署湖北督标中军副将。

二、曾国藩致黄赞汤

莘农老前辈阁下：顷奉手示，具纫仁注。水师营官、哨官之贤者，多在外江，内湖人才较少，又系新立之军，新船新勇，炮位不足，难以遽成

① 赵尔巽：《清史稿》卷四百三十三《金国荃传》，中华书局2010年版，第12331—12332页。

② 朱孔彰：《中兴将帅别传》，向新阳校点，岳麓书社2008年版，第308页。

劲旅。现惟日日操练，以勤补拙，间习夜操，以防潜袭。姑守南康，谨佩来教，不遽作出湖之想，俟陆军有一岸得手，再行水陆会剿。盐务事业经入告，并片请阁下督办，总局即日可咨达冰案。万藕兄处书函尚未就，俟书成时送交尊处，敬求加函专人送浙。饷项十分支绌，中丞叠次函咨，均言四月支应维艰，敬恳老前辈设法一催。捐款不拘多少，但稍有补苴，亦自可瓦全大局。不胜企祷。顺请台安，诸惟心鉴。侍曾国藩顿首。初四日。

按，该信函大约作于咸丰五年（1855）。内容是曾国藩回复黄赞汤，首先向他说明湘军训练水师的情况，当时水师尚未形成战斗力，还不宜主动出击。信函的重点内容其实是表明在江西作战的湘军粮饷匮乏，难以支撑，曾国藩不得不请求黄赞汤出面督办筹饷。

黄赞汤（1805—1869），字莘农，江西庐陵（今吉安）人，道光十三年（1833）进士，历任兵部右侍郎、刑部右侍郎、户部右侍郎、福建学政、河南巡抚、河东河道总督及广东巡抚等。

信函中的“万藕兄”，即指万青藜（1821—1883），字文甫，号照斋，亦号藕舲，江西九江人。道光二十年（1840）进士。咸丰年间，历任礼、吏、刑、兵部左右侍郎，晋都察院左都御史，署吏、户、刑部尚书，授兵部尚书。

信函中提及的“中丞”，当指江西巡抚陈启迈（1796—1862），字子皋，号竹伯，湖南常德人。咸丰四年（1854），陈启迈任江西巡抚。曾国藩、陈启迈两人为同年、同乡，本来颇有点交情，但在江西官场上，两人矛盾重重冲突不断。曾国藩要求陈启迈为在江西与太平军作战的湘军开支粮饷，陈启迈屡次借故拒绝，曾国藩只得恳请黄赞汤设法催办。

湘军筹集粮饷的方式主要有二：一是劝捐济饷，二是设厘金局向过往商人收税。劝捐济饷是曾国藩最早采用的筹饷办法。咸丰四年（1854）二月，曾国藩率湘军东征，急需粮饷支撑作战，委托郭嵩焘、黄赞汤、胡兴仁等官员分别在湖南、江西、四川三省劝捐，后又请浙江学政、侍郎万青藜在浙江督办盐运筹饷。其中尤以江西劝捐最有成效，江西在籍侍郎黄赞汤功不可没，其于咸丰四年（1854）正月始受曾国藩委托在江西樟树镇设局劝捐，至咸丰五年（1855）十一月，短短不足两年期间，筹饷逾八十万两，先后解送曾国藩军营，帮助湘军渡过难关。

三、邓瑶致孙衣言

琴西尊兄年大人阁下：不见又已旬余，仰念无已！辱手书，情意恳挚，感甚！感甚！拙文本不敢望登选楼，昨毅甫已阅竟四本送来，尚有二本未到（云日内即送）。此四本中承选三十七首。毅甫吾好友，其论鄙文，言之当者，吾极从之。至有行文颇得沈郁顿挫之致，韩子所谓行乎其所不得不行者，毅甫览之，谓宜删节，此则不解其法眼之所在（尝戏语：当语琴老撤委参办）。文章千古事，不宜哓哓自辩，他日当为老兄一质之。格纸已收到，日来懒不料理，且苦无钞胥也。节相文诚如尊示，此老谦抑深匿，不肯轻出示人。此十余首者，暇当从君借读。邵惠翁文亟思一读，以慰渴想。率泐奉复，即请选安。惟鉴，不具。弟瑶手叩。廿二。

按，邓瑶（1812—1866），字伯昭，号小耘，湖南新化人。自幼随叔父邓显鹤受业，能文工诗。道光十七年（1837）拔贡，任麻阳县教谕。离任后主讲新化濂溪书院，并办当地团防。太平军攻新化，他与同县罗瑜死守。同治元年（1862），以知县发江苏，未赴任。撰有《双梧山馆文钞》二十四卷，“集中以记事、传志之文为最多。瑶之学固不逮显鹤之醇实，然其才思骏发，或又过之。”① 邓瑶致信孙衣言，主要谈及好友毅甫对他文稿的评论与删改建议，并表明向孙衣言咨询修改文章的意向。

孙衣言（1815—1894），字劭闻，号琴西，浙江瑞安人，道光三十年（1850）进士。咸丰初，由翰林入直上书房，擢侍讲。出知安庆府，历官安徽按察使、湖北布政使。复内召为太仆寺卿。撰有《逊学斋诗钞》《逊学斋文钞》等。“衣言承其乡先正遗绪，大张永嘉经制之学，既汇刻《永嘉丛书》，复辑录《瓯海轶闻》以表章之。尝以黄宗羲、全祖望《宋元学案》，于永嘉诸儒叙述未备，更搜补为《永嘉学案》，又编其遗文为《永嘉

① 张舜徽：《清人文集别录》，华中师范大学出版社2004年版，第451页。

集内、外编》。其敬恭桑梓之意，有足多者。衣言平日论学，宗主宋儒。”①孙衣言一生喜好藏书，筑玉海楼为藏书之所，教导其子孙诒让读书其中。

毅甫，指许子苓（1812—1876），字叔伟，一字西叔，号毅甫，晚号龙泉老牧，安徽合肥人，道光十五年（1835）举人。为姚莹门生，工诗古文词，以鬻文游公卿间。曾为曾国藩幕府，参与讨伐太平天国。晚岁，选授和州学正，分修《安徽通志》，后归隐巢湖之滨龙泉山下。著有《敦艮吉斋诗存》等。

信中提及的“节相”，应指曾国藩。曾国藩以两江总督之职，节制江苏、浙江、安徽、江西四省军务，率领湘军围攻天京，成功镇压太平军，因功获加封一等侯爵，被尊称为“涤侯节相”。

信中提及的邵惠翁，即指邵懿辰（1810—1861），字位西，又字惠西。浙江杭州人。道光十一年（1831）举人，授内阁中书，后升刑部员外郎，旋罢官归。咸丰十一年太平军围攻杭州，他助浙江巡抚王有龄对抗太平军，在战乱中身亡。邵懿辰对经学颇有研究，文宗“桐城派”，与曾国藩、梅曾亮、朱次琦等时有往来，探讨学问。撰有《礼经通论》《尚书传授同异考》《杭谚诗》《孝经通论》等。

四、彭玉麟致倪文蔚

豹帅仁兄大人阁下：军务紧急，旨意森严，振帅去越乎？去闽乎？似不能不辛苦一行。究所向何处？带若干营？大约收拾筹画军火饷项、等待船只，必未能即速。敝处昨口函询湘、振帅，均未奉复，念念！因连日抱河鱼之患，不克即日入城故也。稍痊即晤教。昨日有法轮二只到香港之内，泊在英夷军火局处，定是运子药入闽，无法治之。可恨英鬼暗助，尤难防范也。方照轩至，昨午后始力催其归虎门去。此间事无不因循，奈之何哉！乞拨冗稍示振帅行止何似，以慰悬悬。馀容入城面领大教。手此，专请台安。弟麟顿首。初十卯刻。

适封函，接振帅复，行止尚未定也。

---

① 张舜徽：《清人文集别录》，华中师范大学出版社2004年版，第457—458页。

按，彭玉麟（1816—1890），字雪琴，人称雪帅，湖南衡阳人。咸丰三年（1853），助曾国藩创办湘军水师。光绪九年（1883），晋兵部尚书。中法战争期间，彭玉麟力主抗战，反对避战求和。西方列强虽然表面上持中立态度，但彭玉麟认为英法最亲，中法战事开启，英国必然会暗中协助法国，信中说“有法轮二只到香港之内，泊在英夷军火局处”，即为明证。彭玉麟亲赴广东协助两广总督张树声筹备防务，整修虎门要塞，加强沿海防备。光绪十一年（1885），中法战争结束后，彭玉麟向张之洞提出海防善后六事，未被采纳。

豹帅，指倪文蔚（1823—1890），字豹岑，安徽望江人。咸丰二年（1852）进士，光绪八年（1882）任广西巡抚。任内与彭玉麟、张之洞等率兵平定镇南关边境匪乱。中法战争爆发后，广州、福建沿海防线日益紧张，福建毗邻广州，战略位置重要，但是福建兵力部署薄弱，防务空虚，倪文蔚与张之洞、彭玉麟、张树声商量决定派兵援助闽省。在法军入侵越南战役中，倪文蔚先后会同彭玉麟、张之洞、冯子材等率兵反击，收复了失地。

振帅，指张树声（1824—1884），字振轩，安徽合肥人，廪生出身，清末淮军将领。在镇压太平军、捻军的过程中深受曾国藩、李鸿章的赏识，因军功升任直隶按察使。光绪五年（1879），出任贵州巡抚，旋授广西巡抚，同年十一月，授两广总督。光绪八年（1882），李鸿章丁母忧，张树声代替其署理直隶总督。光绪九年（1883），法国入侵越南，张树声于危难之际回任两广总督，致力于筹办海防，援助粤西及滇南抗法之战。他派兵在越南谅山、高平等省择要驻守，主张公开支持刘永福的黑旗军和越南军民抗法。但朝廷战和不定，淮军在北宁战败后，张树声自请解除两广总督职务，专门治军。撰有《张靖达公奏议》《张靖达公杂著》《庐阳三贤集》等。

信中提及的“湘帅”指曾国藩，因其为湘军统帅，故尊称为“湘帅”。

信中的“方照轩”，指方耀（1834—1891），字照轩，广东普宁人。以军功擢为副将，历任南韶连镇总兵、署理潮州镇总兵和署理广东陆提督等。光绪九年（1883），随着法越战事紧张，停泊在香港的法国军舰亦对广州海防构成巨大危险，朝廷两次谕令两广总督张树声和广东巡抚裕宽将驻军在钦州的方照轩调回广州城。1883 年 10 月 22 日的《循环日报》记载："潮州镇方照轩军门，前奉宪札往钦州驻扎，兹复奉札回省，经于十六日由钦州行抵省垣，其所带之兵勇，亦由轮船载回省矣。"信函中提及的"方照轩至"，当指此时。由于署理广东水师提督吴全美因任廉琼巡缉，所有本任公事及虎门防务难以兼顾，因此方耀被任命署理广东水师提督。1884 年 1 月 5 日，方耀在虎门恭设香案迎接广东水师提督总兵官印，并上奏朝廷称："查广东为濒海要区，提督驻扎虎门，有统辖全省水师之责，现当海疆多事，防务綦严，举凡筑台置械，选将练兵，在在均关紧要，微臣梼昧，陨越堪虞，惟有殚竭血诚，认真整顿，随时会商督抚。臣实心经理，并将防务事宜秉承兵部尚书彭玉麟妥为筹办。"之后不久法军占领越南北部，广东海防岌岌可危，于是方耀又被召回虎门，与"督抚诸臣筹划不止"。[①] 整个中法战争期间，法军并没有选择进攻广东，其中方照轩在虎门加强海防的措施发挥了积极作用。

五、郭嵩焘致孙衣言

琴西仁兄同年大人阁下：六年之别，念想为劳。自从者假归后，遂不复相知闻。去秋抵沪，始知浩然出山之思，相国得延致之以赞益军事，闻信而已欢然，重以德星之聚近在咫尺，睹贤人之出，而知国运之将昌，思有道之光辉，而觉山川之非阻也。随奉章门柱寄一书，度赴皖有期，望之尤勤，而以蚤暮待高轩之至，旷日弥时无一书相报，念之转益惶然。江浙之乱已亟，以大势揆之，贼必无久存之理，荡平之期必犹可冀。天苟无意东南之民，曷为使当事诸君子，贤豪鼎峙，高情远量与尘世相违？若吾泰山先生者，亦幡然起应当时之聘，方存之、邓伯昭两君先后俱至，皆文辞斐然，品洁行芳，阁下与相处，必欢相得。念诸贤之会合，感时事之推迁，安得使身有羽翼，翩然一往从之游也。精力短乏，日苦辛辛无暇，友

① 赖泽冰：《方耀与中法战争时期的广州府海防—以〈照轩公牍拾遗〉为中心》，《中国国家博物馆馆刊》2017 年第 12 期。

朋书问多不一报，见伯昭兄幸达此意。军事一切，当已详知，无足陈述。手此敬颂道安。年愚弟嵩焘顿首。四月初三日灯下。

按，郭嵩焘（1818—1891），字伯琛，号筠仙，晚号玉池老人，湖南湘阴人。道光二十七年（1847）进士。咸丰二年（1853）随曾国藩办团练，并注重发展湘军水师。同治元年（1862）授苏松粮储道，迁两淮盐运使。次年署广东巡抚。光绪元年（1875）授福建按察使，未到任，命在总理衙门上行走。署兵部左侍郎。次年署礼部左侍郎，首任出使英国大臣。光绪四年（1878），兼驻法公使。主张学习西方科学技术，办铁路，开矿务，整顿内政。著有《养知书屋遗集》《史记札记》《使西纪程》《郭嵩焘日记》等。

据相关史料考索，该信函当写于同治二年（1863）四月初三。信文内容主要谈及郭嵩焘在多年未闻好友孙衣言音讯之后，得知孙衣言已经被曾国藩聘请入幕府处理军营事务，欢欣鼓舞。其时，曾国藩等正组织筹划湘军大举围攻南京的太平军，胜利在望。故郭嵩焘在信中说“江浙之乱已亟，以大势揆之，贼必无久存之理，荡平之期必犹可冀”。同治三年（1864）七月，湘军攻陷南京。

信文所述“去秋抵沪”，指郭嵩焘于同治元年（1862）授苏松粮储道，入沪赴任。“相国得延致之以赞益军事”即指曾国藩奏请调孙衣言入幕参谋军事，此事在孙衣言的日记中亦有多处间接涉及：“同治二年二月二十九日，谒见节相。予自庚戌馆选一见，至今十三年矣，是时予年三十六，节相四十，尚为内阁学士也”；“四月初一日晴，午刻，节相招饮，同席者警石封翁、邓伯昭观察、方存之茂才、徐毅甫孝廉、莫子偲孝廉也”。此处日记记载亦与信文“方存之、邓伯昭两君先后俱至”内容相一致。方存之，即方宗诚（1818—1888），字存之，号柏堂，安徽桐城人。官枣强知县，论学宗程朱，为桐城派后期名家之一，撰有《柏堂全集》《志学录》等。邓伯昭，即上文论及的邓瑶。

六、李元度致洪沦奎

元度再拜上书琴西先生方伯执事：曩者庚戌、辛亥、壬子间，元度旅食京师，从曾文正、邵蕙西、孙芝房、吴南屏、杨性农诸公游，时执事与性丈同选馆职，诸君子频相唱和。元度获窃闻绪论，心向往之，以未修士相见礼为憾。亡何粤盗起，仓卒南归，佐文正师治军事，崎岖戎马间几二十年，屡濒死，又饱更忧患，尽夺其读书之日力，遂终为门外人。侧闻执事倮直三天，数上封事，寻又一麾出守，转徙兵间，不尽行其志，时元度已报废归田，不复与天下士相闻矣！去年从性丈所读《逊学斋集》，穷两昼夜之力诵之，始见䤈蔑之面与心，乃叹并世有古人，虽未获遽接其言论风采，苟得附相知之雅，千里犹一室也，况近在楚中哉？执事之文亦《史》《汉》，亦韩、欧、曾，亦间近震川，皆自真性情流出，尤伟者在持正论，攘斥外夷之邪教，明目张胆，大声疾呼，垂涕泣而道之。非夫卫道之勇，计是非不计利害，恶能振聋警聩若是邪？夷祸之烈久矣，木兰陟方，薄海同深悲愤，近更以辇毂为城社，投鼠之忌，莫敢谁何，因而益恣要挟，其言至不忍闻，实则虚声恫喝。计岛夷互市凡二十余国，莫适为主，亦莫敢首祸，一国败盟，使诸国失市易之利，彼必不敢出此也。谋国者不察，惟恐撄其怒，至遣谢罪之使，又不思选将练兵急卫神京，以固根本，敞敞然日以造船制械为务。夫天下惟拙可以胜巧，惟坚可以胜脆，惟刚断可以胜阴谋，断未有学其人而可以制其人者。况所学尚未得其糟粕，顾相率效尤，讫不一悟，此何异海畔逐臭之夫，东施效颦之妇哉！今不早为之所，更数十年殆恐与之俱化，此切肤之痛也！读大著则已先得我心，元度所由不知首之稽至于地也。顾此意第藏诸胸臆，不必与执事相闻。乃接吴大令锡震书，谓晋谒时数蒙询及下走近状，孔北海亦知人间有刘某，快孰甚焉！元度自戊辰夏告养山居，学益荒退，所为文多牵率酬应之作，明秋拟庄写一二百首邮呈诲削，倘有万一之可采，即乞赐序而存之，馀不可者付之一炬可也！又大集言洋务二疏，有题无文，欲求密赐一读，可乎不可乎？吴大令才猷练达，在籍时治乡兵固围，聿著成效，令取一障乘之，必能不负驱策，执事姑试焉，计不以刍言为阿好也。性丈在省门选《沅湘耆旧诗续集》，精神尚如旧，元度得时相见。狂言无绪，卺率私臆，不足为外人道也。天寒，惟为国为道自玉。不宣。元度再拜。十月二十有九日。

谨空。

按，《小莽苍苍斋藏清代学者书札》整理该信为“李元度致洪沦奎”，实误。“洪沦奎”应为“洪汝奎”，洪汝奎（1824—1886），字莲舫，号琴西，湖北汉阳人，道光二十四年（1844）举人。咸丰初，考取官学教习，期满以知县用。参曾国藩军事。

该信札又收录于李元度撰《天岳山馆文钞》卷三十六，实为李元度致孙衣言书。内容与《文钞》所载基本一致，文字上略有出入。信末“吴大令才猷练达……元度得时相见”，该段文字为《文钞》所无。① 孙衣言亦号琴西，又据信中内容“时执事与性丈同选馆职”，馆职指翰林院编修，孙衣言于道光三十年（1850）入翰林院，洪汝奎则没有在翰林院任职的经历；又信中提及《逊学斋集》，是为孙衣言本人的文集。

李元度（1821—1887），字次青，又字笏庭，自号天岳山人，晚年更号超然老人，湖南平江人，道光二十三年（1843）举人。咸丰二年（1852）入曾国藩幕调理军营事务，招募乡勇与太平军作战。咸丰十年（1860），调安徽徽宁池太广道，防守徽州，失守，为曾国藩所劾，革职逮治。后回籍募勇八千守浏阳以备太平军，保全湘境，因功赏还按察使衔，加布政使衔。同治元年（1862）正月，授浙江盐运使兼署布政使，因擅自回籍被曾国藩劾奏革职。同治五年（1866），至贵州平定匪乱，以功复原官，旋授云南按察使，以终养开缺回籍。光绪十一年（1885），授贵州按察使。咸丰十三年（1887），升贵州布政使。著有《国朝先正事略》《天岳山馆文钞》等。

信函提到的孙芝房，即孙鼎臣（1819—1859），字子余，号芝房，湖南善化（今长沙）人。道光二十五年（1845）进士，改翰林院庶吉士。散馆，授编修。擢侍读，充日讲起居注官。以言事不用，乞假归。读书奉母，益肆力于学术。工诗古文辞，著有《苍莨文集》六卷等。性丈，指杨彝珍。震川，指归有光（1507—1571），字熙甫，又字开甫，别号震川，又号项脊生，世称“震川先生”，江苏昆山人。归有光崇尚唐宋古文，其

---

① 李元度：《天岳山馆文钞·诗存》（二），王澧华点校，岳麓书社2009年版，第760页。

散文风格朴实，感情真挚，是明代“唐宋派”代表作家。

李元度本是文人儒士，奈何时局突变，毅然投笔从戎，入曾国藩军幕，统帅湘勇与太平军苦战十年。李元度书生带兵，虽久经磨难屡临险境，其文人学者的本性却没有丝毫淡化，依然视文章如生命，无论征战南北，还是隐居山林，都热衷于吟诗作赋、著书立说。以至于曾国藩在《国朝先正事略》序文中说：“论者或咎国藩执法过当，亦颇咎次青在军偏好文学，夺治兵之日力，有如庄生所讥挟策而亡羊者”。终其一生，李元度以书生带兵，勇气可嘉，而军事才能有所不足，所以，曾国藩在序文末尾再一次感叹，“次青提兵四省，屡屡仍振”，而“发愤著书，鸿编立就”。[①]

该信函为李元度晚年之作，内容充分体现其喜好文学的旨趣。他首先回顾道光三十年至咸丰二年（1850—1852）年间游学京师与曾国藩、邵懿辰等文人交流学问的情景，对文人骚客之间吟诗唱和之事十分向往。自咸丰四年（1854）入曾国藩幕，至同治七年（1868）以母老开缺回籍，整整十五年忙于军务，而没有时间与孙衣言等文士交游唱和，深以为憾。因此他在信中有“崎岖戎马间几二十年”“尽夺其读书之日力，遂终为门外人”之感慨。其次，李元度表达了对孙衣言文章的推崇之情，认为他的文章可与《史记》《汉书》比美，文风与唐宋八大家之韩愈、欧阳修、曾巩相似，亦与明代古文家归有光接近，都是真性情的自然流露。尤其在思想观念方面，因近代以来西方列强对中国的危害，李元度极力赞同孙衣言的排外思想，斥西洋文化为“外夷之邪教”，对曾国藩等人领导的洋务运动也强烈不满，斥之为“海畔逐臭之夫，东施效颦之妇”。最后，李元度拟请求孙衣言对他的诗稿进行鉴赏评价，看是否可以结集出版，如可行即要求孙衣言为诗集作序。关于李元度的诗集，《湘雅摭残》载李元度“手订诗稿四卷，尚未付梓”。其遗稿遭受兵火，散落大半，经后人各方搜集整理，辑成《天岳山馆诗存》二卷，稍后又增补十余篇，刊刻为《天岳山馆诗存补》。

① 李元度：《天岳山馆文钞·诗存》前言，王澧华点校，岳麓书社2009年版，第1—2页。

七、李元度致少洲

少洲姻世兄大人阁下：县城揖别，月琯已更，遥惟台祉多绥为颂。兹有请者：弟第六女许字前湖北臬台两淮运司湘乡县欧阳崇如讳正墉之第五世兄大钧，现年九岁。崇翁五子。正夫人出者二：长者早逝，有孙已成立；次系陈舫仙方伯女婿。庶出者三：一字子瑞（大鑫），郭子美之女婿，现年十五六，未娶；一字子衡（大钰），系贺云甫尚书之孙婿，幼甫观察之婿，现年十四，亦未婚。因崇如先生作古后，嫡二子庶三子业已析居，嫡子居长沙，庶子居湘潭。居潭者共开义源典，赀本系十四万缗，相安无事。去夏其如夫人下世，冬间其夫人亦下世。于是子瑞必欲分居，遂凭其姑丈张虞臣先生暨司事诸君按三分分秉，另以业产归子瑞，而子衡、子和两昆仲则承受典业，应补者补清。闻子瑞世兄甚精明能干，惟年止十三四，血气未定，犹恐比匪有伤。至子和则不过八九岁，尤属零丁可念。又其经理典务之邱晴峰，□□东乡人，崇翁之门生也，经理数年，秉公持正，甚有贤声。弟亦曾见过，今忽一病垂危，弟专丁往看，云殆将不起。适子衡世兄专函前来，欲弟速荐一老成持重之人，藉以整顿积弊，焕然一新。弟于汉口接得此信，因与大小儿商酌，计惟阁下有守有为，足肩斯任。谨将子衡世兄原函呈览。弟另复子衡有函，即乞命驾赴潭，幸勿推诿。弟与阁下心性至交，前次奉托甘茶之事，数万金巨款纤毫无误，此际事属弟之至□，弟既责无可辞，而此等重寄又别无可托，是以必须借重。其修金谨拟每年壹百两，按月支送可也。典事本有成规，又有刘鹤龄先生及经理公馆之陈光泉先生，皆可靠之旧人也。阁下到日亦不必求治太急，只须坐镇其间，遇事持正，则受赐多矣。（更阅三五年，主人成立便有主张矣！）弟节前可到京，将来倘蒙简放有缺，拟将小婿子和并其业师接至署中读书，谅必乐从。而家事则全仗君等。又湘潭司谕余子范者，品学兼优之士也。弟前曾函商子衡昆仲，令执贽之说未行，亦祈谆托为要。弟前已缕致一函矣。总之崇如先生一生清慎，卓然名宦，今诸孤幼弱，吾辈断无坐视之理。弟正在出门，谨以转托，复子衡一函，亦祈面交。手叩台安。心照，不具。姻世愚弟李元度顿首。四月十二汉皋舟次。

按，该信函内容主要谈及元度亲家欧阳崇如逝世后，其子女尚幼弱，尚无能力当家作主，李元度担心其家族事业衰败，于是致信少洲，向他说明亲家的相关情况以及目前面临的困难和问题。欧阳正墉，字崇如，咸丰七年（1857）从军。以援剿江西、湖北、安徽、河南等处，克复各城并剿办直东枭捻、督守运河积功，官湖北安襄郧荆道。

信函中的陈舫仙，即陈湜（1832—1896），字舫仙，湖南湘乡人，湘军将领，官至江西布政使。

郭子美，即郭松林（？—1880年），字子美，湖南湘潭人，郭人漳之父。晚清湘军名将，参与平定太平天国运动及捻军起义，平西捻，赐黄马褂，予轻车都尉世职。授湖北提督，调直隶。光绪六年，卒于官，谥武壮。

少洲其人事迹不详，李元度称呼他为姻世兄大人，可见他们有姻亲关系且交谊匪浅，信文也点明了少洲其人老成持重，公正廉洁，是一个值得信赖，值得托付大事的长者。因此，李元度请求少洲出面主持欧阳家族经济事务，帮助其儿辈经营事业。信文字里行间流露出李元度对晚辈的关怀之情。

传统文化笔谈

古筝与传统文化

文菲凡*

当我第一次接触到古筝这件乐器时，立刻被它独特而古朴的造型所吸引。它看似普通的琴弦，经由灵巧的双手竟能发出如此美妙的声音，特别是竟能传达如此丰富的感情——打鱼人满载而归的欣喜，闲适而舒畅；情侣之间凄美的深情，美好而凄凉；春江花月夜的美景，柔和却不失坚韧……从那一刻开始，我就发誓要学好古筝，要通过勤学苦练，用自己的双手弹奏出一首首优美的曲子。

古筝早在战国时期就已经流行于秦国（即今陕西），所以有“秦筝”之称，据传为秦代蒙恬所创造。汉代应劭《风俗通》说：“筝，谨按《礼乐记》五弦，筑身也。……或曰蒙恬所造。”唐代杜佑的《通典・乐四》说：“筝，秦声也。”傅玄《筝赋序》也说：“以为蒙恬所造。”不过，筝的历史可能更为久远。2021 年 12 月 27 日《光明日报》载：“江西省樟树市国字山东周时期墓葬考古，出土 2600 余件套器物。其中出土乐器包括钟、鼓、琴、瑟、筝等，而筝保存得很好，总长度达到 2. 3 米，是目前发现的先秦时期最长的一件筝。”古筝原来只有 5 根弦，用竹子做成，形状听说如已经失传了的“筑”。后来蒙恬又将其改为 10 根弦，以木代竹，体

---

* 文菲凡，湖南师范大学音乐学院学生。
此文在写作过程中参阅了大量前人研究成果，特此说明并致谢忱。

量较大，有“筝横为乐，立地成兵”的说法。筝的音箱为长方形，面上张弦，每弦用一木柱支撑，柱可以左右移动，调节音量，以五声音阶定弦。唐代以后，古筝的弦数又增加到13根，唯有清乐用12根弦，以寸余长的鹿骨爪按奏。近代的筝为16根弦。现在经过改造，数量增加到16根弦、21根弦、25根弦不等，能转12个调。

“筝”之所以叫筝，是因为其“施弦高急，筝筝然也”，由乐器弹奏时发出来的“筝筝”之声而得名。古筝的传统演奏手法是用右手大、食、中指弹弦，用左手食、中指或中、无名指按弦，以取得弦音的变化，而现在已经发展到用双手弹奏，表演力更加丰富。古筝是中国古代诸多乐器中体量较大的一种弹拨乐器，多用于独奏、伴奏和合奏。

当前，民乐热潮正酣，而启智健体的古筝有着更多的发展空间。因为其弦韵律宽厚雄浑，余音缠绕，音调起伏跌宕，委婉动听，富有神韵。古筝的每一根琴弦都能够表达出多种不同的音符，那舒缓悠扬的琴声，就像潺潺流水，能够唤起听众内心“浮在云端的平静”。这一点，其他乐器，特别是一些西洋乐器是难以做到的。

与筝近似的古乐器还有“筑”，“筑”这种乐器产生于西周时期，普及于春秋战国，兴盛于秦汉，失传于隋唐；且“筑”与“筝”近乎同源，与荆楚大地和湖湘文化关系密切。远古时代，先民的娱乐生活和宗教生活是结合在一起的。史料记载，被称为南蛮之地的荆楚大地“其俗信鬼而好祀；其祀必使巫觋（音xi，指男巫）作乐，歌舞以娱神”。其时，楚地可谓遍地巫风。正是这种风俗，产生和形成了荆楚大地上的民族宗教音——巫音；巫音后又发展成为楚声。而楚声的代表作即《九歌》。这《九歌》就是一组民间祭祀的乐歌，共11曲，都是以祭神为主，后经过屈原搜集整理得以保存下来。而在春秋战国以后，民间的宗教音乐开始由娱神转变为娱人。其中一方面进入宫廷，成为以管弦乐为主的“丝竹”之声；另一方面仍留存于民间，成为以管乐器和击乐器为主的“吹打”音乐。

1978年，湖北发掘战国时期曾侯乙墓，出土了包括举世闻名的编钟在内的大量乐器类文物，其中有一件乐器形若长棒，整木雕成，首段正方，尾端正圆，通长115厘米，面宽5.5—7厘米，表面平直狭长，方形首段中空似音箱，圆形尾端实木实心类似木柄，器身通体以黑漆为底色，以朱、黄两色描绘出各种纹饰。首端立一蘑菇柱，供拉弦之用，弦虽朽烂无存，但从柄端并列的五个弦孔来看，此器物为五根丝弦。应该说，曾侯乙墓出土的这件精巧，亮丽，美观的乐器可能就是被认为逐渐失传的古代拉弦乐器——“筑”。

1993 年，也即湖北战国时期曾侯乙墓发掘 15 年之后，考古人员在位于湖南长沙的西汉王后渔阳墓中也出土了三件乐器，后经中国艺术研究院音乐研究所的专家们论证，一致认为这三件乐器就是中国的古代乐器——“筑”（现陈列于长沙简牍博物馆）。而长沙王后墓中出土的三件“筑”乐器与湖北曾侯乙墓东室出土的那件类似于“筑”的乐器几乎完全相似。一是形状基本相同，如今天棒球手们使用的击棒，一头大，一头小，一头方，一头圆。二是构造基本相同，都是由整木剜制而成，大头是音箱，并有系弦柱。三是尺寸基本相同，其中曾侯乙墓的“筑”长 115 厘米，面宽 5.5—7 厘米，而长沙王后墓中的“筑”，一件通长 93.5 厘米，面宽 5.1 厘米，另外的通长 117.4 厘米，面宽 5.2 厘米。就是说，它的通长都是现代的一米左右，面宽也相差无几。四是基本功能相同，都是利用 5 根弦来演奏乐曲，由自身的音箱把弦上的声音放出来。

由此，或可得出这样的结论：一，“筑”和“筝”可能是同一类或同一种古典乐器，都是荆楚大地先民们用于祭祀的诸多乐器中的一种，只不过是“筑”虽也成为宫廷雅乐，但因弹奏手法复杂而逐渐消失了，而“筝”则在五弦基础上不断改进而得以流传下来。二，秦始皇宫廷中的“筑”乐（《荆轲刺秦王》中有“高渐离击筑”的记载），有可能是秦统一天下后，由荆楚大地进入宫廷的“楚声”音乐。西周以后，楚国在春秋近三百年间，先后灭掉四五十个诸侯国，雄踞南方。到战国时，楚国已是“地方五千里，带甲百万，车千承，骑万匹，粟支十年”，气凌中原。因此秦统一六国（包括楚国）后难免会受到南楚故地乡土本色的影响。至于始皇帝在宫中所听到的“筑”乐是不是像长沙西汉王后“三筑联奏”的演奏形式，现在还无法确认，只是始皇帝在宫中听过“筑”乐，这一点则是可以肯定的。三，虽说荆楚大地的“巫音”“楚声”在当时仅仅是一种先民的生活习俗，但也可以看成是湖湘文化的一个重要源头根脉，特别是经过“与日月争光可也”的屈原的创作，“巫音”“楚声”或“筑乐”“筝声”，都是湖湘文化的重要元素。

由于古代的人们不仅把古筝作为“悦耳之娱”，而且十分看重音乐的感化教育功能，所以古时候把“礼乐”并称，有“八音克谐，神人以和”之教，有“乐语教国子”之训，有“乐所以荡涤，及其邪恶；移风易俗，莫善于乐”之论，而孔夫子则有“闻韶乐而三月不知肉味”之说。这些记载也告诉我们，古筝一类的乐器如果通过有组织的音乐活动而传承弘扬，是可以表达人们的思想情感，反映社会现实生活的。

古筝作为一种植根于中国悠久文化的乐器，有着“格物致知”“以乐化人”的作用，不仅可以安顿人的身心，甚至还可以说，这样的音乐艺术还是种“潜在的解放力量”。相传三国时期，吕布投奔袁绍并为之立功，但却遭到袁绍的猜疑和嫉妒。吕布察觉后借机告辞，以免遭受杀身之祸。袁绍则选派30名壮士，名为护送，实则要谋害吕布。一日夜幕降临，藏匿于帐房外的壮士正要动手时，忽听到帐房中传出悠悠的筝声，好似涓涓细流，春莺高歌，壮士们不知不觉都沉醉于美妙的音乐中，待到捉拿吕布之时，吕布却早已“远走高飞”了！虽说这只是历史传说、名人轶事，却也说明了古筝这种文化艺术对人们也具有较大的影响力和吸引力。

中国历经几千年的苦难辉煌，为什么依然屹立在世界东方，为什么依然傲立于世界民族之林？别的姑且不论，其中一个很重要的原因就是有光焰不灭的中华优秀传统文化的传承支撑，可以说，文化特别是优秀传统文化就是“激荡在国家发展中的深层力量”。对此，习近平总书记就曾说过：“中国有坚定的道路自信，理论自信，制度自信，其本质是建立在5000多年文明传承基础上的文化自信。”2022年2月15日，当全国人民喜庆元宵佳节时，远在太空的神舟十三号女航天员王亚平在宽大的太空舱内用古筝弹起了《茉莉花》，她弹奏时的神情是那样的怡然自得，又是那样的温情脉脉，一时被网友称为“中国式的浪漫”。其实，这岂止是中国式的浪漫，更是绵延五千年的中华文明在万里太空向全世界的展示，它所昭示的是中华民族生生不息的文化自信！

虽然古筝的起源到现今还没有定论，也不论古筝有多少流派、技法和怎样不断地创新，它都能给予我们启迪，给予我们力量。《渔舟唱晚》的欣喜欢歌、《浏阳河》的山水画图、《高山流水》的激昂柔美、《寒鸦戏水》的明快跌宕、《汉宫秋月》的哀怨悲愁、《蕉窗夜雨》的客家韵味、《出水莲》的清纯剔透、《秦桑曲》的委婉缠绵、《东海渔歌》的欢声笑语、《香山射鼓》的空灵意境、《战台风》的磅礴气势、《雪山春晓》的淡雅纯真、《侗族舞曲》的深刻大气以及《春江花月夜》的柔和坚毅……无不彰显中华传统文化的丰美与广博。

古筝文化流传至今，经久不衰，它所显示出来的或庄重大气、或灵动轻盈的姿态，无不显现出鲜明的民族特色，浓厚的人文精神。这些，今天都已经作为一种特有的文化基因，注入人们的血液甚至骨髓之中，深刻地影响着人们的思维、情趣和行为。正是包括古筝文化在内的优秀传统文化所构成的这种社会发展中的深层力量，促使每一位中华儿女都能珍视体现中华优秀传统文化的物质文化遗产和非物质文化遗产，并使之不断得以传承、创新。

《湘学研究》征稿启事

千年湘学，源远流长，博大精深，是中华传统文化的重要组成部分，湖南以其厚重的文化底蕴和独特的文化张力，孕育了一大批经邦济世的杰出人才，为推动中国社会变革和发展做出了重要贡献。研究湘学、弘扬湘学乃发展湖南和当代中国、繁荣中华文明之要务。《湘学研究》系湖南省湘学研究院主持的学术丛书，拟收录湘学研究的高水准成果。本书由湘潭大学出版社出版，每年出版两辑。

《湘学研究》主要设置以下栏目：湘学专题研究，湖南人文历史，湘学文献整理研究。发稿方向和范围包括：湘学研究的基本理论，湘学与国学的关系，湘学文献搜集整理与研究，国内各地域文化与湘学的比较研究，湘学传统与湖南现代化研究，湘学与当代湖南发展研究，湘学与当代中国发展研究。

本书不收版面费，出版后奉致稿酬并样书两本。

本书来稿要求如下：

一、来稿须是未经发表的学术论文，一般以不超过1.2万字为宜，要求政治导向正确，学术观点新颖，论据充足，论证严密，文字通达。

二、来稿须提供中文摘要200—300字，关键词3—5个。

三、作者简介务必简洁，所任职务、职称不超过2个，并在文末附以联系电话与电子邮件地址。

四、所有来稿，编辑部有权做适当修改，如不同意者请予以注明。

五、文献整理来稿请同时提供原文献影印附件。

六、正文采用5号字体；注释采用小5号字体，一倍行距，A4纸页面。文内章节序次语采用如下顺序：“一、”“（一）”“1.”“（1）”。

七、注释格式：

（一）总要求

1. 来稿需仔细核对引文。注释及引用文献标注采用页下注形式。注释序号用①，②，③……标识，每页单独排序。卷数、册数、页码均使用阿拉伯数字。多页码之间使用一字线连接。

2. 责任方式为著时，"著"可省略，著者后接"："；其他责任方式不可省略，不接"："。

3. 中国作者无须标明所属朝代；国外作者须加国别，例如：［美］。

（二）出版物主要引用格式

1. 专著

（1）标注顺序

责任者与责任方式：文献题名，出版者出版年版，页码。

（2）示例

赵景深：《文坛忆旧》，北新书局 1948 年版，第 43 页。

谢兴尧整理《荣庆日记》，西北大学出版社 1986 年版，第 175 页。

［日］实藤惠秀：《中国人留学日本史》，谭汝谦、林启彦译，生活·读书·新知三联书店 1983 年版，第 11—12 页。

2. 析出文献

（1）标注顺序

责任者：析出文献题名，"载"文集责任者与责任方式：文集题名，出版者出版年版，页码。

文集责任者与析出文献责任者相同时，可省去文集责任者。

（2）示例

杜威·佛克马：《走向新世界主义》，载王宁，薛晓源编《全球化与后殖民批评》，中央编译出版社 1998 年版，第 247—266 页。

鲁迅：《中国小说的历史的变迁》，载《鲁迅全集》第 9 册，人民文学出版社 1981 年版，第 325 页。

3. 古籍

（1）标注顺序

责任者：析出文献题名，文集责任者与责任方式：文集题名卷册次数，丛书项，卷册次数，版本或出版信息，页码。

（2）示例

管志道：《答屠仪部赤水丈书》，《续问辨牍》第2卷，《四库全书存目丛书》第88册，齐鲁书社1997年版，第73页。

4. 期刊

（1）标注顺序

责任者：文章题名，期刊名年期。

（2）示例

何龄修：《读顾城〈南明史〉》，《中国史研究》1998年第3期。

5. 网络

若存在相同内容的纸质出版物，应采用纸质出版文献。若唯有网络来源，则标注顺序为：

责任者：电子文献题名，网站名，文献标注日期，访问途径。

6. 其他文献类型请参考本刊往例。

赐稿邮箱：xiangxueyj@163. com

通信地址：湖南省长沙市德雅村湖南省社会科学院《湘学研究》编辑部，410003。